Der Herausgeber:

Helmut Höfling wurde 1927 in Aachen geboren. Er war Journalist, Kritiker, Dramaturg und Regisseur am Theater, Redakteur beim Fernsehen und lebt heute als freier Schriftsteller. Viele Reisen führten ihn durch Europa, nach Asien, Afrika, Australien und Amerika. Er verfasste Reiseberichte, Feuilletons, Sachbücher, Romane, Kinder- und Jugendbücher, Übersetzungen, ein Theaterstück und erhielt zahlreiche literarische Auszeichnungen.

Krambambuli

und andere Tiererzählungen der Weltliteratur

Ausgewählt von
Helmut Höfling

ENSSLIN

Covergestaltung: **Atelier Seidel**
Coverillustration: **Milada Krautmann**
Innenillustration: **Irmtraut Teltau**

© 2001 Ensslin Verlag im Arena Verlag, Würzburg.
(Erstausgabe 1988.) Ensslin-Anschrift: Harretstraße 6, 72800 Eningen. Sämtliche Rechte vorbehalten, auch die der Verfilmung, des Vortrags, der Rundfunk- und Fernsehübertragung, der Verbreitung durch Kassetten und CDs sowie der fotomechanischen Wiedergabe. Coverreproduktion: Repromayer, Reutlingen. Gesamtherstellung: GGP media, Pößneck. Printed in Germany.
ISBN 3-401-45006-9

INHALT

AUS WALD UND FLUR

VON VÖGELN UND ANDEREM FEDERVIEH

ELEFANTEN UND DANKBARE DELPHINE

TREUE GEFÄHRTEN DES MENSCHEN

Tiere, unsere Freunde

Bevor der Mensch die Erde bevölkerte, waren schon Tiere da, die ihre jahrmillionenalten Grunderfahrungen uns, als dem vorerst letzten Glied eines ungeheuer langen Evolutionsprozesses, mitgaben. Seit den frühesten Zeiten spielten die Tiere zu Land, zu Wasser und in der Luft in der Vorstellungswelt des Menschen eine bedeutende Rolle. Die Naturvölker haben dabei ein viel engeres Verhältnis zum Tier als der Zivilisationsmensch. Besonders ausgeprägt zeigt sich dies beim Totemtier sowie im Glauben an Seelentiere: Stirbt ein solches Seelentier, dann folgt ihm auch der betreffende Mensch in den Tod – und umgekehrt.

Vielfach gelten Tiere als Erscheinungsformen der Götter; sie können sogar als Symbole für die Gottheit dienen oder selbst als Götter verehrt werden. Nachklänge der magischen Tiervorstellungen finden sich im Volksglauben, wo Tiere eine große Rolle spielen, sei es als hilfreiche Wesen, die übernatürlichen Schutz verschaffen, sei es als Möglichkeit der Verwandlung von Menschen, etwa in der Vorstellung vom Werwolf. Magische Tierdarstellungen kennen wir sowohl von den Höhlenzeichnungen und Felsbildern der altsteinzeitlichen Menschen als auch von den neuzeitlichen Naturvölkern; sie haben aber ebenso bei den Hochkulturvölkern seit dem Altertum große Bedeutung.

Auch im Erzählgut der Völker stehen Tiere häufig im Mittelpunkt. Eine Vielzahl weltweit verbreiteter Erzählmotive, besonders des Naturvölkermärchens, haben die Wesensgleichheit von Mensch und Tier, die Tier-Mensch- oder die Mensch-Tier-Verwandlung sowie die eheliche Verbindung von Mensch und Tier zum Thema oder berichten von überlegenen Tieren als Kultur- und Heilbringern sowie von Gottheiten der Tiergestalt. Zahlreichen Mythen liegt der Glaube an eine Tierseele zugrunde, vor allem die Vorstellung von einer Seelenwanderung. In höher entwickelten Kulturen überträgt der Mensch seine eigene Welt in die Tierwelt seiner Erzählungen. So entsteht aus dem Tiermythos das Tiergleichnis, die Fabel mit pädagogischer und sozialkritischer Tendenz. Über einen reichen Schatz an Tiermärchen, Tierfabeln, Tierlegenden und Tiersagen verfügen alle europäischen Völker, bei denen das Märchenmotiv der dankbaren und hilfreichen Tiere sehr verbreitet ist.

Je nach Vorkommen haben die Völker auch ihre Lieblingstiere: die Menschen in Mittel- und Nordeuropa den listigen Fuchs, die Afrikaner den klugen Hasen, die Malaien das schalkhafte Zwergböckchen, die Japaner den leicht zu überlistenden Affen, die Indianer Nordamerikas den Kojoten, die Farbigen der Vereinigten Staaten das schlaue Kaninchen.

In den Tierbüchern des Mittelalters werden die Tiere im christlichen Sinne symbolisch gedeutet, und im meist satirischen Tierepos haben die einzelnen Tierarten seit etwa 1100 feststehende Eigennamen: so Isegrim der Wolf, Nobel der Löwe, Reineke der Fuchs.

Auch in der neueren und neuesten Dichtung dienten handelnde und sprechende Tiere oft dazu, menschliche Charaktere, Zustände, Gebräuche darzustellen, zu verspotten oder anzugreifen, wie etwa in J. Swifts »Gullivers Reisen«, in E. T. A. Hoffmanns »Lebensansichten des Katers Murr« und in George Orwells Satire »Farm der Tiere«.

Als ein neuer Zweig der Tierdichtung haben sich seit dem 19. Jahrhundert der Tierroman und die Tiererzählung entwickelt, in denen das Tier in seinem Eigenleben und seinen Umweltbedingungen dargestellt wird, teils mit dem Versuch, sich in die Tierseele einzufühlen. Als Vertreter einer unsentimentalen Einfühlung in das Tier als eigenständige Existenz, aufbauend auf einer realistischen Beobachtung, sei hier Marie von Ebner-Eschenbach mit ihrer fesselnden Hundeerzählung »Krambambuli« genannt. In neuester Zeit wird besonders die Art der Tiererzählung gepflegt, in der, gestützt auf die wissenschaftliche Tierkunde und eigene Beobachtungen des Verfassers, Dasein und Umwelt der Tiere möglichst lebensecht vom Tier, nicht vom Menschen aus, geschildert werden, etwa in den Erzählungen von Hermann Löns. Nur solche realistischen Tiergeschichten enthält die vorliegende Anthologie, also keine Märchen, Fabeln, Sagen.

»Nach den jüngsten Ergebnissen der vergleichenden Verhaltensforschung sind wesentliche Teile menschlichen Verhaltens als ein Erbteil zu verstehen, das wir von unseren tierhaften Vorfahren übernommen haben. Deshalb ist die Kenntnis der Tiere eine Voraussetzung für die Selbsterkenntnis des Menschen geworden«, so hat einmal der Zoologe, Naturforscher und Schriftsteller Bernhard Grzimek das Ziel der modernen Verhaltensforschung beschrieben.

Unter diesem Gesichtspunkt sind die gleichfalls hier vorgestellten antiken Tiergeschichten erstaunlich aktuell, obwohl Aelian, Aristoteles und Plinius sie vor rund zwei Jahrtausenden geschrieben haben. Um das Tier, das unbekannte Wesen, genau und realistisch zu erforschen, zogen sie alles bisher Bekannte heran, nicht nur das Tatsächliche, sondern auch sagenhafte Begebenheiten, die etwas über das Verhalten der Tiere aussagten. So kommt es, dass sie in ihren Geschichten mitunter den Boden der Tatsachen verlassen und den Bereich des Wunderbaren streifen.

Die Frage, ob sich die Tiere ihrer Existenz bewusst seien, beschäftigte schon vor zweitausend Jahren den römischen Dichter und Philosophen Seneca: »Selbst ganz junge Tiere, die eben aus dem Mutterleib oder aus dem Ei ans Licht gekommen sind, wissen sogleich, was für sie gefährlich ist, und meiden, was den Tod bringt. Schon den Schatten vorüberfliegender Raubvögel, die ihre Feinde sind, fürchten sie. Kein Tier tritt ohne Todesfurcht ins Leben.

›Wie kann ein Tier‹, sagt man, ›das eben zur Welt gekommen ist, schon wissen, was ihm nützlich oder todbringend ist?‹ Zunächst fragt es sich, ob – nicht wie – es das weiß. Dass die Tiere im Besitz dieser Kenntnis sind, zeigt sich daran, dass sie aus Einsicht nichts tun würden, was schlecht wäre.

Wie kommt es, dass die Henne vor dem Pfau und vor der Gans nicht flieht, wohl aber vor dem viel kleineren Habicht, der ihr nicht einmal bekannt ist? Dass die Küchlein die Katzen fürchten, nicht aber den Hund? Offensichtlich haben sie eine nicht durch Erfahrung gesammelte Kenntnis von dem, was ihnen schädlich ist, denn sie sind bereits auf der Hut, noch bevor sie eine Erfahrung machen können. Nun glaub aber nicht, dass dies zufällig geschehe; denn Tiere fürchten nur, wovor sie Angst haben müssen, und nie vergessen sie diese Vorsicht und Achtsamkeit. Sie fliehen vor dem, was ihnen Verderben bringt – darin sind sie alle gleich. Außerdem wird im Laufe ihres Lebens ihre Furchtsamkeit nicht größer. Daraus geht hervor, dass sie nicht Erfahrung so vorsichtig macht, sondern der natürliche Trieb zur Selbsterhaltung. Was die Erfahrung lehrt, erfordert Zeit und ist unterschiedlich; was aber die Natur verleiht, gilt für alle gleich und sofort.

Ich will dir sagen, wieso jedes Tier weiß, was ihm schädlich ist. Es fühlt, dass es aus Fleisch besteht. Daher nimmt es alles wahr, was in der Lage ist, Fleisch zu zerschneiden, zu verbrennen, zu vernichten, und erkennt, welche Tiere ihm gefährlich sind: Darin wurzelt die Vorstellung von dem ihm

Feindlichen und Verderblichen. Beides ist miteinander verbunden: Jedes Tier sucht sein Wohlsein zu erhalten und strebt nach dem, was hierfür vorteilhaft ist; andererseits schreckt es vor dem zurück, was ihm Schaden bringt. Naturgegeben ist der Trieb zum Nützlichen und die Abscheu vor dem Gegenteiligen. Ohne jede Überlegung, die das etwa geböte, ohne Absicht geschieht, was die Natur verlangt.«

Gut erzählte Geschichten verstehen sich von selbst und brauchen keine erläuternden Erklärungen. Trotzdem sei noch ein Wort zu Tolstois »Leinwandmesser« angeführt. Dieses Pferd, ein vorzüglicher Traber, hat tatsächlich gelebt. Wegen seines ausgreifenden Ganges hatte ihm Graf Orlow, der Gestütsbesitzer, den Namen »Leinwandmesser« gegeben. Als Orlow 1812 starb, ließ der Stallmeister das Pferd kastrieren und verkaufen. Sein weiteres Schicksal ist unbekannt.

In Tolstois Erzählung dagegen wird das Schicksal des Tieres zum Gleichnis. Das arme geknechtete Pferd ist ein Abbild des unglücklichen russischen Volkes, das für den prassenden, ausschweifenden Herrn schuftet und nur so lange gehegt wird, wie die jugendliche Arbeitskraft ihren Wert hat. Das Tier ist nichts anderes als der bedauernswerte Leibeigene, der von den Launen des Besitzers abhängt. In keinem seiner größeren Werke hat Tolstoi so scharf den Leibeigenen dem in Saus und Braus lebenden Adel gegenübergestellt.

Zu allen Zeiten hat das Tier den Menschen beschäftigt. Der Mensch ist nicht allein auf der Welt. Durch die Urschöpfung des Lebens sind Mensch und Tier zu einer Schicksalsgemeinschaft verbunden.

Helmut Höfling

Mein Pferd – mein bester Freund

Häuptling Büffelkind Lange Lanze

Das Geisterpferd

Beim ersten Frühlingshauch brachen wir das Lager ab und
zogen nach Südwesten, über die große Biegung am Oberlauf
des Columbia zum Plateau zwischen den Rocky Mountains
und dem Kaskaden-Gebirge. Auf diesem hohen Plateau war
während der letzten hundertfünfzig Jahre die in der Welt
größte Herde wilder Pferde umhergestreift. Einige hundert
Stück von ihnen gibt es noch dort, wo die Provinzregierung
von Britisch-Kolumbien jeden Sommer Anstrengungen unternimmt, sie auszurotten. Hinter diesen Pferden waren wir
her, um die Herde, die der Sturm von unserem Lager vertrie-
ben hatte, zu ersetzen.

Wir trafen zu der Jahreszeit auf die Herde, in der sie am
schwächsten war: zu Beginn des Frühlings, nachdem die
Pferde ihr erstes saftiges Grünfutter bekommen hatten und
sich ihre Fortbewegungsgeschwindigkeit durch die Ruhr ver-
langsamt hatte. Da diese wilden Tiere jedes Pferd, das in Ge-
fangenschaft aufgewachsen ist, zu Tode jagen können, muss
man sich der doppelt schwierigen Arbeit unterziehen, sie zu
Fuß zu fangen. Aber ebenso wie die Wölfe sind auch die Pferde sehr neugierige Tiere; aus bloßer Neugier folgen sie einem
Menschen meilenweit. Und wenn sie verfolgt werden, kehren
sie beständig auf ihrem Weg um, damit sie sehen, was los ist,
wie ihre Verfolger aussehen, was sie vorhaben.

Die Grauwölfe machen es genauso. Als wir den Norden des
Landes durchreisten, trotteten sie den ganzen Tag lang hinter
uns her. Sooft wir stehen blieben, blieben auch sie stehen,
standen bewegungslos mit einem erhobenen Fuß da und sa-

hen uns an. Wenn wir weitergingen, folgten sie uns wieder. Wenn wir Geräusche machten, sprangen sie zurück und versteckten sich hinter dem nächsten Busch. Von da an blieben sie unsichtbar, aber sooft wir uns umblickten, sahen wir, wie sie verstohlen hinter dem am weitesten entfernten Busch hervorlugten.

Uns Kinder pflegten sie zu erschrecken, aber unsere Väter sagten uns, wir sollten uns nicht schrecken lassen, die Wölfe würden uns nichts tun, sie seien nur neugierig auf uns – obwohl, so sagten sie, die Wölfe, wenn sie uns den ganzen Tag lang gefolgt seien, während der Nacht versuchen würden, unsere Hunde an sich zu reißen. Daher befahlen sie uns Jungen, die wir die Nachhut bildeten, wir sollten sie verscheuchen, bevor wir das Lager für die Nacht errichteten. Wölfe ziehen das Hundefleisch jedem anderen vor, doch männliche Wölfe würden einer Hündin niemals etwas zuleide tun.

Mit den wilden Pferden war es anders. Sie liefen immer vor uns her, aber sie hatten die Gewohnheit, sich auf ihrer Fährte umzudrehen und von der Seite oder von hinten auf uns zuzukommen, um uns zu beobachten. Es war die niemals zu befriedigende Neugier der wilden Pferde, die es unseren indianischen Kriegern ermöglichte, sie zu Fuß zu fangen.

Die Methode unserer Krieger bestand darin, eine Herde ausfindig zu machen und ihr dann stunden-, vielleicht auch tagelang gleichgültig zu folgen, bevor sie einen Versuch unternahmen, sie einzukreisen. Das diente dazu, die Pferde an uns zu gewöhnen und ihnen zu zeigen, dass wir ihnen nichts tun würden.

Fünf Tage lang hatten wir frischen Stallmist hinter uns hergeschleppt, bevor wir endlich unsere erste Herde auf dem ausgedehnten Couteau-Plateau im Herzen von Britisch-Kolumbien ausfindig machten. Da war sie: eine Herde von etwa fünfhundert Tieren, die grasend über den Abhang eines kleinen felsigen Berges am obersten Teil des Plateaus zog. Ihre schnellen, behänden Bewegungen, eher die eines Rehs als die eines Pferdes, zeigten, dass sie übernervöse Wesen waren, die bei der geringsten Aufregung wie eine Schar wilder Vögel in alle Richtungen auseinander stieben würden. Wir sahen einen großen stahlgrauen Hengst, der in einiger Entfernung von den Übrigen graste und zahlreiche Abstecher rund um die Herde machte. Unseren indianischen Kriegern war es klar, dass dieser eisenfarbige Kerl mit der silbernen Mähne der Hengst war, der die Herde anführte, und unsere Krieger richteten ihre ganze Aufmerksamkeit auf ihn, da sie wussten, dass das Verhalten der gesamten Herde von dem abhing, was er tat.

Als wir uns der Herde bis auf etwa fünfhundert Meter genähert hatten, begannen unsere indianischen Krieger leise Geräusche zu machen, sodass uns die Pferde in der Ferne sehen konnten und nicht in Panik versetzt würden, wenn sie uns plötzlich in geringerer Entfernung entdeckten.

»Ruhig! Ruhig!«, brummten unsere indianischen Krieger. Der stahlgraue Hengst wieherte schwach, und alle Pferde hoben ihre Köpfe hoch in die Luft, standen vollkommen still, als wären sie verzaubert, schauten direkt zu uns herüber und blähten ihre großen, nervösen Nüstern. Ohne einen Muskel zu bewegen, blieben sie einige Augenblicke lang stehen und schauten uns scharf an. Als wir näher kamen, versuchte uns der stämmige Hengst zu erschrecken, indem er mit einem wiehernden Brüllen auf uns zusprengte.

Andere folgten ihm, und wie eine gellend schreiende Kriegsschar kamen sie näher; ihre Köpfe schwangen wild hin und her, ihre Läufe waren weit gespreizt, und ihre langen Schweife peitschten den Boden wie Ruten aus Eisendraht. Aber bevor sie uns erreichten, versteiften sie ihre Beine und kamen in einer Staubwolke plötzlich zum Stehen. Sie blickten uns aus der Nähe noch einmal an, dann drehten sie sich um und jagten mit dem Rest der Herde davon, der bereits begonnen hatte sich über den Gipfel des Berges zurückzuziehen.

Aber der große stahlgraue Hengst behauptete einen Augenblick lang allein seine Stellung und forderte uns offen heraus. Er grub seine weit vorgestreckten Vorderfüße in die Erde, schüttelte wütend den Kopf und hörte dann gerade so lange damit auf, dass er sehen konnte, welche Wirkung seine verrückten Possen auf uns hatten. Graziös sprang er in die Luft und drehte sich dabei wie ein Hund, der seinem Schwanz nachläuft. Dann hob er wieder den Kopf so hoch, wie seine prächtige Statur es ihm erlauben wollte. Der lange silberne Schweif lag über seinem Rücken, und aus den unruhigen, steinfarbenen Augen warf er uns feurige Blicke zu. Nachdem er uns seinen Mut, seinen Trotz und seine außerordentlichen Führerqualitäten gezeigt hatte, drehte er sich um und bäumte sich auf, wobei seine Fersen so hoch flogen, dass man sich beinahe vorstellen konnte, er ginge auf Wolken.

Unsere indianischen Krieger lachten und sagten: »Ja, ponokamita, eingebildeter Elchhund, du bist ein tapferer Krieger. Aber geh fort und hab Geduld! Du wirst noch klein beigeben müssen.«

Fünf Tage lang verfolgten wir die wilden Pferde. Wir reisten gemächlich hinter ihnen her, da wir wussten, sie würden sich nicht weit entfernen, sondern uns wie Wölfe beobachten, solange wir in der Nähe waren.

Am fünften Tag hatten sie sich so sehr an uns gewöhnt, dass sie nur langsam weitergingen und beim Gehen Gras fraßen, wenn wir uns näherten. Die ganze Zeit über hatten unsere indianischen Krieger sie durch ihre kluge Vorgehensweise gefügig gemacht. Anfangs brummten sie ihnen nur zu. Aber jetzt tanzten sie vor ihnen und schrien sie an. Das geschah, um die Pferde wissen zu lassen, dass der Mensch, obwohl er eine Menge Geräusche machen und sich ungestüm benehmen kann, ihnen nichts zuleide tun würde, dass ihnen durch näheren Kontakt mit dem Menschen kein Schaden zugefügt werden könne.

Nichts erschreckt ein Pferd mehr als etwas Ruhiges, das sich ihm nähert und keine Geräusche macht. Bei einer auffälligen Bewegung eines Nagetiers im Gras oder eines fallenden Zweiges wird es auffahren und sich das Genick brechen, während es einen brüllenden Büffel oder eine Dampflokomotive nicht beachtet. Es besitzt nämlich die gleiche Art von Mut wie ein Mensch: wirklichen Mut, den Mut, allem ins Gesicht zu blicken, das man sehen und hören und mit dem man es aufnehmen kann, es hat aber eine abergläubische Furcht vor allem Geisterhaften. Der Berglöwe und die meisten anderen Raubtiere besitzen eine andere Art von Mut. Bei einem schwachen, unerklärlichen Geräusch ducken sie sich und warten, während sie bei einem lauten Geräusch sofort Schutz suchen. Sie sind besonnener, aber weniger tapfer als der Mensch oder das Pferd.

Während der zehnten Nacht unserer Verfolgungsjagd trafen unsere Krieger ihre letzten Vorbereitungen, um die Herde zu fangen. Sie hatten die Pferde in die Nähe eines riesigen halb natürlichen, halb künstlichen Geheges gelockt, das sie aus Baumstämmen gegen die beiden Seiten einer Felsschlucht gebaut hatten. Vom Eingang des Geheges weg hatten sie zwei lange Zäune aufgestellt, die einen Einlauf bildeten, der immer breiter wurde, je weiter er sich vom Tor des Geheges entfernte. Der trichterförmige Einlauf entfaltete sich mehrmals eine halbe Meile weit fächerförmig zum Plateau hin und war, damit er natürlich aussah, mit Kiefern überdeckt worden. Es war eine Nachbildung des alten Büffelgeheges, das wir zu erbauen pflegten, um die Büffel einzukreisen, wenn sehr viele von ihnen auf den Prärien waren.

Die Öffnung am äußeren Ende des Einlaufs war etwa einhundert Meter weit. Von da an waren Baumwipfel, Steine und Baumstämme aufgestellt worden, um den Einlauf zu verlängern und auf einige hundert Meter zu verbreitern. Dies diente dazu, die Herde langsam in die Öffnung des umzäunten Teils des Einlaufs zu führen, wo sie, einmal hineingedrängt, weder herauskommen noch sich umdrehen und denselben Weg zurückgehen konnte. Die Pferde würden in der Falle sitzen, und das Einzige, was sie noch tun konnten, war, bis zum Tor des Geheges weiterzugehen.

Während dieser zehnten Nacht unserer Verfolgungsjagd also herrschte gedämpfte Aufregung in unserem versteckten Lager, denn es war die Nacht, in der wir darangingen, die große, eigensinnige Herde wilder Pferde einzutreiben. In dieser Nacht legte sich niemand schlafen. Kurz vor Einbruch der Dunkelheit schlüpften mehr als die Hälfte unserer indianischen Krieger, darunter unsere schnellsten Späher und jungen Männer, leise aus unserem Lager und verschwanden. Sie fächerten sich in die im Voraus bestimmten Richtungen bis zu der Stelle hin auf, wo die Herde am Nachmittag verschwunden war. Während der ganzen frühen Nacht hörten wir Wölfe, die einander zuheulten und arktische Eulen, Nachtfalken und Panther, die traurig in das geheimnisvolle Dunkel des zerklüfteten Plateaus hinausriefen. Es waren die Signale unserer Männer, mit deren Hilfe sie einander über ihre Bewegungen unterrichteten.

Etwa um Mitternacht wurde alles totenstill. Wir wussten, dass sie die Herde ausfindig gemacht und eingekreist hatten und dass sie jetzt auf ihren Bäuchen lagen und auf die ersten Zeichen des Tagesanbruchs und auf das Signal für den Beginn der Treibjagd warteten. Einer unserer Unterhäuptlinge, Chief Mountain Elk, ging nun durch unser Lager, gab leise Anweisungen an alle Helfer, sich entlang des großen Einlaufs aufzustellen, um die Herde hereinzutreiben. Alle Frauen, alten Leute und Kinder im Lager wurden aufgerufen, an dieser besonderen Phase der Treibjagd teilzunehmen. Wir Kinder und die Frauen krochen zum Einlauf hinüber und legten uns entlang der Außenseite des Zauns hin, während die Männer über den umzäunten Teil des Einlaufs hinausgingen und sich hinter dem Gebüsch und den Baumstämmen verbargen – wo es gefährlicher war.

Wir kauerten auf dem Boden und zitterten still eine Stunde lang oder länger, bis wir ein entferntes »Ruhig!« hörten. Es war der Jagdruf unserer Krieger, die Worte, die sie zehn Tage lang den Pferden zugerufen hatten, um sie wissen zu lassen, dass ihnen dadurch kein Leid zugefügt würde. Daher gingen die Pferde nicht durch, wie sie es getan hätten, wenn sie das Geräusch nicht gekannt hätten.

Wir Kinder lagen atemlos vor Erwartung da. Wir alle hatten uns aus dieser schönen Herde wilder Tiere unsere Lieblingspferde ausgesucht. Und als wir so dalagen, hatten wir die gleichen Gefühle wie weiße Jungen, die im Bett liegen und auf den Weihnachtsmann warten. Unsere Väter hatten versprochen, dass wir die Ponys, die wir uns ausgesucht hatten, haben könnten, und wir konnten es kaum erwarten, sie in Besitz zu nehmen.

Mein Liebling war ein schönes Kaliko-Pony, rötlich-grau, weiß und rot gescheckt, seine Schultern und Flanken waren in drei verschiedenen Farben gesprenkelt, gerade so wie eine Flickendecke mit einem erlesenen Muster. Auf der Stirn zwischen den Augen hatte es einen roten Stern, und ich hatte es Naytukskie Kukatos getauft, was in unserer Sprache so viel wie Ein Stern bedeutet.

Kurz darauf hörten wir das typische Donnern von Pferdehufen – ein dumpfes Dröhnen, das den Erdboden, auf dem wir lagen, erschütterte. Dann kam das nächtliche Geheul des Wolfes aus vielen verschiedenen Richtungen. Es waren unsere indianischen Krieger, die einander Signale gaben, damit die Herde den richtigen Weg beibehielt. Aus diesem Gemisch von seltsamen Lauten konnten wir das Wiehern der Stuten heraushören, die ihre kleinen langbeinigen Söhne an ihre Seiten riefen, damit sie in der Dunkelheit und dem Durcheinander nicht verloren gingen.

Unsere Herzen begannen schneller zu schlagen, als wir das erste laute »Jah! Jah! Jah!« hörten. Wir wussten, dass die Herde nun in den mit Gebüsch begrenzten Teil des Einlaufs gekommen war und dass unsere Krieger aus ihren Verstecken hervorsprangen und Lärm machten, um die Pferde in Panik zu versetzen und sie in unsere Falle rennen zu lassen.

Sogleich war das laute Donnern trampelnder Hufe zu hören – überall schrien die Pferde gellend wie erschütterte Menschen in einer ungeheuren Verwirrung. Aus diesem Lärm von brüllenden Kehlen und hämmernden Füßen hörten wir ein lautes, starkes Keuchen heraus, das wir alle erkannten. Uns Jungen machte es ein wenig Angst. Es klang wie eine Mischung aus dem Gebrüll eines Löwen und dem eines aufgebrachten Stieres. Es war der große stahlgraue Hengst, der wütende König der Herde. In unserer Phantasie sahen wir seinen langen silbernen Schweif, den er über seinen Rücken geworfen hatte, seine Beine, die weit voneinander entfernt aufschlugen, und das Weiße seiner schrecklichen Augen, in denen nichts als Mord zu lesen stand. Wir hätten gern gewusst, was er uns tun würde, wenn er unsere Attrappen auf die Probe stellte und krachend durch den Zaun in unsere Mitte stürzte.

Aber nun kam er daher, führte seine rasende Herde an, und wir hatten keine Zeit mehr, über die Gefahr nachzudenken. Unsere Aufgabe war, das zu tun, was die anderen bisher gemacht hatten: still zu liegen, zu warten, bis der Leithengst an uns vorüber war, und dann auf den Zaun zu springen, gellend zu schreien und mit den Armen, so wild wir konnten, herumzufuchteln. Das diente dazu, die rasende Herde davon abzuhalten, den Zaun zu zerschmettern oder umzukehren, und ihren Lauf in unsere Falle zu beschleunigen.

Schon kam die Herde trampelnd dahergestürmt. Als wir Kinder verstohlen durch den mit Buschwerk verdeckten Zaun spähten, konnten wir ihre geschmeidigen Rücken sehen, die sich in der sternenhellen Nacht wie große Wogen tobenden

Wassers auf und nieder bewegten. Der ungestüme Hengst, der sie anführte, hatte seine Vorderbeine weit gespreizt, und seine Stirn glitt wie ein Pendel über die Erde. Seine Fersen flogen bei jedem Sprung abwechselnd nach rechts und nach links. Auf einmal blieb er stehen und versuchte sich gegen die herankommende Herde zu stemmen, aber die ehemaligen Sklaven seiner Laune trieben ihn mit ungeheurer Wucht nach vorn. Er erhob sich von seinen Knien, streckte seine Nüstern in die Luft und brüllte schrecklich und herausfordernd, wie jemand, der wahnsinnig geworden ist.

Sogar die Sterne schien er zu verfluchen. Niemals zuvor hatte er eine Niederlage einstecken müssen, niemals hatte er völlige Hilflosigkeit kennen gelernt. Die treue Herde, die sogar auf die Befehle seiner Ohren geachtet hatte, raste nun über ihn hinweg.

Wäre in diesem Augenblick eine feste Eisenmauer vor dem Hengst gestanden, hätte er sich, so glaube ich, daran seinen Schädel eingeschlagen. Ich erinnere mich, dass ich mich umdrehte, um mich in der Dunkelheit nach einem geeigneten Platz umzusehen, falls er sich plötzlich entschließen sollte, sich in ohnmächtiger Wut kopfüber in das Geräusch zu stürzen, das ihn verrückt machte. Aber genau in dem Augenblick, als ich nach hinten sah, hörte ich ein Pfeifen, und ich wandte meinen Blick gerade rechtzeitig zurück, um den stahlgrauen König zu sehen, der an uns vorübersprang wie ein riesiger Windhund. Bei jedem seiner außerordentlich hohen Sprünge war sein keuchender Atem zu hören, der schrill wie eine Pfeife klang.

Niemand wird je wissen, was in seinem Kopf vorging, warum er sich so plötzlich von seiner Herde abgesetzt hatte. Aber er lief weiter und ließ die anderen Pferde zurück wie ein Reh ein Rudel Präriewölfe.

Einige Sekunden später kam der Rest der Herde dröhnend an uns vorüber. Als wir auf den Zaun stiegen, schrien und wild

gestikulierten, sahen wir in einen dichten Nebel aus Schweiß und Atem, dessen Schärfe uns in der Nase biss.

Ich dachte, die Herde würde niemals aufhören, an uns vorbeizuziehen. Nie zuvor hatte ich so viele Pferde gesehen. Wir blieben auf unseren Posten, bis es beinahe Tag war, und noch immer kamen sie einhergezogen; die meisten Fohlen hinkten bereits und wieherten nach ihren Müttern.

Als wir vom Zaun kletterten und bei Tagesanbruch hinunter zum Gehege gingen, sahen wir als Erstes vier unserer Krieger blutend und bewusstlos auf Strohsäcken liegen. Sie gehörten zu den besten Reitern unseres Stammes: Circling Ghost, High Hunting Eagle, Wild Man und Wolf Ribs.

Als unsere Mütter fragen, was los sei, zeigte jemand auf das Gehege und sagte: »Es sind sehr böse Pferde!«

Wir gingen nachschauen und sahen ein Dutzend Männer, die dem wilden stahlgrauen Hengst Zaumzeug umzulegen versuchten, der, da er seine schwere mondfarbene Mähne kriegerisch über seinen bläulichen Kopf und seine Schultern sträubte, eher einem Löwen als einem Pferd glich. Er war da und dort mit eigenem Blut befleckt, und seine Zähne lagen bloß wie die eines Wolfs. Vier Männer hatten versucht, ihn in das Gehege hinunterzubringen und ihm die Longe um seinen Hals zu werfen. Während die anderen wilden Pferde in die untersten Ecken des Geheges gerannt waren, hatte sich dieses gemeine Biest von einem Pferd kopfüber in sie gestürzt und sie, bevor sie weggezerrt werden konnten, beinahe getötet.

Es hatte bewiesen, dass es zu den seltensten Exemplaren von Pferden gehört, die der Mensch kennt – ein Mörder, eine Kreatur, die ihre Opfer trat, biss, zerfleischte und zerstampfte, bis sie tot waren. Man kann möglicherweise hundert Jahre unter Pferden leben, ohne einmal eines jener grässlichen Monster aus der Pferdewelt gesehen zu haben, so selten gibt es sie. Es hatte in unserem Gehege bereits zwei junge Hengste aus seiner eigenen Herde umgebracht.

Unsere indianischen Krieger setzten sich nicht mehr länger den Gefahren dieses Pferdes aus. Sie standen hoch oben auf dem zwei Meter hohen Zaun des Geheges und warfen ihre Lassos aus, um das mörderische Ungeheuer durch Genickschlag zu töten.

Aber vergeblich. Dieser Teufel in Pferdegestalt konnte denken wie ein Mensch. Er stand und beobachtete das Lasso, das durch die Luft wirbelte, aber sobald es über seinem Kopf sauste, duckte er seinen zottigen Nacken und blieb mit weit gespreizten Vorderbeinen auf der Stelle stehen, dem Menschen und der Sache teuflisch trotzend. Keiner unserer Ältesten hatte so etwas wie ihn je gesehen.

Schließlich wurde entschieden, ihn mit brennenden Holzstücken in eine Ecke zu treiben und zwischen ihm und dem Rest der Herde eine Scheidewand zu errichten, damit unsere indianischen Krieger schnell die Besten der Tiere absondern konnten, bevor der verwirrte Rest verloren ging. So geschah es, und bei Einbruch der Nacht hatten wir zweihundert der besten und stärksten Pferde des ganzen Nordwestens gefangen und gefesselt.

Am nächsten Morgen begannen unsere indianischen Krieger mit der schwierigen Arbeit, die wilden Pferde an den Halfter zu gewöhnen. Sie wandten die indianische Methode an, die sehr einfach und sinnvoll ist. Während vier Männer ein dickes Bündel Lasso festhalten, das um den Hals der Tiere geschlungen worden ist, nähert sich ein anderer Mann allmählich dem Kopf des Pferdes, spricht mit ihm und macht, während er näher kommt, viele sonderbare Geräusche.

Das »Sprechen« ist ein leises Brummen, das einem Pferd zu gefallen scheint und es auf einmal einen Augenblick lang ganz stillhalten lässt. Es klingt wie »Ruhig! Ruhig!« und kommt aus tiefer Kehle. Das Pferd stellt daraufhin seine wilden Possen ein und zieht einige Sekunden bewegungslos an der Leine. Während es die näher kommende Gestalt fixiert, schwenkt der Mann eine Decke vor dem Pferd und zischt ihm etwas zu. Es dauert etwa eine Viertelstunde, bis das Pferd erkennt, dass der Mann harmlos ist, dass ihm durch keine Bewegung, die er macht, und durch kein Geräusch, das er ausstößt, irgendein Leid zugefügt wird.

Es ist seltsam, dass ein wildes Pferd, sei es von der Ranch oder vom offenen Weideland, anfangs nicht auf ruhige Freundlichkeit reagiert. Es muss zuerst grob – aber nicht grausam – behandelt werden, und erst wenn es auf Tuchfühlung mit dem Menschen ist, kann mit Freundlichkeit seine Zuneigung gewonnen werden.

Sobald der Mann den Kopf des Pferdes erreicht hat, beginnt seine schwierigste Aufgabe. Er muss das Pferd zum ersten Mal mit der Hand berühren, wovor dieses anscheinend tödliche Angst hat. Er lässt Minuten verstreichen, bevor er einen Finger auf die zuckenden Nasenflügel legt, sie reibt und das Pferd seinen Geruch oder seine Witterung aufnehmen darf. Danach schlingt der Krieger eine lange Leine der Reitpeitsche um die Nase des Pferdes, führt diese dann hinter seine Ohren und an der anderen Seite wieder nach vorn, schiebt sie unter die andere Seite der Schlinge und hat damit so etwas wie einen locker verknoteten Halfter, der sich beim kleinsten Ruck, den das Pferd macht, zusammenzieht.

Diese Leine ist nicht stärker als ein Schuhriemen, doch hat sie der Krieger erst einmal um den Kopf des Pferdes gelegt, können die anderen Männer die starke Longe loslassen, und er leitet von da an das Pferd allein mit einem kleinen Stück Leine, das er locker in der Hand hält. Sooft das Pferd an der Leine zieht, drückt diese auf bestimmte Nerven in der Nasengegend und hinter den Ohren, was das Pferd entweder betäubt oder so sehr schmerzt, dass es nicht noch einmal zu ziehen versucht.

Wenn das Pferd auf diese Weise gehalten wird, steht der Krieger vor ihm, streichelt seine Stirn und zischt ihm aus dieser nahen Entfernung zu. Es ist das gleiche Geräusch, das man macht, wenn man Hühner vertreibt – »Gsch! Gsch!« –, und vielleicht das letzte Geräusch, das ein ungeschulter Mensch verwenden würde, um ein wildes, bissiges Pferd zu zähmen; dennoch ist dieses der schnellste Weg, um einem Pferd beizubringen, dass es keine Angst zu haben braucht. Nachdem der Krieger seine Finger über Kopf und Nacken des Pferdes hat gleiten lassen, wobei er keine Stelle auslassen darf, beginnt er sich mit seinen Fingern den Schultern und Flanken des Pferdes zu nähern. Das Pferd wird daraufhin wieder anfangen herumzuspringen, aber ein wiederholtes heftiges Ziehen an der Leine bringt es zum Stehen, und wenn es zitternd vor Angst dasteht, lässt der Krieger seine Hand über die linke Seite des Pferdes gleiten. Danach tritt er zurück, nimmt eine Decke und streicht damit all jene Körperteile des Pferdes, die er berührt hat, und ruft dabei: »Gsch!«

Nachdem er das auch an der anderen Seite des Pferdes gemacht hat, beginnt er dessen Beine zu bearbeiten. Jedes Bein, wobei mit dem linken Vorderfuß begonnen wird, muss von seiner Hand gestreichelt werden, ohne dass auch nur das winzigste Fleckchen seiner Berührung entgeht. Dies ist der kritischste Teil der Arbeit, da die Beine die tödlichen Waffen des Pferdes sind. Aber ein zweimaliges Ziehen an der Leine besänftigt das Pferd, und innerhalb einer weiteren Viertelstunde wird jeder Quadratzentimeter seines Körpers, bis hin zu seinem Schweif und sogar die heiklen Teile am Bauch und zwischen den Beinen, berührt und gerieben.

Nun ist das Pferd beinahe gezähmt. Es muss nur noch an einen Menschen gewöhnt werden, der auf seinen Rücken springt und es reitet. Das ist einfach und innerhalb von fünf Minuten geschehen.

Der Krieger nimmt die Decke und streicht mehrere Male den Rücken des Pferdes. Dann legt er ihm die Decke sehr sanft auf den Rücken. Zuerst wird sie das Pferd abwerfen, aber nach einem weiteren Ziehen an der Leine beruhigt es sich. Der Krieger hebt die Decke auf und legt sie dem Pferd wieder über den Rücken. Möglicherweise springst dieses ein- oder zweimal darunter hervor, bevor es still steht. Wenn es so weit ist, wirft der Mann die Decke zu Boden, geht langsam an die Seite des Pferdes und drückt es leicht nieder. Er drückt es stärker und stärker, bis er schließlich seine Ellbogen auf den Rücken des Pferdes legt und seinen Körper ein wenig vom Boden hochzieht. Dabei hängt er sich mit seinem ganzen Gewicht auf den Rücken des Tieres. Kann sein, dass ein Pferd, das zum ersten Mal dieses Gewicht zu spüren bekommt, in die Höhe springt, aber beim nächsten Versuch wird es still stehen.

Nachdem der Krieger mehrere Male etwa dreißig Sekunden lang, auf seinen Ellbogen gestützt, vom Rücken des Pferdes gehangen hat, zieht er sich allmählich hinauf, bis er sein rechtes Bein auf die andere Seite hinüberschwingen kann. Es ist seltsam, dass nur wenige Pferde, die auf diese Weise gezähmt wurden, versuchen, einen Mann abzuwerfen. Das Pferd steht vollkommen still; der Mann sitzt auf ihm, streichelt es einen Augenblick lang, treibt es dann sanft zum Gehen an. Das Pferd geht unbeholfen in einem leichten, ziellosen Passgang hinweg, zuerst dahin, dann dorthin, dass man meinen könnte, es ginge überhaupt das erste Mal auf eigenen Beinen.

Der Grund dafür, dass ein Pferd in der beschriebenen Art gezähmt werden kann, liegt darin, dass es ein außerordentlich intelligentes, verständiges Wesen ist. Ein Huhn hat keinen Verstand; daher lässt es sich verscheuchen, wenn man »Gsch!« macht, obwohl ihm durch diesen Laut nichts angetan wird. Dadurch entgehen ihm viele Krumen, die es gemächlich fressen könnte, wenn es nur genug Verstand hätte, um – wie das Pferd – aus Erfahrung zu lernen.

Vier Monate danach waren wir wieder zurück auf unseren geliebten Prärien im oberen Montana. Jeder Stamm, der uns sah, beneidete uns um unsere Pferde. Alle wollten sie wissen, woher wir sie hatten. Unser Häuptling erzählte die Geschichte von unserer Jagd so viele Male, dass sie später zu einer Legende unter den Indianern dieser Prärien wurde.

Zum Schluss blickte unser verehrungswürdiger Anführer immer zu Boden, und traurig erzählte er von dem stahlgrauen Hengst mit der wehenden mondfarbenen Mähne und dem mondfarbenen Schweif, den er für sich selbst ausgesucht hatte. Er verwendete mehrere Minuten auf die Beschreibung dieses prächtigen Pferdes, aber er beendete die Geschichte niemals, ohne dass ihn jemand fragte, was aus diesem großartigen Tier geworden war.

Dann erzählte er langsam, wie unsere indianischen Krieger den ganzen Tag versucht hatten diese Bestie mit einem Seil einzufangen, und wie sie in der darauf folgenden Nacht beschlossen hatten, sie in dem kleinen abgetrennten Teil des Geheges stehen zu lassen, in der Annahme, in ein paar Tagen würde ihre Energie nachlassen. Aber als sie am nächsten Morgen das Gehege aufsuchten, war das Pferd verschwunden. Es war wahrhaftig über den mehr als zwei Meter hohen Zaun des Geheges geklettert, der es vom Hauptgehege trennte, und dort, wo es Platz für einen Anlauf hatte, war es auf den massiven Holzzaun losgegangen und hatte seinen Körper zur Gänze hindurchgetrieben. Nichts blieb mehr von der Geschichte zu erwähnen übrig als ein paar Blutflecken, einzelne Haare und ein zerstörter Zaun.

Das sollte das Ende der Geschichte von dem stahlgrauen Hengst sein, aber es war es nicht. Nachdem wir unser Lager auf dem Plateau der wilden Pferde verlassen hatten, waren wir den Leichen von sechs wilden Hengsten und einer Stute begegnet, die dieser Unhold des Plateaus in seiner Raserei verstümmelt hatte. Er war durch und durch zum Mörder geworden und schreckte auch vor der Vernichtung seiner eigenen Art nicht zurück. Unsere Alten sagten, es habe ihn verrückt gemacht, dass er die Kontrolle über seine Herde verloren hatte, während sie in den Einlauf hineindrängte. Dieser Schlag für seine Tapferkeit und seinen Führungsanspruch war zu viel für ihn gewesen; er hatte ihn in einen zerstörerischen Dämon verwandelt, einen in der Wildnis umherziehenden Wahnsinnigen.

Als ein einsamer nächtlicher Wanderer wurde dieses Pferd im ganzen Nordwesten berühmt. Es kam in die Prärien von Montana und Alberta herunter, und in den dunkelsten Stunden der Nacht tauchte es an Orten in der Wildnis der Prärie auf, wo man es am wenigsten erwartet hätte. Nichts war von ihm zu hören; es hatte sein mächtiges Brüllen verloren. Des Nachts suchte es die Prärien heim, aber bei Tag wurde es nie gesehen. Sein Lebensinhalt bestand darin, jedes Pferd, das ihm in den Weg kam, zu vernichten.

Oft sah man diesen stillen, einsamen Wanderer der Nacht, wie er sich auf einem steil aufragenden Berg als Silhouette gegen den Mond abhob. Seinen Kopf hatte er erhoben, seinen Schweif wie ein Standbild über den Rücken geworfen, seine lange mondfarbene Mähne und sein mondfarbener Schweif wehten wie Silber im Sternenlicht. Aufgrund seiner eigenartigen, nächtlichen Gewohnheiten und aufgrund der Tatsache, dass sein auffälliger Schweif und seine Mähne im Mondlicht ein phosphoreszierendes Leuchten aussandten, wurde er im ganzen Nordwesten als Shunka-tonka-Wakan, als Geisterpferd, bekannt. Die stahlblaue Farbe seines Körpers verschmolz so vollkommen mit der tintigen Bläue der Nacht, dass sich sein Schweif und seine Mähne im Mondlicht wie hell schimmernde Silberfäden ausnahmen, die ihn wie einen Heiligenschein umgaben, der ihm ein wahrhaft geisterhaftes Aussehen verlieh.

Iwan Turgenjew

Lebedjanj

Einer der Hauptvorzüge der Jagd besteht darin, dass sie uns veranlasst, fortwährend den Ort zu wechseln, was für einen Menschen ohne Beschäftigung außerordentlich angenehm sein kann. Bei Regenwetter allerdings ist es kein Vergnügen, auf Feldwegen umherzustreifen und jeden vorübergehenden Bauern mit der Frage anzuhalten: Guter Freund, wie kommt man am schnellsten nach Mordowka? Und in Mordowka angelangt, muss man mit einem stumpfsinnigen alten Weib – denn die Arbeiter sind alle auf dem Feld – ein richtiges Verhör vornehmen, um endlich herauszubringen, wie weit es bis zu den kleinen Wirtshäusern an der großen Landstraße ist und auf welchem Weg man dahin gelangt. Man macht sich auf den Marsch – um, nachdem man zehn Werst hinter sich gebracht hat, nicht in ein Wirtshaus, sondern in das gutsherrliche, sehr heruntergekommene Dorf Chudobubnowo zu kommen, zum größten Erstaunen einer ganzen Herde von Schweinen, die sich mitten auf der Straße bis hin zu den Ohren im dunklen Kot wälzen und diese Störung nicht erwartet haben.

Es ist auch wahrhaftig kein Vergnügen, Brücken zu überschreiten, die einem unter den Füßen schwanken, in Schluchten hinabzusteigen und durch morastige Flüsschen zu waten. Es gibt kaum etwas Langweiligeres, als tagelang durch das grüne Kotmeer der großen Landstraße zu streifen, oder, wovor Gott einen Toten bewahren möge, vor einem bunten Werstpfahl, der auf der einen Seite die Ziffer 22, auf der anderen eine 23 zeigt, im Kot stecken zu bleiben. Es ist nicht sehr angenehm, sich wochenlang nur von Eiern, Milch und dem gepriesenen Roggenbrot ernähren zu müssen – aber alle diese Unbequemlichkeiten und Entbehrungen werden durch Vorzüge und Vergnügungen anderer Art reichlich aufgewogen, die ich allerdings heute nicht aufzählen kann, denn ich muss endlich zu meiner Geschichte kommen.

Nach all dem Gesagten brauche ich nicht mehr zu erklären, auf welche Weise ich vor etwa zehn Jahren auf den Pferdemarkt in Lebedjanj geriet. Es kann uns Jägern schon begegnen, dass wir eines schönen Morgens unser mehr oder weniger angestammtes Landgut in der Absicht verlassen, am Abend des folgenden Tages dorthin zurückzukehren, stattdessen aber, bald nach dieser, bald nach jener Schnepfe schießend, das Ufer der Petschora erreichen. Zudem ist jeder Liebhaber von Flinten und Hunden ein leidenschaftlicher Verehrer des edelsten Tieres auf der Welt: des Pferdes.

So kam ich denn nach Lebedjanj, stieg in einem Gasthaus ab, kleidete mich um und begab mich auf den Jahrmarkt. Der Aufwärter, ein langer, hagerer Bursche von etwa zwanzig Jahren, hatte schon Zeit gefunden, mir in seinem näselnden Tenor mitzuteilen, dass Seine Durchlaucht, der Fürst N., Remonteur des Regiments, ebenfalls geruht habe, in ihrem Wirtshaus abzusteigen, dass noch viele andere Herren angekommen seien, dass abends Zigeuner sängen und im Theater »Pan Twardowsky« gegeben werde, dass man die Pferde sehr teuer verkaufe, dass sie aber wegen ihrer Qualität doch ihren Preis wert seien.

Auf dem Marktplatz zogen sich endlose Reihen von Bretterwagen hin, und hinter ihnen standen Pferde von allen möglichen Rassen: Traber, Zuchtpferde, Bitjuki, Zugpferde, Postpferde und gewöhnliche Bauernpferde. Einige waren wohlgenährt und glatt und nach der Farbe zusammengestellt, mit bunten Decken behängt und an den hohen Rücklehnen der Wagen kurz angebunden; sie schielten furchtsam auf die ihnen nur zu bekannten Peitschen ihrer Besitzer, der Rosshändler. Gutsbesitzerpferde, die von den Edelleuten aus der Steppe einhundert bis zweihundert Werst weit unter der Aufsicht irgendeines invaliden Kutschers und zweier oder dreier dickköpfiger Stallknechte hergeschickt waren, warfen ihre langen Hälse, stampften mit den Füßen und nagten aus Langeweile an dem Holzwerk; isabellfarbene Pferde mit schwarzer Mähne und schwarzem Schweif aus Wiatka drängten sich eng aneinander. Mit der majestätischen Unbeweglichkeit eines Löwen standen rundkruppige Traber mit wallenden Schweifen und struppigen Füßen, Apfelschimmel, Rappen und Braune da. Kenner blieben ehrfurchtsvoll vor ihnen stehen.

In den von Bretterwagen gebildeten Straßen drängten sich Leute jeden Standes, Alters und Aussehens. Rosshändler in blauen Kaftanen und hohen Mützen schauten pfiffig und erwartungsvoll nach Käufern aus. Kraushaarige Zigeuner mit glänzenden Augen schossen wie besessen hin und her, besahen die Zähne der Pferde, hoben ihnen die Füße und Schweife auf, schrien, schimpften, gebärdeten sich als Vermittler, warfen das Los oder drängten sich um irgendeinen Remonteur, den sie an der Militärmütze und dem Mantel mit Biberkragen erkannten. Ein stämmige Kosake ritt auf einem abgezehrten Wallach mit einem Hirschhals und verkaufte ihn so, wie er da war, das heißt mit Sattel und Trense. Bauern in unter den Achseln zerrissenen Schafspelzen brachen sich resolut durch die Menge Bahn, sprangen zu Dutzenden in einen Wagen, um das vor denselben gespannte Pferd auszuprobieren, oder sie feilschten irgendwo seitwärts mit Hilfe eines schlauen Zigeuners, handelten miteinander, bis ihnen der Atem ausging, gaben sich hundertmal nacheinander einen zustimmenden Handschlag, und trotzdem blieb jeder auf seinem Preis bestehen, während der Gegenstand ihres Streites, ein elender, mit einer zerzausten Bastmatte bedeckter Klepper, nur mit den Augen blinzelte, als ob die Sache ihn gar nichts angehe. Und in der Tat, es konnte ihm wohl einerlei sein, von wem er geschlagen wurde.

Gutsbesitzer mit breiten, niedrigen Stirnen, gefärbten Schnurrbärten und aufgedunsenen Gesichtern, mit Polenmützen und Kamelottkitteln bekleidet, unterhielten sich herablassend mit wohlbeleibten Kaufleuten in Filzhüten und grünen Handschuhen. Offiziere von verschiedenen Regimentern stießen sich auch hier herum. Ein ungewöhnlich langer Kürassier von deutscher Abstammung fragte kaltblütig einen hinkenden Pferdehändler, welchen Preis er für oben genannten Rotfuchs beanspruche. Ein blonder Husar von etwa neunzehn Jahren suchte sich ein Seitenpferd zu seinem mageren Passgänger aus. Ein Fuhrmann mit niedrigem, mit einer Pfauenfeder geziertem Hütchen, rötlicher Jacke und ledernen Fausthandschuhen, die er in seinen schmalen grünen Gurt gesteckt hatte, forschte überall nach einem Gabelpferd. Kutscher flochten ihren Pferden die Schweife ein, netzten die Mähne und gaben den Herren ehrfurchtsvoll Rat.

Diejenigen, die ihre Geschäfte abgeschlossen hatten, eilten ins Gasthaus oder in die Schenke, je nach ihrem Vermögen. Das Menschenmeer wogte und schrie, zankte und versöhnte sich, fluchte und lachte, dabei bis an die Knie im Kot watend. Ich wollte ein Dreigespann erträglicher Pferde für meinen Wagen kaufen, denn die meinigen wurden unbrauchbar. Ich fand bald zwei Pferde, die mir zusagten, nirgends konnte ich aber das dritte, dazu passende, entdecken.

Nach dem Mittagessen, welches zu beschreiben ich mich heftig weigere (Äneas schon empfand, wie peinlich es ist, an vergangenes Leid zu denken), begab ich mich in das so genannte Kaffeehaus, in welchem sich an jedem Abend die Ausbilder, die Gutsbesitzer und andere Besucher des Jahrmarktes versammelten. In dem raucherfüllten Billardzimmer waren etwa zwanzig Personen. Da standen junge Edelleute herum in ungarischen Röcken und grauen Pantalons, mit frisiertem Haar und gewichstem Schnurrbart, die frei und keck um sich schauten. Andere Edelmänner in Kosakenröcken mit kurzen, dicken Hälsen und verschwommenen Augen saßen dazwischen und ließen ihr kurzatmiges Ächzen hören.

34

Die Kaufleute saßen, wie man zu sagen pflegt, auf der Lauer; die Offiziere unterhielten sich ungeniert miteinander.

Auf dem Billard spielte der Fürst N., ein Mann von etwa zweiundzwanzig Jahren, mit einem lebenslustigen, etwas verächtlichen Gesicht, in einem weit aufgeknöpften Rock, rotseidenem Hemd und breiten samtenen Hosen, mit dem Leutnant außer Diensten Chlopakow.

Viktor Chlopakow, ein kleiner, hagerer, gebräunter Mann von etwa dreißig Jahren mit schwarzem Haar, braunen Augen und einer breiten aufgeworfenen Nase, besucht fleißig die Jahrmärkte und die Adelswahlen. Er hat einen hüpfenden Gang, gestikuliert energisch mit den ausgespreizten Armen, trägt seine Mütze auf dem einen Ohr und streift gern die Ärmel seines mit blauem Kaliko gefütterten Militärrocks auf. Er hat das Talent, mit der Petersburger Jeunesse dorée auf vertrautem Fuß zu stehen; er raucht, trinkt, spielt mit ihnen Karten und duzt sich mit allen.

Man begreift nicht recht, warum er sich dieser Gunst erfreut. Viel Verstand hat er nicht; er ist nicht einmal komisch und taugt nicht zum Spaßmacher. Freilich gehen alle nachlässig-freundschaftlich mit ihm um, wie mit einem guten Kerl, an dem nicht viel dran ist; sie sind mit ihm während ein paar Wochen auf Du und Du und grüßen ihn dann nicht einmal mehr – wie auch er sie dann nicht mehr sieht.

Die Eigentümlichkeit des Herrn Chlopakow besteht darin, dass er oft zwei Jahre hindurch beständig dieselbe Redeweise gebraucht, ob sie nun passt oder nicht; eine Redeweise, die durchaus nicht witzig ist und die doch alle Welt zum Lachen bringt. Vor etwa acht Jahren sagte er auf Schritt und Tritt: »Habe die Ehre, mich zu empfehlen«, »Ergebenster Dank«, und seine damaligen Gönner glaubten jedes Mal vor Lachen zu sterben und ließen ihn sein »Habe die Ehre, mich zu empfehlen« stets wiederholen. Hierauf fing er an, sich einer sehr verwickelten Redeweise zu bedienen: »Nein, das müssen Sie schon – Keskessé – qu'est ce que c'est – das kommt so heraus«, und mit demselben glänzenden Erfolg.

Vor etwa zwei Jahren dachte er sich ein anderes Stichwort aus: »Echauffieren Sie sich nicht, Mensch Gottes in einer Schafshaut!«, und so weiter. – Was glauben Sie? Diese, wie Sie sehen, höchst unverfänglichen Worte nähren und kleiden ihn. Sein Landgut hat er schon längst durchgebracht, und er lebt heute einzig und allein auf Kosten seiner Freunde. Es muss zugleich bemerkt werden, dass er durchaus keine anderen liebenswürdigen Eigenschaften hat; freilich raucht er hundert Pfeifen am Tag, hebt beim Billardspiel den rechten Fuß hoch über den Kopf und balanciert mit dem Queue auf der Hand – doch liebt nicht ein jeder derartige Vorzüge. Er trinkt auch tüchtig – aber in Russland ist es schwer, sich dadurch auszuzeichnen.

Mit einem Wort, sein Erfolg ist mir ein vollkommenes Rätsel. Das einzig Hervorhebenswerte an ihm wäre, dass er vorsichtig ist, keine Klatschereien macht und über niemand ein böses Wort spricht.

Nun, dachte ich beim Anblick Chlopakows, was mag jetzt wohl gerade sein Stichwort sein?

Der Fürst machte mit dem weißen Ball einen Wurf.

»Dreißig zu nichts«, stöhnte der schwindsüchtige Marqueur mit den bläulichen Ringen unter den Augen.

Der Fürst warf den gelben Ball scharf in das Eckloch.

»Ech«, krächzte beifällig ein dicker Kaufmann, der in einem Winkel hinter einem schwankenden einbeinigen Tischchen saß, und wurde gleichzeitig verlegen über seine eigene Dreistigkeit. Zum Glück hatte ihn aber niemand bemerkt. Er erholte sich von seinem Schock und strich sich den Bart.

»Sechsunddreißig zu sehr wenig!«, schrie der Marqueur.

»Was sagst du dazu, Bruder?«, fragte der Fürst Chlopakow.

»Versteht sich: Rrrakaliooon; meiner Seele, Rrrakaliooon!«

Der Fürst prustete vor Lachen. »Wie war das? Wiederhole!«

»Rrrakaliooon!«, wiederholte selbstzufrieden der Leutnant außer Diensten.

Das ist das Stichwort, dachte ich.

Der Fürst spielte den blauen Ball ins Mittelloch.

»Nicht so, Fürst, nicht so«, stammelte plötzlich ein blonder Offizier mit geröteten Augen, kleinem Näschen und kindlichem, verschlafenem Gesicht. »Sie spielen nicht richtig …«

»Wie denn?«, fragte der Fürst über die Schulter weg.

»Sie hättens mit einem Triplé versuchen müssen.«

»In der Tat«, murmelte der Fürst.

»Wie ist es, Fürst? Gehts heute Abend zu den Zigeunern?«, beeilte sich der verwirrte Jüngling hinzuzusetzen. »Stioschka wird singen … Iliuschka …«

Der Fürst gab ihm keine Antwort.

»Rrrakaliooon, Bruderherz!«, schnarrte Chlopakow hervor, indem er schlau mit dem linken Auge blinzelte.

Der Fürst brach wieder in Lachen aus.

»Neununddreißig und nichts!«, rief der Marqueur.

»Nichts? Sieh mal zu, wie ich diesen gelben …« Chlopakow balancierte mit dem Queue auf der Hand, zielte lange und gab einen Kicks. »Eh! Rrrakaliooon«, rief er verdrießlich.

Der Fürst lachte wieder.

»Wie? Wie war das? Wie?«

Allein Chlopakow wollte sein Stichwort nicht mehr wiederholen. Es muss doch kokettiert werden.

»Sie belieben, einen Kicks zu machen«, bemerkte der Marqueur. »Erlauben Sie mir, Ihr Queue mit etwas Kreide anzuschmieren. Vierzig zu sehr wenig!«

»Meine Herren«, sprach der Fürst, »Sie wissen, dass heute im Theater die Werschembizka herausgerufen wird?«

»Jawohl, ganz gewiss!«, riefen einige Herren um die Wette, höchst geschmeichelt durch die Möglichkeit, auf die Rede des Fürsten antworten zu können. »Die Werschembizka …«

»Sie ist eine ausgezeichnete Schauspielerin, weit besser

als die Sopniakowa«, piepte ein elendes Menschlein mit Schnurrbart und Brille aus einem Winkel hervor. Der Unglückliche! Im Stillen seufzte er nach der Sopniakowa! Aber der Fürst würdigte ihn keines Blickes.

»Kellner, eine Pfeife!«, rief ein hoch gewachsener Mann mit einem regemäßigen Gesicht und edelster Haltung – allem Anschein nach ein Falschspieler.

Der Kellner holte eine Pfeife und meldete dem Fürsten, dass der Postillion Baklaga nach ihm frage.

»Ah? Dann lasse ihn warten und gib ihm solange ein Glas Branntwein.«

»Zu Befehl!«

Baklaga hieß, wie ich später erfuhr, ein junger hübscher und sehr verwöhnter Postillion; der Fürst hatte ihn gern, pflegte ihm Pferde zu schenken, fuhr mit ihm um die Wette und verbrachte ganze Nächte mit ihm. Diesen selben Fürsten, den früheren Bonvivant und Verschwender, würdet ihr jetzt nicht wieder erkennen. Wie parfümiert, wie gebügelt und geschniegelt und stolz, wie voll Diensteifer und – was die Hauptsache ist – wie vernünftig ist er heute!

Indessen fing der Tabaksqualm an, mir die Augen zu beißen. Nachdem ich zum letzten Mal Chlopakows Phrase und das Lachen des Fürsten gehört hatte, begab ich mich in meine Kammer, wo mir schon mein Diener auf einem engen, harten Sofa mit einer hohen, krummen Lehne ein Bett aufgemacht hatte.

Am folgenden Tag ging ich in die Gehöfte, um Pferde zu besehen, und zwar zuerst zu dem bekannten Pferdehändler Sitnikow. Ich trat durch das Pförtchen in den mit Sand bestreuten Hof. Vor der halb geöffneten Stalltür stand der Wirt selbst, ein nicht mehr junger, hoher, starker Mann in einem Hasenpelz mit einem ihm bis über die Ohren reichenden Kragen. Als er mich gewahr wurde, kam er mir langsam entgegen, hielt seine Mütze mit beiden Händen über seinem Kopf und sagte mit schleppender Stimme: »Ihr ganz ergebenster Diener. Sie belieben wohl, meine Pferde anzuschauen.«

»Ja, ich bin gekommen, um Pferde zu besehen.«

»Was für Pferde, darf ich fragen?«

»Zeigen Sie, was Sie haben.«

»Mit großem Vergnügen.«

Wir traten in den Stall. Einige kleine Spitze erhoben sich von dem Heu und liefen, mit den Schwänzen wedelnd, zu uns heran; ein langbärtiger Ziegenbock ging missmutig zur Seite. Drei Stallknechte in ordentlichen, aber schmutzigen Schafspelzen verbeugten sich schweigend. Rechts und links standen in künstlich erhöhten Ständen etwa dreißig Pferde, die alle prächtig gestriegelt und aufgeputzt waren. Tauben flogen girrend von einem Querbalken auf den anderen.

»Das heißt, wozu brauchen Sie eigentlich das Pferd, zum Reiten oder Fahren oder zur Zucht?«, fragte mich Sitnikow.

»Zum Fahren und als Zuchtpferd.«

»Verstehe, verstehe«, sprach der Pferdehändler. Und: »Petja, führe dem Herrn den Hermelin vor.«

Wir traten auf den Hof hinaus.

»Wünschen Sie nicht, dass ein Bänkchen aus der Stube gebracht wird? Brauchen Sie keines? Wie Ihnen gefällig ist.«

Huftritte erschallten auf den Brettern, eine Peitsche knallte, und Petja, ein etwa vierzigjähriger, pockennarbiger und brauner Bursche, sprang mit einem grauen, stattlichen Hengst aus dem Stall, ließ das Pferd sich bäumen, lief mit ihm zweimal um den Hof und stellte es gewandt auf den vorgesehenen Platz. Hermelin streckte sich, schnaubte pfeifend, warf den Schweif auf den Rücken, hob den Kopf und schielte uns an.

Ein wohl eingeschultes Tier!, dachte ich.

»Halte ihn locker, Petja«, sagte Sitnikow und sah mich beobachtend an. »Wie finden Sie es?«, fragte er forschend.

»Das Pferd ist nicht schlecht, aber etwas schwach auf den Vorderbeinen.«

»Die Beine sind ausgezeichnet«, erwiderte Sitnikow mit Überzeugung. »Und die Kruppe – schauen Sie: ein wahrer Backofen, ausschlafen kann man sich darauf.«

»Die Fesseln sind zu lang.«

»Lang? Erbarmen Sie sich! Mach mit ihm die Runde, Petja; aber im Trab, im Trab, lass ihn nicht galoppieren.«

Petja lief wieder mit Hermelin um den Hof herum.

»So, führe ihn jetzt wieder zurück«, sprach Sitnikow, »und führe uns den Falken vor.«

Der Falke, ein Hengst, schwarz wie die Nacht, von holländischer Rasse, mit abschüssigem Kreuz und mager, erwies sich als ein wenig besser als Hermelin. Er gehörte zu den Pferden, von denen die Liebhaber sagen, dass sie »fuchteln, hecken und fangen«, das heißt, sie drehen und werfen die Vorderfüße beim Laufen nach rechts und links und kommen dennoch nicht viel vorwärts. Kaufleute in mittleren Jahren lieben solche Pferde. Im Laufen erinnern sie an den schlenkernden Gang eines Kellners. Sie sind als Einspänner zu Spazierfahrten gut zu gebrauchen; sie greifen weit aus, tragen den Hals gekrümmt, ziehen eifrig eine plumpe Droschke, die mit einem bis zur Erstarrung voll gemästeten Kutscher, einem wuchtigen, an Sodbrennen leidenden Kaufmann und seiner schwammigen Ehehälfte in einem blauseidenen Pelz und mit lilafarbigem Kopftuch besetzt ist.

Ich verwarf auch den Falken.

Sitnikow zeigte mir noch einige Pferde, bis endlich eines, ein Apfelschimmel, ein Hengst aus dem Wojeikow'schen Gestüt, mir gefiel.

Ich konnte mich nicht enthalten und streichelte ihm die Mähne. Sitnikow stellte sich sofort gleichgültig.

»Und fährt er gut?«, fragte ich. Von einem Traber sagt man nicht: »Er läuft.«

»Ja«, erwiderte gelassen der Pferdehändler.

»Könnte ich ihn nicht probieren?«

»Sicher, warum nicht! Heda, Kusja, spann den Dogonjai an die Droschke.«

Kusja, der Bereiter, ein Meister in seinem Fach, fuhr etwa dreimal auf der Straße an uns vorüber.

Das Pferd lief gut, kam nicht aus dem Gang, warf das Hinterteil nicht, schritt frei mit den Beinen aus und trug den Schweif steif und fest.

»Und was verlangen Sie für das Pferd?«

Sitnikow forderte einen unerhörten Preis. Wir fingen sofort, noch auf der Straße, an zu handeln, als plötzlich ein prachtvolles Dreigespann donnernd um die Ecke bog und wie eingemauert vor Sitnikows Hauspforte hielt. In der eleganten Jagdkalesche saß der Fürst N., neben ihm hockte Chlopakow. Baklaga lenkte die Pferde – und wie lenkte er sie! Durch einen Ohrring hätte er hindurchfahren können! Die kleinen, braunen, lebhaften, schwarzäugigen und schwarzfüßigen Seitenpferde glühten förmlich und vergingen vor Ungeduld; ein Pfiff und sie wären verschwunden! Das dunkelbraune Mittelpferd stand mit gehobenem Hals da, wie ein Schwan, die Brust heraus, die Füße wie Pfeile, bewegte nur leise den Kopf und blinzelte stolz mit den Augen. Prächtig! Der Zar selbst hätte sich nicht zu schämen brauchen, am Ostersonntag mit solchen Pferden auszufahren.

»Eure Durchlaucht! Tun Sie mir die Ehre an!«, rief Sitnikow. Der Fürst sprang aus dem Wagen. Chlopakow kletterte langsam auf der anderen Seite hinunter.

»Guten Tag, Freund! Hast du Pferde?«

»Wie sollte ich für Eure Durchlaucht keine Pferde haben? Ich bitte, treten Sie näher! Petja, führe den Pfau her. Und der Prahler soll bereitgehalten werden. Nun zu Ihnen, Herr«, fuhr er fort und wendete sich an mich, »wir wollen das Geschäft ein anderes Mal beendigen. Tomka, eine Bank für Seine Durchlaucht.«

Aus einem besonderen, von mir vorher nicht bemerkten Stall

wurde der Pfau herausgeführt. Das mächtige dunkelbraune Ross schwang sich sofort mit allen vieren in die Luft. Sitnikow wandte sogar den Kopf ab und blinzelte mit den Augen. »Uh! Rrrakaliooon!«, rief Chlopakow.

Der Fürst lachte.

Der Pfau wurde mit Mühe zum Stehen gebracht, der Stallknecht wurde tüchtig von ihm im Hof umhergezerrt; endlich drückte man ihn an die Wand. Das Pferd zitterte am ganzen Leib. Sitnikow erregte ihn noch mehr, indem er die Peitsche vor ihm schwang.

»Wohin siehst du? Ich will dich! Uh!«, rief der Pferdehändler halb drohend, halb liebkosend und bewunderte selbst unwillkürlich sein Ross.

»Wie viel?«, fragte der Fürst.

»Für Eure Durchlaucht fünftausend.«

»Drei.«

»Unmöglich, Eure Durchlaucht, erbarmen Sie sich.«

»Drei, sagt man dir, Rrrakaliooon!«, rief Chlopakow.

Ich wartete das Ende des Handels nicht ab. An der äußersten Straßenecke sah ich an der Pforte eines grauen Häuschens ein großes Blatt Papier angeklebt. Darauf war mit der Feder ein Pferd mit röhrenförmigem Schweif und endlosem Hals gezeichnet. Unter den Hufen des Pferdes standen folgende Worte in altrussischen Buchstaben: »Hier werden Pferde von verschiedenen Farben verkauft, welche aus dem bekannten Steppengestüt Anastassi Ivanowitsch Tschernobais auf den Lebedjanj'schen Jahrmarkt geführt sind. Diese Pferde sind vom besten Schlag, vorzüglich angefahren und von sanftem Charakter. Die Herren Käufer werden gebeten, nach Anastassi Ivanowitsch selbst zu fragen. Sollte Anastassi Ivanowitsch abwesend sein, so möge man nach dem Kutscher Nazar Kubischkin fragen. Meine Herren Käufer, wir bitten Sie, den alten Greis mit Ihrem Besuch zu beehren.«

Ich blieb stehen: Will mir doch einmal die Pferde aus dem

berühmten Steppengestüt des Herrn Tschernobai ansehen, dachte ich.

Ich wollte in das Pförtnerhäuschen treten, fand es aber gegen alle Gewohnheit verschlossen. Ich klopfte an.

»Wer da? Ein Käufer?«, fragte eine weibliche Stimme.

»Ein Käufer.«

»Gleich, lieber Herr, gleich.«

Das Pförtchen wurde geöffnet. Ich erblickte ein fünfzigjähriges Weib mit bloßem Kopf, in Stiefeln und übergeworfenem Schafspelz.

»Belieben einzutreten, guter, lieber Herr! Ich will Sie gleich dem Anastassi Ivanowitsch melden. Nazar, he, Nazar!«

»Was gibt es?«, rief die Stimme eines etwa siebzigjährigen Greises aus dem Stall.

»Halte die Pferde bereit. Es ist ein Käufer da.«

»Ein Käufer, ein Käufer«, brummte der Alte. »Ich habe sie noch nicht alle unter dem Schweif gewaschen.«

Oh Arkadien!, dachte ich.

»Grüß Gott, Väterchen! Sei uns willkommen«, ertönte langsam hinter mir eine kräftige, angenehme Stimme. Ich drehte mich um. Vor mir stand, in einen langen dunkelblauen Mantel gehüllt, ein Greis von mittlerer Größe, mit weißen Haaren, einem freundlichen Lächeln und schönen blauen Augen.

»Pferde brauchst du? Schön, Väterchen, schön! Aber willst du nicht eintreten und Tee trinken?«

Ich dankte und schlug die Einladung aus.

»Nun, wie du willst. Verzeih, Väterchen, ich bin noch einer vom alten Schlag.« Herr Tschernobai sprach langsam und betonte ganz besonders das D in seiner Rede. »Bei mir ist alles schlecht und recht, weißt du? Nazar! Ah, Nazar«, fügte er langsam und ohne die Stimme zu erheben hinzu.

Nazar, ein verschrumpfter alter Kerl mit einer Habichtsnase und einem spitzen, keilförmigen Bart, zeigte sich auf der Schwelle des Stalles.

»Was brauchst du für Pferde, Väterchen?«, fuhr Herr Tschernobai fort.

»Nicht gar zu teuer und eingefahren.«

»Sehr gut – ich habe auch solche Pferde, sehr schön. Nazar! Nazar, führe dem Herrn den grauen Wallach vor, weißt du, der am äußersten Ende steht, und die Blesse mit dem Stern auf der Stirn oder den anderen Braunen, der von Krassotka abstammt, weißt du?«

Nazar ging in den Stall zurück.

»Führe sie nur so an den Halftern heraus!«, rief ihm Herr Tschernobai nach. »Bei mir, lieber Herr«, fuhr er fort, mir hell und freundlich ins Gesicht schauend, »geht es nicht zu wie bei den Pferdehändlern. Die gebrauchen da allerlei Ingredienzen, Pfeffer, Salz und Branntwein – hol sie dieser und jener! Bei mir aber liegt alles auf der flachen Hand, siehst du, ohne Kniffe und Pfiffe, siehst du!«

Die Pferde kamen. Sie gefielen mir nicht.

»Nun, so stell sie wieder an ihren Platz«, sagte Anastassi Ivanowitsch. »Führ uns andere vor.«

Man führte andere heraus, unter diesen wählte ich endlich ein Pferd aus. Jetzt ging das Handeln los, Herr Tschernobai erhitzte sich nicht, sprach so verständig und mit solcher Würde, dass ich nicht umhinkonnte, dem Alten, wie auf dem Anschlagzettel stand, »die Ehre zu erweisen« und ihm Handgeld zu geben.

»Und jetzt«, sagte Anastassi Ivanowitsch, »musst du mir erlauben, dir das Pferdchen nach altem Brauch aus der Hand in die Hand zu übergeben. Du wirst mir für dasselbe Dank wissen. Es ist ein Tier so frisch wie eine Nuss, rein wie Gold – ein Steppenpferd! Es taugt für jeden Anspann.«

Er bekreuzigte sich, legte den Zipfel seines Mantels über seine Hand, nahm das Pferd beim Halfter und übergab es mir.

»Besitze es jetzt in Gottes Namen! Aber willst du noch immer nicht ein Tässchen Tee?«

»Nein, ich danke; ich muss nach Hause.«

»Sehr wohl, wie es dir beliebt. Soll mein Kutscher dir das Pferd nachführen?«

»Ja, jetzt gleich, wenn Sie erlauben.«

»Gut, mein Turteltäubchen, gut. Wassili, ah, Wassili! Geh mit dem Herrn, führ ihm das Pferd nach Hause und empfang das Geld. Leb wohl, Väterchen, Gott sei mit dir.«

»Leben Sie wohl, Anastassi Ivanowitsch.«

Man brachte mir das Pferd zum Wirtshaus. Am andern Tag schon erwies es sich, dass es dämpfig und lahm war. Als ich mir einfallen ließ, es einzuspannen, bäumte es sich zurück, und schlug man es mit der Peitsche, so wurde es stätisch, schlug aus und legte sich nieder. Ich begab mich sofort zu Herrn Tschernobai.

»Was haben Sie getan? Sie haben mir ja ein dämpfiges Pferd verkauft?«

»Dämpfig? Gott bewahre!«

»Überdies ist es lahm und stätisch.«

»Lahm – dass ich nicht wüsste. Da muss es dein Kutscherchen wohl ein wenig verdorben haben. Ich aber, ich kann dir vor Gott schwören …!«

»Sie müssten eigentlich das Pferd zurücknehmen, Anastassi Ivanowitsch.«

»Nein, mein lieber Herr. Nichts für ungut: Ist es einmal aus dem Hof fort, ist die Sache abgemacht. Du hättest es gefälligst früher ansehen sollen.«

Ich begriff die Sache, ergab mich in mein Schicksal, lachte und ging nach Hause.

Zwei Tage darauf fuhr ich weg und kam acht Tage später auf meiner Rückreise wieder durch Lebedjanj. Im Kaffeehaus traf ich fast dieselben Personen, den Fürsten N. fand ich am Billard. In dem Schicksal des Herrn Chlopakow war aber schon wieder der gewöhnliche Wechsel eingetreten. Ein Husarenoffizier hatte ihn in der Gunst des Fürsten abgelöst. Der arme Leutnant außer Diensten machte in meiner Gegenwart noch einen letzten Versuch, sein Wörtchen in Kurs zu setzen und sich die Gunst des Fürsten wieder zu erringen – aber der Fürst belächelte es nicht, ja, er runzelte sogar die Stirn und zuckte die Schultern. Herr Chlopakow senkte den Kopf, zog sich wie ein Igel zusammen, schlich sich in einen Winkel und stopfte sich stillschweigend eine Pfeife.

Plinius

Von Alexanders Lieblingsross und anderen Pferden

Alexander der Große, König von Mazedonien, erhielt ein besonders seltenes Pferd, das man entweder nach seinem trotzigen Blick oder nach dem auf seiner Brust befindlichen Zeichen eines Stierkopfes Bukephalos nannte. Es soll für dreizehn Talente aus der Herde des Pharsaliers Philonikos für ihn angekauft worden sein, da er schon als Knabe von der Schönheit des Pferdes angezogen worden war. In königlichem Schmuck ließ es niemanden aufsitzen als Alexander, während es sonst auch andere duldete. Es leistete ihm in Schlachten bekanntlich die vorzüglichsten Dienste, ließ, bei der Belagerung von Theben verwundet, Alexander auf kein anderes Pferd übersteigen und so noch vieles dieser Art, weswegen ihm denn auch der König, als es gestorben war, Leichenfeierlichkeiten abhielt und eine Stadt mit dessen Namen um den Grabhügel baute.

Auch das Pferd des Diktators Cäsar soll niemanden als ihn auf seinem Rücken geduldet haben. Auch sollen seine Vorderfüße Menschenfüßen ähnlich gewesen sein; wenigstens findet es sich so bildlich dargestellt vor dem Tempel der Venus Genetrix. Auf gleiche Weise errichtete der vergötterte

Augustus seinem Pferd einen Grabhügel, worüber noch ein Gedicht von Cäsar Germanicus vorhanden ist. Zu Agrigent gibt es pyramidenförmige Grabhügel von mehreren Pferden. Nach Jubas Erzählung liebte Semiramis ein Pferd. Die skythische Reiterei ertönt von Gesängen zum Preis ihrer Pferde. Als einer ihrer Fürsten bei einem Zweikampf gefallen war und der Sieger herbeikam, um die Waffenbeute zu nehmen, wurde er durch die Bisse und Hufschläge des Pferdes getötet. Ein anderes Pferd eilte, als es bemerkte, dass es seine Mutter belegt habe, auf einen Felsen und stürzte sich von da herab zu Tode. Aus demselben Grund soll ein Stallknecht im reatischen Gebiet zerrissen worden sein; sie kennen nämlich ihre Verwandtschaft, und darum hält das weibliche Füllen in der Herde sogar noch lieber zu einer Schwester vom vergangenen Jahr als zu seiner Mutter. Ihre Gelehrigkeit ist so groß, dass die ganze Reiterei angeblich ein Art Tanz nach dem Takt der Musik auszuführen vermochte.

Die Pferde spüren die Schlacht voraus, betrauern ihren verlorenen Herrn und vergießen aus Sehnsucht bisweilen Tränen. Nach dem Tod des Königs Nikomedes endigte dessen Pferd sein Leben durch Hunger.

Phylarchos erzählt, nachdem Antiochos in der Schlacht gefallen war, habe sich Kentaretos aus Galatia des Pferdes Antiochos' bemächtigt und es fröhlich bestiegen; doch dieses habe die Zügel gefasst, damit es nicht gelenkt werden könne, habe sich dann eine steile Anhöhe hinabgestürzt und sei so mit ihm zugleich ums Leben gekommen. Nach Philistos folgte ein Pferd, das Dionysios im Sumpf hatte stecken lassen, nachdem es sich herausgearbeitet hatte, der Spur seines Herrn und brachte diesem an seiner Mähne einen hängenden Bienenschwarm mit; infolge dieses Vorzeichens habe sich Dionysios der Oberherrschaft bemächtigt.

Scholem Alejchem

Methusalem – Lebensgeschichte eines Pferdes

Methusalem, so nannten ihn die Leute, denn er war an Jahren vorgerückt und hatte keinen einzigen Zahn mehr im Maul; nur zwei oder drei Wurzeln waren ihm geblieben, auf denen er, wenn er überhaupt etwas zu fressen bekam, mit Mühe kaute. Auch sonst war er schon recht mitgenommen: eigentlich ein armer Klepper mit wundem Rücken, steifen Beinen, spitz herausragenden Schulterblättern und eingefallenen Seiten. Die Unterlippe hing ihm tief hinab, und dass sein Fell hier und da kahl und sein Schwanz ganz dünn geworden war, rundete das traurige Bild ab.

Beim Kasryl diente Methusalem auf seine alten Jahre und zog mit schleppendem Gang dessen Fuhrwerk mit dem Wasserfass durch die Straßen der Stadt. Wohl war er brav und arbeitsam, aber wie müde war der Arme oft von all der Plackerei. Waren alle Einwohner vom Städtl mit Wasser versorgt, dann tat es ihm unendlich wohl, wenn Kasryl ihn abschirrte, ihm Stroh vorschüttete und er die Schütte leeren durfte, die ihm Kasryls Frau mit einer Miene vorsetzte, mit der man einem lieben Gast eine Schüssel Fische oder eine Mehlspeise reicht. Diese Schütte erwartete Methusalem jeden Abend mit wahrer Sehnsucht. Immer fand er darin einen Brocken aufgeweichtes Brot, etwas Grütze und andere Speisereste, die er auch ohne Zähne klein bekam. Was Kasryls Frau in der Küche nur irgend entbehren konnte, hob sie auf für Methusalem, damit der Gute doch auch etwas Leckeres kriegte, und wenn der arme Gaul alles bedächtig geschluckt hatte, wandte er seinen großen Kopf zu seiner Herrin, als wollte er sagen: »Habt Dank …« Dabei ließ er seine Unterlippe noch tiefer hängen, schloss dann sein einziges sehendes Auge und fiel in melancholisches Sinnen.

Glaubt indessen nicht, meine Herrschaften, dass Methusalem immer so war, wie ich ihn soeben geschildert habe. In seiner Jugendzeit, da er als Füllen neben seiner Mutter hertrabte, meinte jeder, es würde ein recht hübsches Pferd aus ihm werden. Ja, man prophezeite ihm, dass er, vor eine Equipage gespannt, mit den schönsten und schnellsten Pferden um die Wette laufen würde.

Als er schließlich zu einem schmucken Pferd herangewachsen war, wurde er eines Tages auf den Markt geführt. An die fünfzig Mal hieß es hin- und hertraben. Man öffnete ihm das Maul, besah sich sein Gebiss, hob seine Beine und untersuchte seine Hufe, bis ihn am Ende ein dicker Bauer kaufte.

Aber ach! Mit diesem Augenblick begann für den armen Gaul das Leben eines Sklaven. Ein Besitzer löste rasch den anderen ab, unaufhörlich ging es von Ort zu Ort, das Ziehen großer, schwerer Wagen mit Lasten bis zu dreißig Pud, das Waten in Schmutz und Schlamm riss nicht ab und noch weniger der Hagel von Peitschenhieben, Stockschlägen und Fußtritten, die man ihm in die Seiten, auf Kopf, Hals, Beine und alle übrigen Körperteile versetzte.

Eine Zeit lang hatte er einen Postwagen zu ziehen. »Klinglingling! Klinglingling!« läutete dabei wie besessen ein Glöckchen zwischen seinen Ohren. In einem fort hieß es dieselbe Strecke laufen. Hin und zurück, hin und zurück, wie ein Verrückter ... Als er kaum mehr zu Luft kam, verschacherte man ihn an einen Bauern, der ihn die schwerste Arbeit tun ließ. Methusalem musste die Egge, den Pflug und in der heißen Erntezeit von früh bis spät Leiterwagen mit hoch aufgetürmtem Getreide ziehen, dann Wagen voll Wasserfässer, auch Mistfuhren – mit einem Wort, es war ein wahrer Frondienst, und dem armen Gaul wurde ganz elend davon. Da ging es wieder einmal zum Pferdemarkt, und weil Methusalem schon recht klapprig geworden war, fand sich als Käufer nur ein Zigeuner. Der aber trieb auf den Jahrmärkten solche

Possen und quälenden Kunststücke mit ihm, dass Methusalem sie sein Leben lang nicht vergessen kann. Als er nun einen Sommer lang, nur schlechtes Heu und kaum ein Haferkorn im Magen, auf allen Jahrmärkten ringsum sein Springen und Tänzeln vorgeführt hatte, und das immer im Takt der sausenden Peitsche seines augenblicklichen Herrn, geriet er an einen Fuhrmann, der einen schweren, eisenbeschlagenen Wagen besaß, mit vielen Glöckchen behangen und mit einem sonderbaren Leinwanddach versehen.

Von diesem Fuhrmann erhielt Methusalem so viele Peitschenhiebe und Stockschläge, als ob der glaubte, er müsse ihm sein Fell gerben, denn darunter wäre nicht Fleisch und Blut, sondern ein Sack voll Stroh. Freilich hatte Methusalem zwei Leidensgefährten, die mit ihm das Fuhrwerk zogen, aber weil der Fuhrmann so ein richtiger Mordskerl war, verabreichte er jedem seiner drei Pferde die gleiche Portion an Hieben. Ein Glück noch, dass es bei diesem Unhold einen Tag in der Woche gab, an dem Methusalem unbehelligt im Stall stand, fressen durfte und nichts zu tun brauchte. Vergeblich strengte Methusalem dann seinen Pferdeverstand an, um zu begreifen, was das für ein Tag war, an dem er sich nicht vom Fleck zu rühren brauchte. »Warum um alles in der Welt kann das nicht auch an den anderen Tagen der Woche so sein?«, fragte er sich immer wieder. Und blinzelnd, die Ohren gespitzt, betrachtete er seine beiden Kameraden und schnoberte schließlich – Antwort suchend – an ihren Köpfen.

Eines Tages kam es so weit, dass Methusalem, der Arme, in einer Tretmühle Dienst tun musste. Das war keine Besserung, oh nein. Von früh bis spät trat er in dem knarrenden, unablässig sich drehenden Gehäuse auf der Stelle und schluckte Unmengen von Staub und Spreu, ganz betäubt von dem ewigen »Krach – krach – krach« des Räderwerks.

Wann nimmt das ein Ende?, fragte sich der arme Gaul so manches Mal und wollte wenigstens einen Augenblick ruhen.

Aber man ließ ihm keine Zeit zum Verschnaufen; vor der Tretmühle stand jemand, der ohne Unterlass auf ihn einschlug und schrie.

Irgendein wildes Tier!, dachte Methusalem und blickte den Mann mit der Peitsche von der Seite an. Ich wünsche dir, dass du nur einen Tag an meiner Stelle wärst – mit Peitschenhieben ohne Ende und dem endlosen Treten auf immer ein und demselben Fleck …

Nichts erinnerte mehr an das stramme Pferd, das einst vergnügt zum Markt lief. Matt und schwach war Methusalem geworden, der ständige Staub hatte sein eines Auge blind gemacht und das andere entzündet, und die Beine waren dünn und steif wie Besenstiele.

Da führte ihn der Müller hinweg auf den Markt, in der stillen Hoffnung, irgendjemanden mit dem alten Gaul anzuschmieren. Er hatte ihn geschrubbt und gestriegelt, den Schwanz in die Höhe gebunden und ihm die Hufe mit einer Wichse geschwärzt, doch all dies half nichts.

Die Welt lässt sich nicht betrügen, schon gar nicht auf dem Pferdemarkt. Obgleich der Müller ihn pikste und zwickte, damit er recht keck und munter dreinschaue, ließ Methusalem den Kopf voll Demut hängen, hielt sich in den Beinen, als wären sie verstaucht, schob die Unterlippe ein wenig zur Seite, und aus dem sehenden Augen quoll eine Träne nach der anderen! – Nein, der findet bestimmt keinen Käufer! Wohl traten einige Leute auf ihn zu, blickten ihm aber nicht einmal ins Maul, sie spuckten verächtlich vor ihm aus und gingen weiter. Nur einer von ihnen war offenbar kauflustig, indessen ging es ihm nicht um den ganzen Methusalem, sondern nur um dessen Fell. Jedoch – man wurde sich nicht einig, weil der Händler schwor, die Kosten für Abdecken und Gerben überstiegen den Wert des Fells …

Und doch war es dem armen Gaul beschieden, im Alter noch glückliche Tage zu sehen, denn Kasryl kam und kaufte ihn.

Bis zu diesem Tag war Kasryl, ein breitschultriger Jude mit platter Nase und bärtigem Gesicht, zugleich Fuhrmann und sein eigener Gaul gewesen, denn er hatte sich selbst vor die Karre mit dem Wasserfass gespannt und sie jahraus, jahrein durchs Städtl gezogen.

Kasryl hatte im Lauf seines Lebens alle Arten von Not und Elend mitgemacht, und trotzdem war er frei von Neid geblieben. Nur wenn jemand an ihm vorüberfuhr, blieb er stehen, und lange, lange folgte sein Blick dem munter dahintrabenden Pferd. Ein Pferd zu besitzen, das war sein einziger Wunsch. Doch bei aller Sparsamkeit, die er sich auferlegte, hatte er noch immer nicht das nötige Kapital zusammengebracht. Dennoch versäumte er nie, sich auf den Jahrmärkten die angebotenen Pferde zu besehen. Nur so zum Vergnügen. Sehen kostet ja nichts. Als er nun eines Tages inmitten des Marktbetriebes den unglücklichen Gaul entdeckte, der nicht einmal angebunden worden war, weil er zu schwach zum Fortlaufen schien, da blieb Kasryl stehen und fühlte sein Herz klopfen. Es war ihm sofort klar, dass dieses Pferd zu seinem schmalen Beutel passen würde.

Und so war es auch. Kasryl brauchte nicht lange zu feilschen. Nachdem er den Gaul gekauft hatte, eilte er fröhlichen Herzens mit ihm heim nach Mazepowka. Als er die Tür seiner Hütte öffnete, kam ihm seine Frau erschrocken entgegen.

»Was ist das? Gott mit dir!«

»Ich hab ihn gekauft! So wahr ich ein Jude bin, ich hab ihn gekauft!«

Nun wussten sie freilich nicht, wohin mit dem Pferd, denn einen Stall besaßen sie nicht. Hätten sie sich nicht vor den Nachbarn geschämt, würden sie es in die Stube geführt haben. So banden sie es an den Zaun, besorgten ein wenig Heu und Stroh, und dann standen sie vor dem bedächtig fressenden Pferd, blickten es unverwandt an, und ihre guten Gesichter leuchteten wie die Sonne.

Währenddessen liefen aber alle Nachbarn zusammen und bestaunten das Fabelwesen, das Kasryl sich vom Jahrmarkt mitgebracht hatte. Und wie sollte es anders sein: Sie lachten und spotteten über den armen Gaul.

»Das ist ja gar kein Pferd, das ist ein Maulesel«, witzelte einer von ihnen.

»I wo denn«, widersprach ein anderer, »das ist ein Vogelschreck!«

»Nein, nicht doch! Das ist ein Wesen, das nur aus Geist besteht«, entschied ein Dritter. »Man muss es vor Luftzug hüten, denn ein heftiger Wind könnte es – Gott bewahre! – in die weite Welt forttragen.«

»Wie alt mag er wohl sein, dieser Klepper?«, fragte jemand.

»Jedenfalls hat er mehr Jahre auf dem Buckel als Kasryl mitsamt seiner Frau.«

»So viel Jahre wie Methusalem vielleicht …«

»Methusalem! Methusalem!«

Und von dieser Stunde an hieß der arme Gaul bei den Leuten von Mazepowka nur noch Methusalem.

Es geht ihm bei den Kasryls so gut wie nie zuvor, denn seine Arbeit ist kaum erwähnenswert: Eine Karre mit einem Wasserfass ziehen und vor jedem Haus stillhalten – ist das Arbeit? Und sein Herr! Nicht ein einziges Mal schlägt oder schimpft er ihn. Die Peitsche hält er nur so – der Parade halber. Und dann das Fressen! Hafer bekommt Methusalem zwar nie zu sehen, aber was würde ihm der Hafer auch nutzen, da er ja zum Kauen keine Zähne mehr hat?

Sind die weichen Brotreste, die Kasryl täglich für ihn sammelt, nicht viel besser? Und nun gar die Art und Weise, wie seine Herrin ihm die Strohschütte reicht! Mit gekreuzten Armen steht sie dann vor ihm, ihre Augen strahlen vor Entzücken, dass Methusalem – unberufen – einen solchen Appetit entwickelt. Bei Anbruch der Nacht schüttet sie gar einen Haufen Stroh für ihn in die Diele, und alle Augenblicke erscheint bald sie, bald ihr Mann, um nachzuschauen, ob er nicht etwa – Gott bewahre! – gestohlen wurde.

Ganz in der Frühe, wenn, wie es heißt, selbst der liebe Gott noch schläft, macht sich Kasryl schon mit Methusalem zu schaffen. Behutsam spannt er sein Pferd vor den Wagen, setzt sich auf die Deichsel, und während er zum Fluss hinunterfährt, singt er fröhlich in den Morgenwind. Hat Kasryl das Fass dann mit Wasser gefüllt, legt er den Weg zum Städtl zu Fuß zurück. Er watet zusammen mit dem Pferd durch den Straßenkot und ruft, die Peitsche schwingend, in den Straßen: »Wasser, ihr Leute, gutes, frisches Wasser!«

Und Methusalem schleppt seine Beine, nickt mit dem Kopf und denkt von Zeit zu Zeit mit einem verstohlenen Blick auf seinen Herrn: Solange ich ein Pferd bin, ist mir das noch nicht passiert, bei einem so guten, närrischen Kauz zu dienen!

Dass es einem immerfort gut geht auf dieser Welt, das ist ein Ding der Unmöglichkeit. Wohl fühlte sich Methusalem bei den Kasryls vollkommen glücklich; von ihrer Kinderschar, den Nachbarskindern und überhaupt der gesamten Jugend des Städtls hatte er aber manche Quälerei zu ertragen.

Nicht etwa, dass sie ihn hassten – Gott behüte! Vom ersten Augenblick an, da er im Städtl erschienen war, hatte das kleine Gesindel ihn lieb gewonnen, aber diese Liebe war das reinste Unglück für den armen Gaul. Ach! Wenn die Kinder ihn doch weniger geliebt und dafür mehr Mitleid mit ihm gehabt hätten! Vornehmlich waren es natürlich Kasryls Kinder, die ihm keine Ruhe ließen. Statt brav in der Schulstube, im Cheder, zu sitzen, schwärmten sie viel lieber barfuß ums Haus und neckten den armen Gaul.

So wollten sie einmal, als niemand sie sah, herausbekommen, ob denn Methusalem genauso empfinde wie ein Mensch. Als Erstes verabreichten sie ihm ein paar ganz leichte Hiebe – nichts; sie kitzelten ihn an den Beinen – nichts; sie versetzten ihm einen Stoß aufs Ohr – der Gaul zuckte kaum.

Erst als sie begannen, ihm mit Strohhalmen das Auge mit dem weißen Star zu kitzeln, blinzelte und schüttelte er den Kopf, als wollte er sagen: Also – das gefällt mir nun gar nicht mehr! Es stand demnach fest: Methusalem war nicht empfindungslos. Das Spiel konnte weitergehen. Die Kinder zogen eine Borste aus einem Besen und schoben sie dem Pferd tief in die Nüstern. Das gepeinigte Tier machte einen Luftsprung, drehte sich um sich selbst und wieherte so laut, dass Kasryl erschreckt aus der Tür stürzte.

»Ihr Faulpelze!«, schrie er. »Ihr Lausbuben! Was treibt ihr da mit dem Pferd? Fort mit euch in den Cheder, ihr Halunken!«

Die Lausbuben stoben davon und flohen in die Schule.

Einer der Cheder-Schüler war der kleine Ruben; ein gescheiter Junge, aber – dass Gott ihn behüte und beschütze! – was für ein Übermut! Jedem musste er etwas zum Possen tun. Auf allen Heuböden, in allen Kellern stöberte er umher: Hühner, Gänse, Enten scheuchen, Ziegen schrecken, Katzen quälen – von Schweinen gar nicht zu reden –, das war sein größtes Vergnügen. Schläge von der Mutter, regelrechte Prügel vom Cheder-Lehrer, gelegentliche Püffe von den Nachbarsleuten blieben, wie auch die reichlich ihm nachgeschickten Flüche, vollkommen erfolglos. Eben erst war er durchgeprügelt worden, eben noch hatte er bittere Tränen vergossen, und schon streckte er jemandem wieder die Zunge heraus, ließ die Unterlippe hängen oder blies die Backen rund wie Äpfel auf. Immer war er gesund, immer lustig, und dass seine Mutter eine arme Witwe war, die sich vom Morgen bis spät in die Nacht hinein abrackerte und sich jedes Jahr einen Rubel für seinen Unterricht absparte, das kümmerte ihn nicht im Geringsten.

Als der kleine Ruben im Cheder von Kasryls Kindern erfuhr, ihr Vater habe ein Pferd vom Jahrmarkt heimgebracht, sprang er auf seinen Schemel und rief laut: »Kinder, heute noch wird ein Fiedelbogen gemacht!«

Hier muss erwähnt werden, dass Ruben ein Musikfreund war.

Er hatte eine glockenhelle Stimme, sang leidenschaftlich gern und kannte alle Melodien auswendig. Sein sehnlichster Wunsch war, eine Fiedel zu besitzen. Hörte er irgendwo Geigen spielen, wurde ihm ganz anders. Da vom Kauf einer richtigen Fiedel überhaupt keine Rede sein konnte, hatte er sich ein kleineres Instrument aus Holz gebastelt und für die Saiten Bindfaden aus Mutters Vorrat verwandt.

Selbstverständlich bekam er dafür von der Mutter einen tüchtigen Rüffel: »Ein Musikant willst du werden? Was? Nicht erleben sollst du es!«

Gegen Abend, als Chajm-Chune, der Lehrer, den Cheder schloss und die Kinder nach Hause schickte, liefen sie allesamt zu den Kasryls, um Methusalems Bekanntschaft zu machen. Ruben rief begeistert, das sei ein herrliches Ross; es würde aus seinem Schwanz Haare zu Violinsaiten hergeben, so viel man nur wollte.

»Lasst uns doch gleich probieren!«

Mit diesen Worten schlich er sich hinter Methusalem und begann ihm Haare aus dem Schwanz zu zupfen. Solange sich Ruben mit einzelnen Haaren begnügte, stand Methusalem ruhig, als dächte er: Die Haare aus dem Schwanz? Was kann mir das schaden? I, was da, ein Haar mehr oder weniger …

Als Ruben aber den gesamten Schwanz in Angriff nahm und mit einem Ruck eine ganze Strähne ausriss, fuhr es Methusalem zornig durch den Kopf: Lass ein Schwein in deine Stube, und es kriecht dir auf den Tisch! Und ohne lange zu fackeln, versetzte er Ruben mit dem Hinterhuf einen Schlag ins Gesicht und spaltete ihm die Lippe.

»Geschieht dir recht … Sehr gut ists so … Oh, ich Unglückliche!« So jammerte Jenta, Rubens Mutter. Klagend und weinend machte sie dem Jungen kalte Umschläge auf die blutende Lippe, lief dann händeringend zu Cheijene, der weisen Frau, die Wunden besprach, machte mit ihrem Jammern alle Leute wirr und war nicht zu beruhigen.

Der kleine Ruben war jedoch, gottlob, ein Kind, bei dem alles im Handumdrehen heilte. So war denn die Lippe auch bald zusammengewachsen, und schon hatte der Junge wieder etwas ausgeheckt. Ein Spazierritt auf Methusalem – das musste prächtig sein! Und zwar sollten alle Schüler des Cheder – so sein Plan – auf einmal aufsitzen. Wie das aber anstellen, ohne dass es jemand merkte? Auch dafür wusste Ruben einen Rat: Am Sabbat – nach dem Mittagessen, wenn alles schläft – ist die rechte Zeit für diesen Spaß.

»Darf man denn aber am Sabbat reiten?«, wandte eines der Kinder ein.

Doch Ruben hatte die richtige Antwort: »Ein Esel bist du!«, sagte er. »Nennst du das Reiten? Das ist nichts als ein Spiel!«

Der Sabbat kam, und als zu gewohnter Stunde sich alle im Städtl und also auch Kasryl und seine Frau aufs Ohr gelegt hatten, schlich die kleine Rasselbande leise in den Flur, wo nichts ahnend Methusalem stand, führte ihn hinters Haus, wo Ruben ihn sogleich nach Kräften herauszuputzen begann.

Als Erstes flocht er Methusalems Mähne in viele dünne Zöpfe und steckte Strohhalme hinein. Dann setzte er dem Guten eine Narrenkappe aus Packpapier auf und knüpfte sie an seinem Hals mit Bändern fest. Zu guter Letzt band er ihm einen alten Reisigbesen an den Schweif, damit der lustiger ausschaue und auch länger sei.

Als nun Ruben den armen Methusalem derart herausgeputzt hatte, klatschten die Kinder Beifall und begannen alle miteinander an ihm hochzuklettern. Wer es zuerst schaffte, der saß fest; die Übrigen sollten später drankommen. Mittlerweile liefen sie hinter dem Pferd her, versuchten es anzuspornen und sangen auf Rubens Geheiß: »Seht, so geschieht dem Pferd, dem Ruben eine so große Ehre erweist!«

Nun, allerdings hatte Methusalem gar keine Lust zum Galoppieren, sondern ging gemächlich vorwärts, Schritt für Schritt. Warum auch sollte er sich beeilen? War heute nicht Ruhetag?

Aber Ruben hörte nicht auf, das Pferd zu knuffen, ihm die Fersen in die Seiten zu schlagen, an der Mähne zu zerren und sein Gefolge aus Leibeskräften anzuschreien: »Dass euch der … Seid ihr stumm geworden? Singt lauter!«

Und Methusalem klapperte weiter. Er dachte im Stillen: Die amüsieren sich schön, die kleinen Strolche! Nun ja, ich gönne es ihnen, das Vergnügen.

Als ihm aber nun das übermütige Völkchen toller und toller zusetzte, da schien es ihm doch geraten, sich etwas flotter in Marsch zu setzen. Aber oh Schreck! Da schlug der Besen an seine Beine! Methusalem lief rascher, der Besen peitschte stärker. Entsetzt begann er zu springen, worüber seine Quälgeister hocherfreut waren. Zu allem Überfluss rief Ruben: »Hopp – hopp – hopp!« Und schließlich fielen alle von Methusalems Rücken.

Methusalem aber, von seiner Bürde befreit, begann wie wahnsinnig zu galoppieren, jagte und jagte in wilden Sprüngen die Straße entlang, dem Ortsausgang zu, an den Mühlen vorbei und weit, weit in die Felder und Wiesen hinein.

Als die Hirten den rasenden, sonderbar geputzten Gaul erblickten, liefen sie lachend hinter ihm her, warfen mit Steinen und hetzten die Hunde auf ihn. Die ließen sich nicht lange bitten, setzten dem armen Methusalem nach, hatten ihn bald schon erreicht, und kläffend fielen sie ihn an, die einen packten ihn an den Fesseln, die anderen verbissen sich in seinen Hals. Schwer atmend, verzweifelt wiehernd wehrte sich Methusalem. Nicht lange … ein kurzer Kampf nur, und seinem irdischen Dasein war ein Ende gesetzt.

Tags darauf erhielten die Jungen ihre wohlverdiente Strafe. Beim Sturz vom Pferd hatten sie sich zwar Nasen und Schädel aufgeschlagen, unnachsichtig aber erhielten sie ihre Prügel: erst daheim und dann im Cheder eigenhändig von Melamed Chajm-Chune. Die reichlichsten Prügel erhielt der Schlingel Ruben, und das nicht nur, weil er der Anstifter gewesen war. Die anderen Sünder weinten wenigstens beim Strafvollzug – Ruben aber lachte aus vollem Halse. Fassungslos schlug ihn der Lehrer stärker. Ruben jedoch lachte nur umso mehr, und je mehr er lachte, desto kräftiger schlug Chajm-Chune. Das Lachen hörte nicht auf, und Chajm-Chune, schon ganz außer Atem, wurde davon angesteckt. So schlug er und lachte und alle Schüler lachten mit ihm. So laut war das Gelächter, dass alle Nachbarn zusammenliefen. »Was ist das? Was für ein Lärm! Warum lacht ihr so?« Aber niemand konnte vor Lachen Antwort geben, alle wiesen nur auf den prügelnden, lachenden Lehrer und auf den lachenden Ruben, der sich wie ein Aal unter den Schlägen wand. Da mussten auch die Nachbarn lachen, immer lauter, und zuletzt lagen alle Leute auf der Erde und hielten sich die Bäuche vor Lachen.

Zwei Menschen nur lachten nicht: Das waren der Fuhrmann Kasryl und seine Frau. Stirbt jemandem – Gott behüte! – ein Kind, so kann er nicht mehr Tränen weinen, als Kasryl und sein Weib vergossen – über ihr armes Pferdl, ihren lieben Gefährten, über Methusalem.

Leo N. Tolstoi

Leinwandmesser

Immer höher und höher hob sich das Himmelsgewölbe, immer breiter ergoss sich die Morgenröte, immer weißer wurde der matte Silberglanz des Morgentaus, immer glanzloser die Sichel des Mondes, immer lauter der Wald … Die Menschen erhoben sich vom Nachtlager, und im herrschaftlichen Gestüt vernahm man immer häufiger und häufiger Schnauben, Rasseln im Stroh, ja sogar zorniges, kreischendes Wiehern der Pferde, die sich zusammendrängten und um etwas zankten.

»No – o! Du kommst zurecht, bist verhungert?«, sagte der alte Pferdeknecht, indem er rasch das knarrende Tor öffnete. »Wo hinaus?«, schrie er und holte gegen eine Stute aus, die sich in das Tor gedrängt hatte.

Der Pferdehirt Nestjor trug einen kosakischen Halbrock und einen gestickten Gurt um den Leib, die Peitsche hatte er über die Schulter geworfen, sein Brotbeutel war an seinem Gurt befestigt. In den Händen trug er einen Sattel und Zaumzeug. Die Pferde waren über den spöttischen Ton des Pferdehirten weder erschrocken noch ärgerlich. Sie sahen aus, als wäre ihnen alles gleichgültig, und zogen sich träge vom Tor zurück. Nur eine alte, dunkelbraune Stute mit langer Mähne spitzte die Ohren und warf rasch ihr Hinterteil zurück. In diesem Augenblick wieherte eine junge Stute, die hinten stand und die dies gar nichts anging, und schlug gegen das erste beste Pferd, das ihr im Weg stand, rückwärts aus.

»No!«, schrie der Pferdehirt noch lauter und drohender und ging auf einen Winkel des Hofes zu.

Von allen Pferden, die sich im Gestüt befanden (es waren etwa hundert) zeigte die geringste Ungeduld ein scheckiger Wallach, der einsam im Winkel unter dem Schutzdach stand und mit eingekniffenen Augen die Eichenbalken des Stalles beleckte.

Ich weiß nicht, welchen Geschmack der scheckige Wallach daran fand, aber er sah dabei ernst und nachdenklich aus.

»Tu dich nur gütlich«, wandte sich der Pferdehirt wieder im selben Ton an ihn, trat zu ihm und legte den Sattel und eine abgenutzte Filzdecke neben ihn auf den Dünger nieder. Der Wallach hörte auf zu lecken und blickte Nestjor lange unbeweglich an. Er war weder freundlich noch mürrisch. Er richtete sich nur mit seinem ganzen Leib in die Höhe, seufzte sehr schwer auf und wandte sich ab. Der Pferdehirt umschlang seinen Hals und legte ihm den Zaum an.

»Was seufzt du?«, fragte Nestjor.

Der Wallach bewegte seinen Schweif, als wollte er sagen: Nur so, es hat nichts zu bedeuten, Nestjor.

Nestjor legte ihm die Filzdecke und den Sattel auf, wobei der Wallach die Ohren spitzte, wahrscheinlich um sein Missfallen auszudrücken. Er wurde aber nur Schuft dafür geschimpft und mit dem Sattelgurt zusammengeschnürt.

Dabei blähte sich der Wallach auf; aber es wurde ihm ein Finger ins Maul gesteckt und ein Stoß mit dem Knie in den Bauch versetzt, sodass er den Atem auslassen musste. Trotzdem spitzte er, als dann mit den Zähnen der Deckengurt zusammengezogen wurde, noch einmal die Ohren und sah sich sogar um. Obgleich er wusste, dass ihm das nichts nützte, hielt er es doch für nötig, auszudrücken, dass es ihm unangenehm sei und dass er das stets würde zu erkennen geben. Als er gesattelt war, setzte er den geschwollenen rechten Fuß vor und begann das Gebiss zu kauen, ebenfalls aus besonderen Gründen, denn er hätte längst wissen können, dass das Gebiss keinen Geschmack hat.

Nestjor bestieg mit Hilfe des kurzen Steigbügels den Wallach, wickelte die Peitsche los, lockerte unter dem Knie den Halbrock, setzte sich in den Sattel auf die eigentümliche Art, wie Kutscher, Jäger, Pferdehirten zu reiten pflegten, und zog die Zügel an. Der Wallach hob den Kopf und gab seine Bereitwilligkeit kund, zu gehen, wohin man ihm befehlen würde, rührte sich aber nicht von der Stelle. Er wusste, dass Nestjor, ehe er abritt, noch viel schreien würde und dass er von seinem Rücken aus dem anderen Pferdehirten Wassjka und den Pferden Befehle erteilen würde. Und wirklich begann Nestjor zu schreien: »Wassjka, he, Wassjka! Hast du die Mutterstuten hinausgelassen? – Wie? – Wohin willst du denn? Teufelskerl! No – o – schläfst wohl gar … Mach auf, lass zuerst die Stuten heraus!«, und so weiter.

Das Tor knarrte. Wassjka stand ärgerlich und verschlafen am Ausgang. Er hielt sein Pferd am Zügel und ließ die anderen

Pferde durch. Die Pferde gingen eines nach dem anderen, vorsichtig über das Stroh schreitend und daran schnuppernd: junge Stuten, jährige Hengste mit beschnittenen Mähnen, saugende Füllen und trächtige Mutterstuten, die ihre Leiber vorsichtig durch das Tor trugen. Die jungen Stuten drängten sich zuweilen zu zweien, zu dreien, legten eine der anderen den Kopf über den Rücken, setzten im Tor ihre Beine in schnellere Bewegung und erhielten dafür jedes Mal von den Pferdehirten Scheltworte. Die Füllen liefen manchmal fremden Müttern unter die Beine, wieherten laut auf, den kurzen Anruf der Mütter beantwortend.

Eine junge, ausgelassene Stute bog, sobald sie nur zum Tor hinausgekommen war, ihren Kopf nach unten und nach der Seite, schlug nach hinten aus und wieherte. Sie wagte aber nicht, der grauen alten Shuldyba vorauszueilen, die mit ruhigem, schwerfälligem Schritt, den Leib von der einen Seite auf die andere Seite schwenkend, gemessen ihren Weg ging, wie immer an der Spitze aller Pferde.

In wenigen Minuten war das sonst so belebte Gestüt traurig verändert, düster ragten die Säulen in dem leeren Schuppen empor, man sah nichts als zertretenes, mit Kot bedecktes Stroh. Sosehr auch dieses Bild der Verlassenheit dem scheckigen Wallach vertraut war, musste es doch einen traurigen Eindruck auf ihn machen. Er senkte und hob den Kopf, als ob er grüßte, seufzte auf, so gut es ihm der zusammengezogene Leibgurt erlaubte, und trottete mit seinen krummen, schwer beweglichen Beinen hinter der Herde her, den alten Nestjor auf seinem knochigen Rücken tragend.

Ich weiß schon: Wenn wir auf die Straße hinauskommen, wird er Feuer schlagen und sein hölzernes Pfeifchen mit dem Messingbeschlag und dem Kettchen in Brand setzen, dachte der Wallach. Mir ist das lieb, denn am frühen Morgen, wenn der Tau auf dem Gras liegt, ist mir der Duft angenehm und ruft in mir angenehme Erinnerungen wach. Mich ärgert nur, dass der Alte, wenn er die Pfeife im Mund hat, immer den Kecken spielen möchte, dass ihn die Phantasie packt und er sich seitwärts setzt, nicht anders als seitwärts. Und ich habe Schmerzen an dieser Seite. Nun, meinetwegen. Ich bin längst gewohnt, zum Vergnügen der andern Schmerzen zu leiden; ich habe sogar schon ein gewisses Pferdevergnügen darin finden gelernt. Mag er ruhig den Gernegroß spielen, der arme Kerl. Er spielt ja den Tapferen nur vor sich allein, solange ihn niemand sieht. Mag er seitwärts reiten, schloss der Wallach seine Betrachtungen und ging mit den zerschlagenen Füßen vorsichtig schreitend in der Mitte der Straße dahin.

Nachdem Nestjor die Herde zu dem Fluss getrieben hatte, an dessen Ufer die Pferde weiden sollten, stieg er ab und löste den Sattel. Die Herde hatte sich inzwischen langsam über die noch nicht zertretene Wiese zerstreut, die mit Tau und Dampf bedeckt war, der gleichmäßig von der Wiese und dem Fluss, der sie umspülte, aufstieg.

Nestjor nahm dem scheckigen Wallach das Gebiss ab und streichelte ihn unter dem Hals, worauf der Wallach zum Zeichen seiner Dankbarkeit und seiner Freude die Augen schloss. »Das hat er gern, der alte Hund!«, sagte Nestjor. Der Wallach hatte aber dieses Streicheln keineswegs gern, nur aus Zartgefühl tat er, als ob es ihm angenehm wäre. Er schüttelte den Kopf zum Zeichen der Zustimmung. Plötzlich aber stieß Nestjor gänzlich unerwartet und ohne jede Ursache, vielleicht nur, weil er glaubte, dass allzu große Vertraulichkeit dem Wallach eine falsche Vorstellung von seiner Bedeutung geben könnte, den Kopf des Pferdes zurück, schwenkte das Gebiss, schlug mit der Schnalle des Gebisses den Wallach höchst schmerzhaft über das magere Bein und ging ohne ein Wort die Anhöhe hinauf, dem Baumstamm zu, an dem er immer zu sitzen pflegte.

Obwohl dieses Vorgehen den scheckigen Wallach bitter kränkte, ließ er sich doch nichts anmerken und ging, langsam

den haarlosen Schweif schwenkend, auf dem Boden herum-
schnuppernd und nur zum Zeitvertreib Gras abrupfend, auf
den Fluss zu. Er kümmerte sich nicht im Geringsten um das,
was rings um ihn her in der Freude des heiteren Morgens die
jungen Stuten, die jährigen Hengste und die saugenden Füllen taten. Er wusste, dass es am gesündesten ist, besonders in
seinen Jahren, zunächst auf nüchternen Magen tüchtig zu
trinken und dann erst zu essen, und suchte sich an abgelege-
ner und freier Stelle des Ufers ein Plätzchen, befeuchtete die
Hufe und das Kötenhaar, tauchte das Maul ins Wasser, begann es mit seinen zerrissenen Lippen aufzuziehen, mit seinen vollen Backen zu schlürfen und vor Wohlbehagen mit
seinem dünnen, scheckigen Schweif zu wedeln.

Die dunkelbraune Stute, ein störrisches Tier, das den Alten
neckte und ihm allerlei Unannehmlichkeiten bereitete, kam
auch hier im Wasser zu ihm heran, als ob sie einen Wunsch
hätte, und doch in Wirklichkeit nur, um ihm das Wasser vor
der Nase zu trüben. Der Schecke aber hatte sich schon satt getrunken und zog ruhig, als ob er die Absicht der dunkelbraunen Stute nicht bemerkte, seine tief im Wasser steckenden
Beine eines nach dem anderen heraus, schüttelte den Kopf
und ging abseits von den jungen Tieren an sein Futter.

Er setzte die Füße auf die sonderbarste Art, um nicht unnütz
das Gras zu zertreten, und fraß beständig, fast ohne den Kopf
aufzurichten, volle drei Stunden. Nachdem er sich so voll gefressen hatte, dass sein Bauch wie ein Sack von den mageren,
steifen Rippen herabhing, richtete er sich auf allen vier kranken Beinen gleichzeitig auf, damit es ihn so wenig als möglich schmerze, besonders an dem rechten Vorderfuß, der
schwächer war als die andern, und schlief ein.

Es gibt ein majestätisches Alter, es gibt ein hässliches, es gibt
ein klägliches Alter, es gibt auch ein Alter, das hässlich und
majestätisch zugleich ist; das Alter des scheckigen Wallachs
war ein solches.

Der Wallach war von hohem Wuchs – nicht kleiner als zwei Arschin und drei Zoll. Früher war sein Fell schwarzscheckig gewesen, jetzt aber hatten die schwarzen Flecken eine schmutzig-dunkelbraune Farbe bekommen. Drei Flecken machten ihn zum Schecken: einer an dem Kopf mit der schiefen kahlen Stelle an der einen Seite der Nüstern bis zur Mitte des Halses. Die lange, mit garstigen Drüsen durchsetzte Mähne war teils weiß, teils dunkelbraun. Der zweite Fleck ging die rechte Seite hinunter bis in die Mitte des Bauches. Der dritte Fleck, den Rücken entlang über den oberen Teil des Schweifes, war weißlich-bunt. Der große knochige Kopf mit den tiefen Höhlen über den Augen, mit dem herabhängenden, früher einmal zerrissenen Maul, hing schwer und tief an dem vor Magerkeit gekrümmten, gleichsam hölzernen Hals. In dem herabhängenden Maul sah man die auf die Seite gedrückte, dunkle Zunge und die gelben Stümpfe der zerstörten unteren Zähne. Die Ohren, von denen eines zerschnitten war, hingen tief an den Seiten hinab und bewegten sich nur manchmal träge, um die festsitzenden Fliegen zu verscheuchen. Ein ziemlich langes Haarbüschel hing vom Schopf hinter den Ohren hinunter, die freie Stirn war eingesunken und rau; an den breiten Unterkiefern hing die Haut wie ein Sack herunter. An Hals und Kopf bildeten die Adern Knoten, die bei jeder Berührung der Fliegen zusammenzuckten und zitterten. Der Ausdruck der Gesichtszüge war der der ernsten Geduld, des Tiefsinns und des Leidens.

Die Vorderfüße des Tieres waren in den Knien bogenförmig, an beiden Hufen waren Geschwülste und auf dem einen, der bis zur Hüfte scheckig war, befand sich am Knie eine Beule von der Größe einer Faust. Die Hinterfüße waren weniger abgenutzt, aber offenbar in den Schenkeln schon lange abgerieben, sodass das Fell an diesen Stellen nicht mehr nachwuchs. Alle vier Füße erschienen unverhältnismäßig lang im Vergleich zu der Magerkeit des Leibes. Obgleich die Rippen steif waren, lagen sie so offen und waren so überzogen, dass die Haut in den Vertiefungen zwischen ihnen angetrocknet zu sein schien. Rist und Rücken trugen die bunten Spuren alter Schläge, und hinten war noch ein frisch geschwollenes, eiterndes Geschwür; das dunkle Ende des Schweifes mit den sichtbaren Knochen starrte lang und kahl in die Luft. Auf dem dunkelbraunen Hinterteil in der Nähe des Schweifes war eine mit weißen Härchen bewachsene handbreite Wunde, wie von einem Biss. Eine zweite Narbe war an dem vorderen Schulterblatt zu sehen. Die Knie der Hinterfüße und der Schweif waren unsauber, da der Magen des Tiers beständig krank war. Das Fell, so kurz es war, stand am ganzen Körper aufrecht. Aber abgesehen von dem abstoßenden Alter dieses Pferdes wurde man unwillkürlich nachdenklich, wenn man es betrachtete, und jeder Kenner hätte sofort gesagt, dies Pferd sei seinerzeit ein außerordentlich gutes gewesen. Der Kenner hätte sogar gesagt, dass es in Russland nur einen Schlag gebe, der so breite Knochen habe, so mächtige Stirnknochen, solche Hufe, eine solche Zartheit der Beine, einen solchen Bau des Halses und vor allem ein solches Knochengerüst des Kopfes, so große schwarze und leuchtende Augen und solche Rasseballen der Adern und so zarte Haut und Behaarung.

Wirklich, es lag etwas Majestätisches in der Gestalt dieses Pferdes und in der schrecklichen Vereinigung widerwärtiger Merkmale der Gebrechlichkeit, die noch gesteigert waren durch das scheckige Aussehen der Haut und die Gebärden und den Ausdruck von Selbstvertrauen und Ruhe, bewusster Schönheit und Kraft. Wie eine lebendige Ruine stand es einsam auf der Wiese, unweit von ihm erscholl das Stampfen, Schnauben und Gewieher der zerstreuten Herde.

Die Sonne war schon über die Wipfel des Waldes emporgestiegen und funkelte auf den Gräsern und auf den Krümmungen des Flusses. Der Tau trocknete und ballte sich zu Tropfen, wie Rauch schwand der letzte Morgendunst dahin.

Die Wölkchen kräuselten sich am Himmel, aber der Wind wehte noch nicht.

Jenseits des Flusses stand grünes Korn mit vollen Ähren, es duftete nach frischem Grün und Blüten. Aus dem Wald rief der Kuckuck mit heiserer Stimme, und Nestjor zählte, träge auf dem Rücken liegend, wie viel Jahre er noch zu leben hätte. Lerchen flatterten über dem Kornfeld und der Wiese. Ein verspäteter Hase verlief sich unter die Pferdeherde, flüchtete sich ins Freie, duckte sich neben einem Busch nieder und horchte auf. Wassjka war eingeschlummert und hatte den Kopf tief ins Gras vergraben. Die Stuten zerstreuten sich, weit um ihn herumgehend, noch tiefer hinab. Die schnaubenden alten Pferde ließen im Tau eine helle Spur zurück, und jedes suchte sich eine solche Stelle aus, wo ihm niemand in den Weg kam. Aber sie fraßen nicht mehr, sie versuchten nur die schmackhaften Gräser. Die ganze Herde bewegte sich unmerklich in einer Richtung vorwärts.

Und wieder zeigte die alte Shuldyba, die gemessen den andern voranschritt, die Möglichkeit weiterzugehen. Die junge dunkelbraune Muschka, die zum ersten Mal Füllen geworfen hatte, gab ununterbrochen ein kurzes Gewieher von sich und schnaubte mit gehobenem Schweif ihre lila Füllen an. Die junge Atlasnaja mit der glatten glänzenden Haut ließ den Kopf so tief sinken, dass die schwarze, seidene Mähne ihre Stirn und Augen bedeckte, und spielte mit Grashalmen – bald riss sie einen ab und warf ihn fort, bald stampfte sie mit dem taufeuchten Fuß mit dem buschigen Haarbüschel auf.

Eines von den älteren Füllen war, wahrscheinlich in dem Glauben, ein Spiel zu treiben, schon sechsundzwanzigmal, den kurzen zottigen Schweif hoch emporgerichtet, um seine Mutter herumgesprungen, die ruhig ihr Gras fraß, da sie das Wesen ihres Kindes schon kannte. Von Zeit zu Zeit richtete sie von der Seite ihr großes dunkles Auge auf das Junge.

Eines der kleinsten Füllen, ein schwarzes, großköpfiges Tier, mit einer Mähne, die sich zwischen den Ohren sträubte, und einem Schweif, der noch nach der Seite gekehrt war, nach der er sich im Mutterleib gebogen hatte, spitzte die Ohren, öffnete die stumpfen Augen und betrachtete, ohne sich von der Stelle zu rühren, unverwandt ein Füllen, das herumsprang, und ging langsam zurück; man hätte kaum sagen können, ob es das Füllen beneidete oder ob es darüber nachdachte, warum es dies tue. Die einen saugten, mit der Nase anstoßend, andere liefen, ohne auf die Zurufe der Mütter zu achten, man wusste nicht recht warum, in kurzem, ungeschicktem Trab gerade nach der entgegengesetzten Seite, als suchten sie etwas. Dann blieben sie ohne jede Ursache stehen und wieherten in verzweifelt gellendem Ton. Einige lagen auf die Seite gestreckt, andere lernten Gras fressen, wieder andere kratzten sich mit dem Hinterfuß am Ohr. Zwei noch trächtige Stuten gingen abgesondert und langsam die Beine vorwärts setzend und fraßen noch immer. Man sah, dass die andern ihren Zustand berücksichtigten, keines von den jungen Tieren wagte es, ihnen nahe zu kommen und sie zu stören. Wollte einmal ein mutwilliges Tier zu ihnen herankommen, so genügte eine Bewegung des Ohrs und des Schweifes, um ihm zu zeigen, wie ungehörig sein Benehmen war.

Die einjährigen Hengste und Stuten taten schon wie Erwachsene und Gesetzte, sprangen selten oder suchten heitere Gesellschaft auf. Sie fraßen vernünftig Gras, indem sie ihre geschorenen Schwanenhälse vorbogen und, als ob sie auch schon Schweife hätten, mit ihren Schwänzchen durch die Luft fuhren. Wie die Großen legten sich manche von ihnen nieder und kratzten eines das andere. Die lustigste Gesellschaft bildeten die zweijährigen und die dreijährigen Stuten; sie hielten fast alle zusammen, wie eine gesonderte fröhliche Jungfrauenschar. In ihrem Kreis hörte man Stampfen, Kreischen, Wiehern, Schnauben. Sie scharten sich, legten sich gegenseitig die Köpfe über die Schultern, beschnupperten sich, sprangen bald im Halbtrab mit erhobenem Schweif, bald trippelnd, stolz und kokett den Gefährtinnen voraus.

Die größte Schönheit und die Rädelsführerin unter der gesamten Pferdejugend war eine ausgelassene dunkelbraune Stute. Was sie vormachte, machten auch die andern, wo sie hinging, dahin folgte ihr die Schar der Schönen. Das mutwillige Tier war an diesem Morgen in besonders spielerischer Stimmung. Es war ein heiteres Gelüst über sie gekommen, wie es auch über Menschen zu kommen pflegt. Schon bei der Tränke hatte sie mit dem Alten Scherz getrieben, war das Wasser entlang hinabgelaufen, tat, als ob sie sich vor etwas erschreckt hätte, und lief, so schnell sie konnte, ins Feld hinaus, sodass Wassjka ihr und den andern, die sich ihr angeschlossen hatten, nachrennen musste. Dann, nachdem sie gefressen hatte, begann sie sich herumzuwälzen und die Alten damit zu necken, dass sie ihnen in den Weg lief. Dann trieb sie ein Füllen fort und lief ihm nach, als ob sie es beißen wollte. Die Mutter erschrak, hörte auf zu fressen, das Füllen schrie kläglich – das ausgelassene Tier aber tat ihm nicht das Geringste, es hatte es nur erschreckt und bot den Gefährtinnen, die mit Teilnahme ihren Streichen zusahen, ein Schauspiel dar. Dann fiel ihr ein, einem Grauschimmelchen, mit dem weit jenseits des Flusses ein Bauer mit einem Pflug durch das Korn fuhr, den Kopf zu verdrehen.

Sie blieb in stolzer Haltung stehen, ein wenig seitwärts geneigt, hob ihren Kopf, schüttelte sich und wieherte in süßem, zärtlichem, lang gedehntem Ton. Mutwille, Empfindung und eine gewisse Schwermut sprach aus diesem Wiehern. Auch Liebesverlangen und -sehnen.

Dort rief der Wachtelkönig, im Schilfrohr von Ort zu Ort hüpfend, leidenschaftlich seine Gefährtin, dort sangen der Kuckuck und die Wachtel von Liebe, und die Blumen sandten einander mit den Winden ihren duftigen Blütenstaub zu.

Und auch ich bin jung und schön und kräftig, sagte das Wiehern des mutwilligen Tieres, und mir war es bisher nicht vergönnt, die Süße dieses Gefühls zu erproben, und nicht nur nicht vergönnt, es zu erproben, mich hat kein Liebhaber, kein einziger, gesehen.

Und das viel sagende Gewieher klang sehnsuchtsvoll und jugendlich über die Niederung und das Feld dahin und wurde aus der Ferne hinübergetragen zu dem Grauschimmelchen. Es hob die Ohren und blieb stehen. Der Bauer versetzte ihm einen Schlag mit seinem Bastschuh, der Grauschimmel war aber von dem silberhellen Klang des fernen Wieherns bezaubert und wieherte auch. Der Bauer geriet in Zorn, riss ihn an der Leine und schlug ihn mit dem Bastschuh so auf den Bauch, dass er mitten im Wiehern abbrach und weiterging. Aber dem Schimmel wurde süß und sehnsuchtsvoll zumute, und noch lange kamen von den fernen Roggenfeldern die Töne des begonnenen leidenschaftlichen Wieherns und der ärgerlichen Rufe des Bauern zu der Herde herüber.

Wenn schon der bloße Ton dieser Stimme den Grauschimmel so außer sich brachte, dass er seine Pflicht vergaß, was wäre mit ihm geschehen, wenn er die mutwillige Schöne in ihrer ganzen Gestalt gesehen hätte, wie sie die Ohren spitzte, die Nüstern blähte, die Luft einsog und ihn, bangend und am ganzen jungen, schönen Körper bebend, herbeirief.

Das mutwillige Tier aber dachte nicht lange nach über diese Eindrücke. Als die Stimme des Schimmels verstummt war, wieherte es noch einmal spöttisch, ließ den Kopf sinken und begann mit den Beinen den Boden aufzuwühlen. Dann ging es hin, um den scheckigen Wallach zu necken. Der scheckige Wallach war der beständige Märtyrer und Narr dieser glücklichen Jugend. Er hatte von dieser Jugend mehr zu erdulden als von den Menschen. Weder den einen noch den anderen hatte er etwas Böses getan. Die Menschen brauchten ihn, aber weshalb quälten ihn die jungen Pferde?

Er war alt, sie waren jung; er war mager, sie waren wohlgenährt; er war verdrießlich, sie waren lustig. Er war also ein ganz fremdes, ganz anderes Wesen, und man brauchte kein Mitleid mit ihm zu haben. Die Pferde haben bloß mit sich selbst Mitleid und manchmal mit denen, in deren Haut sie sich leicht versetzen können. Aber war denn der Wallach schuld daran, dass er alt und hager und missgestaltet war? Man möchte meinen, dass es nicht seine Schuld war, aber nach der Anschauung der Pferde war er schuld, und Recht haben immer nur die, die stark, jung und glücklich sind – die, für die alles noch in der Zukunft liegt, die, denen von unerzwungener Anstrengung jeder Muskel bebt und deren Schweif sich prall in die Luft erhebt. Vielleicht begriff das auch der scheckige Wallach selbst und gab in ruhigen Augenblicken zu, dass seine Schuld darin bestand, dass er sein Leben schon durchlebt hatte und dass er zahlen musste für dieses Leben. Aber er war trotz allem doch ein Pferd und konnte sich häufig des Gefühls der Kränkung, des Grams und des Unwillens nicht erwehren, wenn er dieser Jugend zusah, die ihn für das strafte, das sie alle am Ende ihres Lebens erwartete. Eine Ursache der Mitleidlosigkeit der Pferde war auch ein gewisses aristokratisches Gefühl. Jedes von ihnen führte seinen Stammbaum väterlicher- oder mütterlicherseits auf die berühmte Smjetanka zurück. Die Abstammung des Schecken aber kannte man nicht, der Schecke war ein Eingewanderter, der vor drei Jahren für achtzig Rubelscheine auf dem Jahrmarkt erstanden worden war.

Eine braune Stute kam, als ob sie nur spazieren ginge, dem scheckigen Wallach bis unter die Nase und stieß ihn an. Er wusste schon, was das bedeuten sollte. Ohne die Augen zu öffnen, spitzte er die Ohren und fletschte die Zähne.

Die Stute wandte ihm das Hinterteil zu und tat, als ob sie ihn schlagen wollte. Er öffnete die Augen und ging auf die andere Seite. Zum Schlafen hatte er keine Lust mehr, und er begann zu fressen. Wieder kam der Wildfang, begleitet von den Gefährtinnen, auf den Schecken zu. Eine zweijährige Stute mit einer Blässe, ein sehr dummes Pferd, das stets die Braune nachahmte und es ihr in allem gleichzutun suchte, kam mit ihr zusammen heran und begann die Rädelsführerin noch zu überbieten, wie alle Nachahmer es tun.

Die braune Stute kam stets heran, als ginge sie für sich. Sie schritt ganz dicht an der Nase des Schecken vorüber, ohne ihn anzusehen, sodass er wirklich nicht wusste, ob er sich ärgern sollte oder nicht, und das war in der Tat komisch.

Sie tat das auch jetzt, aber die Blässe, die hinter ihr ging und die in besonders guter Stimmung war, stieß geradewegs den Wallach mit der Brust. Er fletschte die Zähne, winselte und stürzte mit einer Schnelligkeit, die man nicht von ihm erwartet hätte, hinter ihr her und biss sie in den Schenkel. Die Blässe schlug mit beiden Hinterfüßen aus und traf den Alten schwer auf seine mageren kahlen Rippen. Der Alte ächzte vor Schmerz und wollte sich noch einmal auf sie stürzen, aber er besann sich, seufzte schwer auf und ging auf die Seite.

Die ganze Jugend der Herde hatte die Keckheit, die sich der scheckige Wallach gegen die Blässe erlaubt hatte, als eine persönliche Kränkung aufzufassen, und sie ließen ihn den Rest des Tages nicht mehr fressen und gönnten ihm nicht einen Augenblick Ruhe, sodass der Pferdehirt mehrere Male einschreiten musste und gar nicht begreifen konnte, was mit ihnen vorging. Der Wallach fühlte sich so gekränkt, dass er von selbst zu Nestjor herankam, als der Alte sich rüstete die Herde zurückzutreiben, und fühlte sich glücklicher und ruhiger, als er gesattelt und bestiegen wurde.

Gott weiß, worüber der alte Wallach nachsann, als er auf seinem Rücken den alten Nestjor davontrug. Ob er mit Bitterkeit an die ungebundene, mitleidlose Jugend dachte oder mit einem dem Alter eigenen verächtlichen Stolz seinen Beleidigern vergab – er verriet durch nichts seine Gedanken.

An diesem Abend kamen zu Nestjor Verwandte zu Besuch,

und als er die Herde an den Gutshäusern vorübertrieb, bemerkte er einen Wagen, dessen Pferde an der Treppe seines Hauses festgebunden waren. Er trieb die Herde ein und beeilte sich so sehr, dass er den Wallach in den Hof ließ, ohne ihm den Sattel abzunehmen, und Wassjka zurief, er möge das Hirtenpferd absatteln. Dann schloss er das Tor und ging zu den Verwandten. War es nun eine Folge der Beleidigung, die der Blässe, der Urenkelin von Smjetanka, von dem Lumpenpack zugefügt worden war, das auf dem Pferdemarkt gekauft worden war und weder Vater noch Mutter kannte, und des dadurch gekränkten aristokratischen Gefühls des ganzen Gestüts, oder war es die Folge davon, dass der Wallach ohne Reiter den Pferden ein seltsam phantastisches Schauspiel bot – genug, in dem Gestüt ging in dieser Nacht etwas Außergewöhnliches vor. Alle Pferde, junge und alte, rannten zähnefletschend hinter dem Wallach her und jagten ihn auf dem Hof herum. Es erklangen Hufschläge gegen seine hageren Flanken und schweres Stöhnen. Der Wallach konnte es nicht mehr ertragen und den Schlägen nicht mehr ausweichen. Er blieb mitten im Hof stehen. In seinen Zügen prägte sich erst die schwache Wut des kraftlosen Alters, dann Verzweiflung aus. Er spitzte die Ohren, und plötzlich geschah etwas, was alle Pferde verstummen ließ. Die älteste Stute Wjasopuricha kam heran, beschnupperte den Wallach und stieß einen Seufzer aus. Auch der Wallach stieß einen Seufzer aus.

In der Mitte des monderhellten Hofes stand die hagere Gestalt des Wallachs mit dem hohen Sattel und dem hervorstehenden Kopf am Sattelbaum. Die Pferde standen unbeweglich in tiefem Schweigen um ihn herum, als hätten sie von ihm etwas Neues und Außerordentliches erfahren.

Und das war es, was sie von ihm erfahren hatten:

Die erste Nacht: Ja, ich bin der Sohn von Ljubjesnyij I. und von Baba. Mushik I. heiße ich nach dem Stammbaum, gemeinhin nennt man mich Leinwandmesser, so haben mich die Leute wegen meiner langen, weit ausschreitenden Gangart genannt, die in Russland nicht ihresgleichen hatte. Der Abstammung nach gibt es kein Pferd in der Welt, das von edlerem Blut wäre als ich. Ich hätte euch das nie gesagt. Wozu auch? Ihr hättet mich nie erkannt, so wenig wie mich Wjasopuricha erkannt hat, die mit mir zusammen in Ehrjenowo war und die mich jetzt erst wieder erkannt hat. Ihr würdet mir auch jetzt nicht glauben, ohne das Zeugnis dieser Wjasopuricha. Ich hätte euch das nie gesagt. Ich brauche das Mitleid der Pferde nicht. Aber ihr habt es gewollt. Ja, ich bin der Leinwandmesser, nach dem die Pferdeliebhaber forschen und den sie nicht finden können – der Leinwandmesser, den der Graf selbst gekannt und aus dem Gestüt fortgeschafft hat, weil ich sein Lieblingspferd Lebjed besiegt habe.

Als ich geboren wurde, wusste ich nicht, was ein Schecke ist. Ich meinte, ich sei ein Pferd. Die erste Bemerkung über mein Fell machte, wie ich mich erinnere, auf mich und meine Mutter einen tiefen Eindruck.

Ich muss in der Nacht zur Welt gekommen sein. Am Morgen stand ich, schon von der Mutter beleckt, auf den Beinen. Ich erinnere mich, dass ich stets nach etwas Verlangen hatte und dass mir alles außerordentlich merkwürdig und zugleich außerordentlich einfach vorkam. Die Ställe lagen bei uns in einem langen, warmen Gang und hatten Gittertüren, durch die man alles sehen konnte.

Die Mutter hielt mir die Saugbeutel hin, aber ich war noch so unschuldig, dass ich sie mit der Nase bald gegen die Vorderfüße, bald gegen die Zitzen stieß. Plötzlich sah sich meine Mutter nach der Gittertür um, trat mit ihren Beinen über mich fort und ging zur Seite. Der Stallknecht, der die Aufsicht hatte, schaute durch die Gittertür.

»Sieh da, die Baba hat gefohlt«, sagte er und schob den Riegel zurück. Er trat über die frische Streu herein und umfasste mich mit den Armen. »Schau her, Tarrass«, schrie er, »ein scheckiges Ding, wie eine Elster.«

Ich riss mich los, stolperte und fiel auf die Knie.

»Sieh, was für ein Teufelskerl«, sagte er.

Meine Mutter wurde unruhig, verteidigte mich aber nicht. Sie seufzte schwer, sehr schwer, und ging ein wenig auf die Seite. Die Stallknechte kamen und betrachteten mich. Einer lief zum Stallmeister, um ihm Meldung zu machen.

Alle lachten, als sie mein scheckiges Fell sahen, und gaben mir allerlei sonderbare Beinamen. Nicht nur ich, sondern auch meine Mutter verstand die Deutung dieser Worte nicht. Bisher hatte es unter uns und allen unseren Verwandten nicht einen einzigen Schecken gegeben. Wir glaubten nicht, dass es etwas Schlechtes sei. Meinen Körperbau und meine Kraft lobten auch damals alle.

»Sieh nur, wie geschickt er ist«, sagte der Stallknecht, »man kann ihn kaum halten.«

Nach einiger Zeit kam der Stallmeister. Auch er wunderte sich über meine Farbe, er schien sogar ärgerlich zu sein.

»Und von wem hat diese Missgeburt das?«, fragte er. »Der General wird es jetzt nicht im Stall behalten. Ach Baba, du hast mich schön angeführt«, wandte er sich an meine Mutter. »Hättest du wenigstens eine Blässe zur Welt gebracht, aber gar so einen Schecken!«

Meine Mutter antwortete nichts und seufzte wieder, wie sie es immer in solchen Fällen zu tun pflegte.

»Von wem, zum Teufel, hat er das, ganz wie ein Mushik«, fuhr er fort. »Im Gestüt kann er nicht bleiben. Das ist ja eine Schande. Aber schön ist er, sehr schön«, sagten er und alle, die mich sahen.

Nach einigen Tagen kam der General selbst, betrachtete mich und wieder waren alle entsetzt und schalten mich und meine Mutter wegen der Farbe meines Fells. »Aber schön ist er«, sagte jeder, der mich sah.

Bis zum Frühjahr lebten wir abgesondert allein im Stall der Mutterstuten, jeder bei seiner Mutter. Dann und wann nur, wenn der Schnee auf den Dächern der Stallungen von der Sonne zu schmelzen anfing, wurden wir mit den Müttern auf den zweiten Hof hinausgeführt, der mit frischem Stroh gedeckt war. Da lernte ich zum ersten Mal alle meine Verwandten, nähere und fernere, kennen, da sah ich, wie aus verschiedenen Türen all die ausgezeichneten Stuten jener Zeit mit ihren Saugfohlen herauskamen. Da war die alte Holländerin Mushka, die Tochter der Smjetanka, Krasnucha, das Reitpferd Dobrochoticha – alles Berühmtheiten jener Zeit. Sie alle kamen da zusammen mit ihren Saugfohlen, ergingen sich im Sonnenschein, wälzten sich auf dem frischen Stroh und beschnupperten sich gegenseitig wie die gewöhnlichen Pferde. Das Bild dieses Stalles, der von den Schönheiten jener Zeit voll war, kann ich bis heute nicht vergessen. Euch mag es schwer fallen, zu denken und zu glauben, dass ich jung und gewandt war, aber es war so. Da war auch unsere Wjasopuricha, damals noch ein Einjähriges – ein sehr lustiges und gewandtes Pferdchen. Obgleich sie jetzt wegen ihres Geblüts unter euch als eine Seltenheit gilt, gehörte sie doch damals – ich sage das nicht, um sie zu kränken – zu den schlechtesten Pferden dieser Zucht. Sie wird es euch bestätigen.

Meine Buntheit, die den Menschen so missfiel, gefiel den Pferden außerordentlich. Alle umringten mich, betrachteten mich mit Wohlgefallen und schäkerten mit mir. Schon begann ich die Worte der Menschen über meine Buntheit zu vergessen und fühlte mich glücklich. Bald aber erfuhr ich den ersten Schmerz in meinem Leben, und die Ursache war meine Mutter. Als es schon anfing zu tauen, die Sperlinge zwitscherten und Frühlingsdüfte die Luft erfüllten, fing meine Mutter an, ihr Verhalten gegen mich zu verändern.

Ihr ganzes Wesen wurde ein anderes. Bald begann sie plötzlich ohne jede Ursache zu spielen, lief auf dem Hof herum, was gar nicht zu ihrem ehrwürdigen Alter passte; bald wurde sie nachdenklich und wieherte, bald beschnupperte sie mich und schnaubte verdrießlich; bald legte sie, wenn sie in die Sonne hinauskam, ihren Kopf über die Schulter ihrer Kusine Kuptschicha, kraulte ihr lange in Gedanken versunken den Rücken und stieß mich von den Saugbeuteln fort. Eines Tages kam der Stallmeister, ließ ihr einen Halfter umwerfen und sie aus dem Stall führen. Sie wieherte, ich antwortete und stürzte ihr nach, aber sie sah sich nicht einmal nach mir um. Der Stallmeister Tarrass umfasste mich in dem Augenblick, als man die Tür hinter meiner Mutter schloss, mit beiden Armen. Ich riss mich los, warf den Stallknecht ins Stroh, aber die Tür war verschlossen und ich hörte des Gewieher meiner Mutter nur aus immer weiterer Ferne. Und aus diesem Gewieher vernahm ich nicht mehr den Ruf nach mir, es hatte einen anderen Ausdruck.

Ihrer Stimme antwortete aus der Ferne eine mächtige Stimme, wie ich später erfuhr, die Dobryjs I., der, zwei Stallknechte an jeder Seite, zum Stelldichein mit meiner Mutter kam.

Ich erinnere mich nicht mehr, wie Tarrass meinen Stall verließ. Mir war zu traurig zumute – ich fühlte, dass ich für immer die Liebe meiner Mutter verloren hatte. Und alles, weil ich ein Schecke bin, dachte ich, wenn ich mich der Worte der Menschen über mein Fell erinnerte. Daraufhin packte mich eine solche Wut, dass ich mit Kopf und Knien an die Wände des Stalles schlug und so lange polterte, bis ich in Schweiß geriet und erschöpft aufhörte.

Nach einiger Zeit kam die Mutter zu mir zurück. Ich hörte, wie sie in kurzem Trab und in ungewohntem Schritt den Gang entlang zu unserem Stall kam. Man öffnete die Tür, und ich erkannte sie nicht wieder – so war sie jünger und schöner geworden. Sie beschnupperte mich, schnaufte und begann zu kichern. An ihrem ganzen Ausdruck sah ich, dass sie mich nicht liebte.

Sie erzählte mir von der Schönheit Dobryjs und von ihrer Liebe zu ihm. Diese Zusammenkünfte dauerten fort, und das Verhältnis zwischen mir und meiner Mutter wurde immer kühler und kühler.

Bald ließ man uns auf die Weide hinaus. Von diesem Augenblick an lernte ich neue Freunde kennen, die mir den Verlust meiner Mutter ersetzten. Ich hatte Freundinnen und Kameraden. Wir lernten zusammen Gras zu fressen, zu wiehern wie die Großen und mit emporgehobenem Schweif um unsere Mutter herumzuspringen. Das war eine glückliche Zeit. Mir war alles erlaubt, alle liebten mich, waren wohlwollend gegen mich und beurteilten alles, was ich tat, mit Nachsicht. Aber das dauerte nicht lange. Es ging bald etwas Entsetzliches mit mir vor …

Der Wallach seufzte sehr schwer auf und ging weit fort von den Pferden. Das Morgenrot stand schon lange am Himmel, die Tür knarrte. Nestjor trat ein. Die Pferde gingen auseinander. Der Pferdehirt rückte den Sattel auf dem Wallach zurecht und trieb die Herde hinaus.

Die zweite Nacht: Kaum waren die Pferde eingetrieben, als sie sich wieder um den Schecken drängten.

Im August – fuhr der Schecke fort – wurde ich von meiner Mutter getrennt, und ich grämte mich nicht besonders darüber. Ich sah, dass meine Mutter schon einen jüngeren Bruder trug, den berühmten Ussan, und ich war nicht mehr das, was ich früher gewesen war. Ich war nicht eifersüchtig, aber ich fürchte, dass ich kühler gegen sie geworden war. Außerdem hoffte ich, dass ich jetzt, wo ich meine Mutter verlassen hatte, in die allgemeine Füllenabteilung kommen würde, wo wir zu zweien und zu dreien zusammenstanden und täglich mit der ganzen Schar ins Freie gingen. Ich stand in einer Abteilung mit Milyi. Milyi war ein Reitpferd, und später ritt ihn der Kaiser. Er wurde auf Bildern und in Statuen abgebildet. Damals war er noch ein winziger Säugling mit glänzendem, zartem Fell, mit einem Schwanenhals und Beinen, ebenmäßig und fein, wie Saiten. Er war stets lustig, gutmütig und liebenswürdig, immer geneigt zum Spielen, zum Belecken und einen Scherz zu treiben mit Pferden und Menschen. Unwillkürlich befreundeten wir uns, da wir zusammen wohnten, und diese Freundschaft währte die ganze Zeit unserer Jugend. Er war lustig und leichtsinnig. Er fing schon damals an zu lieben, tändelte mit den Stuten und belächelte meine Unschuld. Und zu meinem Unglück begann ich aus Eitelkeit, es ihm nachzutun, und wurde bald von der Liebe ergriffen. Diese meine Jugendneigung war die Ursache der größten Veränderung in meinem Leben.

Es kam so, dass ich von Entzücken hingerissen wurde … Wjasuporicha war ein Jahr älter als ich. Wir waren herzlich befreundet, aber gegen Ende des Herbstes beobachtete ich, dass sie anfing mich zu meiden …

Aber ich will nicht diese ganze unglückselige Geschichte meiner ersten Liebe erzählen – sie selbst weiß es, wie unvernünftig ich mich hinreißen ließ und mit welcher Veränderung meines Lebens die Geschichte endete.

Die Pferdehirten stürzten über uns her, trieben sie fort und schlugen mich. Am Abend wurde ich in eine besondere Abteilung gebracht. Ich wieherte die ganze Nacht, als ob ich eine Vorahnung gehabt hätte, was am nächsten Tag kommen sollte.

Am frühen Morgen kamen der General, der Stallmeister, Stallknechte und Pferdehirten in den Flur meiner Abteilung und es begann ein furchtbares Lärmen. Der General schrie den Stallmeister an, der Stallmeister verteidigte sich, nicht er habe befohlen mich loszulassen, die Stallknechte hätten das eigenmächtig getan. Der General sagte, er werde alle durchpeitschen lassen und junge Hengste könne man nicht halten. Der Stallmeister versprach alles zu tun. Sie wurden ruhig und gingen. Ich verstand nichts, aber ich merkte, dass man etwas gegen mich im Schilde führte.

Am anderen Tag hörte ich für alle Zeiten zu wiehern auf – ich wurde, was ich jetzt bin. Die ganze Welt war in meinen Augen verändert. Nichts bereitete mir mehr Freude. Ich versenkte mich in mich selbst und wurde nachdenklich. Anfangs war ich gegen alles unempfindlich, ich hörte sogar auf zu trinken, zu essen und zu gehen, an Tändeleien war gar nicht zu denken. Zuweilen wandelte mich die Lust an, auszuschlagen, herumzuspringen, zu wiehern. Aber bald tauchte die furchtbare Frage auf: Warum, wozu? Und meine letzten Kräfte waren erschöpft.

Eines Abends wurde ich spazieren geführt, gerade um die Zeit, wo man die Herde vom Feld heimtrieb. Ich sah schon aus der Ferne die Staubwolken mit den unbestimmten bekannten Umrissen aller unserer Mutterstuten. Ich hörte das lustige Geschnüffel und Gestampfe. Ich blieb stehen, obgleich der Strick des Halfters, an dem mich der Stallknecht zog, mir in den Nacken schnitt, und blickte auf die herankommende Herde, wie man auf ein ewig verlorenes, unwiederbringliches Glück blickt. Sie kamen heran und ich erkannte der Reihe nach alle die mir vertrauten, schönen, prächtigen, gesunden, wohlgenährten Gestalten. Die eine oder die andere von ihnen warf auch mir einen Blick zu. Ich empfand nicht den Schmerz, wenn der Pferdeknecht mich am Halfter zog, ich vergaß mich und wollte unwillkürlich wiehern und nach alter Gewohnheit traben; aber mein Wiehern klang trübselig, lächerlich und ungeschickt. In der Herde lachte man nicht, aber ich beobachtete, wie viele von den Pferden sich aus Anstand von mir abwandten. Sie empfanden offenbar Abscheu, Mitleid und Scham meinetwegen; vor allem aber war ich ihnen lächerlich. Lächerlich war ihnen mein dünner, schwächlicher Hals, mein großer Kopf (ich war zu dieser Zeit mager geworden), meine langen, plumpen Beine, mein tölpelhafter

Trab, den ich aus alter Gewohnheit um den Pferdeknecht machte. Niemand antwortete auf mein Gewieher, alle wandten sich von mir ab. Ich begriff plötzlich alles – ich begriff, wie sehr ich für immer von ihnen allen entfernt war. Ich weiß heute nicht mehr, wie ich nach Hause gekommen bin.

Ich hatte schon früher Neigung zu Ernst und Tiefsinn gezeigt, jetzt aber vollzog sich mit mir eine entscheidende Umwandlung: Mein scheckiges Fell, mein schreckliches, unerwartetes Unglück und dazu die eigentümliche Stellung im Gestüt, die sich mir fühlbar machte, die ich mir aber nicht erklären konnte, waren der Grund, dass ich mich in mich selbst versenkte. Ich dachte über die Ungerechtigkeit der Menschen nach, die mich verdammten, weil ich scheckig war. Ich dachte über die Unbeständigkeit der Mutterliebe und der Frauenliebe überhaupt nach, über ihre Abhängigkeit von physischen Voraussetzungen, hauptsächlich aber dachte ich über die Eigentümlichkeit des sonderbaren Geschlechts von Lebewesen nach, mit denen wir so eng verbunden sind und die wir Menschen nennen – die Eigentümlichkeiten, denen die Besonderheit meiner Stellung im Gestüt entsprang, die ich fühlte, aber nicht begreifen konnte.

Die Bedeutung dieser Besonderheit und der menschlichen Eigenschaften, auf denen sie beruhten, gingen mir bei folgender Gelegenheit auf:

Es war im Winter während der Feiertage. Den ganzen Tag hatte man mir nichts zu essen und nichts zu trinken gegeben. Wie ich später erfuhr, weil unser Stallknecht betrunken war. An diesem Tag aber kam der Stallmeister zu mir herein, sah, dass ich kein Futter hatte, schimpfte mit hässlichen Worten auf den Stallknecht los, der nicht da war, und ging wieder fort.

Am folgenden Tag kam der Stallknecht mit einem zweiten Kameraden in unsere Abteilung, um uns Heu zu geben. Ich bemerkte, dass er besonders bleich und traurig war, besonders in dem Ausdruck seines langen Rückens lag etwas Bedeutsames und Mitleid Erregendes.

Er warf ärgerlich das Heu hinter das Gitter. Ich hatte meinen Kopf über seine Schulter geschoben, er schlug mich aber mit der Faust so schmerzhaft auf den Nasenknorpel, dass ich zurückprallte. Da stieß er mich noch mit dem Stiefel gegen den Bauch.

»Wenn dieser krätzige Gaul nicht wäre«, sagte er, »dann wäre nichts geschehen.«

»Was gibts denn?«, fragte der andere Knecht.

»Na ja, nach den Pferden des Grafen sieht er nicht. Aber nach seinem Gaul fragt er zweimal am Tag.«

»Hat man ihm den Schecken geschenkt?«, fragte der andere.

»Verkauft oder verschenkt, das weiß der Henker! Die Pferde des Grafen kann man alle hungers sterben lassen, das ist ihm gleich. Wage es aber nur, seinem Füllen kein Futter zu geben! Leg dich hin, heißt es da, und dann wird drauflosgehauen. Er hat kein Christentum in sich. Mit dem Tier hat er mehr Mitleid als mit dem Menschen. Man siehts, er trägt kein Kreuz. Er hat selbst gezählt, der Barbar! Der General hat mich so gepeitscht – den ganzen Rücken hat er mir voller Streifen gehauen.«

Was sie vom Hauen und vom Christentum sprachen, verstand ich wohl, aber vollständig unklar war mir damals, was der Ausdruck »sein Füllen« bedeutete, an dem ich sah, dass die Menschen eine Art Zugehörigkeit zum Stallmeister annahmen. Worin diese bestand, konnte ich damals ganz und gar nicht begreifen. Erst viel später, als man mich von den anderen Pferden trennte, begriff ich, was das bedeutete. Damals aber konnte ich durchaus nicht verstehen, was es bedeutete, dass man mich das Eigentum eines Menschen nannte. Die Worte »mein Pferd« bezogen sich auf mich, auf ein lebendes Pferd, und kamen mir ebenso sonderbar vor wie die Worte »meinen Boden«, »meine Luft«, »mein Wasser«.

Aber diese Worte hatten auf mich einen großen Eindruck gemacht. Ich hörte nicht auf, über sie nachzudenken, und viel später erst, nachdem ich die verschiedenen Beziehungen zu den Menschen erfahren hatte, begriff ich endlich die Bedeutung, die die Menschen diesen merkwürdigen Worten zuschreiben. Ihre Bedeutung ist die: Die Menschen lassen sich im Leben nicht durch Taten, sondern durch Worte leiten. Sie geben weniger auf die Möglichkeit, etwas zu tun oder nichts zu tun, als auf die Möglichkeit, von verschiedenen Dingen ein für allemal vereinbarte Worte zu sprechen. Solche Worte, die sie für wichtig halten, sind: ›mein, meine, mein‹ – die sie von den verschiedensten Dingen, Lebewesen und Gegenständen gebrauchen, sogar vom Boden, von den Menschen und von den Pferden. Von ein und derselben Sache, kommen sie überein, darf nur einer sagen: ›mein‹. Und wer nach diesem von ihnen vereinbarten Spiel von der größten Zahl der Dinge sagt: ›mein‹ – der gilt bei ihnen als Glücklichster. Weshalb das so ist, weiß ich nicht, aber es ist so. Früher gab ich mir lange Zeit Mühe, durch irgendeinen unmittelbaren Vorteil das zu erklären, aber das stellte sich als falsch heraus.

Viele von den Menschen, die mich zum Beispiel ihr Pferd nannten, ritten mich nicht, mich ritten ganz andere. Sie fütterten mich auch nicht, mich fütterten ganz andere. Gutes erwiesen mir auch nicht etwa die, die mich ihr Pferd nannten, sondern Kutscher, Rossärzte, überhaupt fremde Menschen. Später, als sich der Kreis meiner Beobachtungen erweiterte, überzeugte ich mich, dass nicht bloß in Bezug auf uns Pferde der Begriff ›mein‹ keine andere Grundlage hat als den niedrigen und tierischen Instinkt der Menschen, den sie Eigentumssinn oder Eigentumsrecht nennen. Der Mensch sagt: »Das Haus ist mein«, und wohnt nie darin. Er kümmert sich nur um den Bau und die Erhaltung. Der Kaufmann sagt: »Mein Laden, mein Tuchladen« zum Beispiel, und seine Kleidung ist nicht aus den besten Stoffen, die er in seinem Laden hat.

Es gibt Menschen, die ein Stück Land ›mein‹ nennen und dieses Stück Land nie gesehen haben und nie darauf gewandelt sind. Es gibt Menschen, die andere Menschen ›mein‹ nennen und diese Menschen nie gesehen haben, und alle ihre Beziehungen zu diesen Menschen bestehen darin, dass sie ihnen Böses tun.

Es gibt Menschen, die Frauen ihre Frauen oder Gattinnen nennen; und diese Frauen leben mit anderen Männern. Und die Menschen streben im Leben nicht danach, das zu tun, was sie für gut halten, sondern danach, möglichst viele Dinge ›mein‹ zu nennen.

Ich bin jetzt überzeugt davon, dass darin der wesentliche Unterschied zwischen Menschen und Pferden besteht. Und daher können wir, von anderen Vorzügen vor dem Menschen nicht zu reden, schon wegen dieses einen Umstandes behaupten, dass wir in der Stufenleiter der Lebewesen höher stehen als die Menschen. Die Tätigkeit der Menschen wenigstens, mit denen ich Beziehungen hatte, wird durch Worte bestimmt, unsere aber durch die Tat.

Und dieses Recht, von mir zu sagen: »Mein Pferd«, hatte der Stallmeister bekommen, und darum prügelte er den Stallknecht. Diese Entdeckung hatte einen tiefen Eindruck auf mich gemacht und trug dazu bei, im Verein mit den Gedanken und Anschauungen, die meine scheckige Farbe bei den Menschen hervorrief, und mit der Nachdenklichkeit, die der Verrat meiner Mutter in mir hervorgerufen hatte, mich zu dem ernsten und tiefsinnigen Wallach zu machen, der ich bin.

Ich war dreifach unglücklich. Ich war ein Schecke, ich war ein Wallach, und die Menschen hatten die Vorstellung, dass ich nicht Gott und mir selbst gehöre, wie es allen Lebewesen eigen ist, sondern dem Stallmeister.

Die Folgen dieser Vorstellung, die die Menschen von mir hatten, waren zahlreich. Die erste Folge war schon die, dass man mich abgesondert hielt, mich besser fütterte, mich häufiger mit Halfterriemen umhertrieb und mich früher einspannte. Zum ersten Mal spannte man mich im dritten Jahr ein. Ich erinnere mich, wie mich eben der Stallmeister, der sich einbildete, dass ich ihm gehörte, und eine Schar von Stallknechten zum ersten Mal einspannten und erwarteten, ich würde störrisch und widerspenstig sein.

Sie banden mich mit Stricken und führten mich in die Gabel. Auf den Rücken hatten sie mir ein breites Lederkreuz gelegt, das banden sie an die Deichselstange, damit ich nicht hinterrücks ausschlug, während ich doch nur auf die Gelegenheit wartete, meine Lust und Liebe zur Arbeit zu zeigen.

Sie wunderten sich, dass ich wie ein altes Pferd vorwärts ging. Sie fuhren mich herum und ich übte mich im Trabrennen. Mit jedem Tag machte ich größere und größere Fortschritte, sodass nach drei Monaten der General selbst und viele andere meinen Gang lobten. Aber merkwürdig: Weil sie der Ansicht waren, dass ich nicht mein, sondern des Stallmeisters war, hatte mein Gang für sie eine völlig andere Bedeutung.

Die Füllen, meine Brüder, fuhren sie zum Rennen ein, maßen ihren Abgang, gingen hinaus, um zuzuschauen, fuhren mit ihnen in vergoldeten Wagen und bedeckten sie mit kostbaren Decken. Ich fuhr in dem einfachen Wagen des Stallmeisters in seinen Geschäften nach Tschesmenka und anderen Vorwerken. Alles das kam daher, dass ich ein Schecke war, vor allem aber, weil ich nach ihrer Meinung nicht Eigentum des Grafen, sondern des Stallmeisters war.

Morgen, wenn wirs erleben, will ich euch erzählen, welche wichtigste Folge für mich dies Eigentumsrecht hatte, das sich der Stallmeister einbildete …

Diesen ganzen Tag war das Benehmen der Pferde gegen Leinwandmesser ein achtungsvolles, nur Nestjor ging mit ihm wie immer um. Das graue junge Füllen eines Bauern, das sich der Herde näherte, begann zu wiehern, und die schwarzbraune Stute kokettierte wieder.

Die dritte Nacht: Der Mond nahm zu, und seine schmale Sichel beleuchtete die Gestalt Leinwandmessers, der mitten im Hof stand. Die Pferde hatten sich um ihn geschart.

Die wichtigste, merkwürdigste Folge dessen, dass ich nicht des Grafen, nicht Gottes, sondern des Stallmeisters Eigentum war – fuhr der Schecke fort – war für mich, dass das, was unser Hauptverdienst bildet, der feurige Gang, die Ursache meiner Verbannung wurde. Lebjed wurde für die Bahn eingefahren, da kam der Stallmeister aus Tschesmenka mit mir heran und hielt an der Bahn. Lebjed kam an uns vorüber. Er ging gut, aber er tänzelte doch. Er besaß nicht die Verschlagsamkeit, die ich mit Mühe erreicht hatte, dass nämlich, wenn der eine Fuß die Erde berührt, der andere sich sofort hebt und nicht die geringste Mühe nutzlos vergeudet wird, sondern jede Mühe vorwärts bringt.

Lebjed kam an uns vorüber. Ich drängte in die Bahn hinein, der Stallmeister hielt mich nicht zurück. »Wollt ihr euch mit meinem Schecken messen?«, rief er, und als Lebjed wieder in einer Linie mit uns war, ließ er mich los. Der andere war schon im raschen Laufen, darum blieb ich bei der ersten Umfahrt zurück, bei der zweiten aber holte ich ihn ein, kam dem Wagen immer näher, war bald in gleicher Linie mit ihm, überholte ihn und – war vorausgelangt. Man versuchte es zum zweiten Mal – dasselbe Ergebnis. Ich war feuriger, und das brachte alle in Entsetzen. Der General bat, man möchte mich so schnell als möglich und so weit fort als möglich verkaufen, damit man nichts mehr von mir hörte. »Wenn das der Graf erfährt, ein Unglück!«, sprach er, und ich wurde einem Pferdehändler in Korennaja verkauft. Bei dem Pferdehändler blieb ich nicht lange. Ein Husar erstand mich, der wegen Remonten gekommen war. Das alles war so ungerecht, so grausam, dass ich froh war, als man mich aus Chrjenowo fortbrachte und mich auf immer von allem trennte, was mir verwandt und lieb war. Ich fühlte mich unter ihnen zu schwer bedrückt. Sie hatten Liebe, Ehre, Freiheit zu erwarten, ich Mühe und Erniedrigung – Erniedrigung und Mühe bis an das Ende meines Lebens! Und warum? Weil ich ein Schecke war und weil ich jemandes Eigentum sein musste …

Weiter konnte Leinwandmesser an diesem Abend nicht erzählen. Im Pferdehof geschah etwas, das alle Pferde in Aufregung versetzte. Kuptschicha, eine tüchtige, verspätete Stute, die anfangs der Erzählung zugehört hatte, hatte sich plötzlich fortgewandt und war unter den Schuppen gegangen.

Dort begann sie laut zu ächzen, dass alle Pferde sich nach ihr umsahen. Dann legte sie sich nieder, stand wieder auf und legte sich wieder nieder. Die alten Mutterstuten verstanden, was mit ihr vorging, die Jugend aber geriet in Aufregung, ließ den Wallach stehen und umringte die Kranke. Am Morgen stand ein neues Füllen auf den schwächlichen Beinchen da. Nestjor rief den Stallmeister herbei, die Stute und das Füllen wurden in eine Abteilung gebracht, und die Pferde wurden ohne sie hinausgetrieben.

Die vierte Nacht: Abends, als das Tor geschlossen und alles still geworden war, fuhr der Schecke also fort:

Ich konnte viele Beobachtungen über Menschen und Pferde machen, während ich von einer Hand in die andere überging. Am längsten war ich bei zwei Herren: bei einem Fürsten, der Husarenoffizier war, dann bei einer alten Frau, die an der Nikolaistraße wohnte.

Bei dem Husarenoffizier verbrachte ich die schönste Zeit meines Lebens. Obgleich er die Ursache meines Verderbens war und er niemanden und nichts gern hatte, liebte ich ihn und liebte ihn gerade deshalb. Mir gefiel, dass er schön, glücklich und reich war und darum niemanden gern hatte. Ihr habt Verständnis für diese unsere hohe Pferdeempfindung! Seine Gleichgültigkeit und meine Abhängigkeit von ihm gaben meiner Liebe zu ihm eine besondere Stärke. Schlag mich tot, fahr mich zuschanden, dachte ich manchmal in dieser schönen Zeit, ich werde umso glücklicher sein.

Er hatte mich von einem Pferdehändler erstanden und dem hatte mich ein Stallmeister für 800 Rubel verkauft. Er hatte mich gekauft, weil kein Mensch scheckige Pferde besaß.

Er hatte eine Geliebte. Ich wusste das, denn ich brachte ihn jeden Tag zu ihr. Oft fuhr ich auch beide zusammen.

Seine Geliebte war eine schöne Frau, und er war ein schöner Mann und hatte einen schönen Kutscher. Alle hatten sie dafür gern. Und ich hatte ein gutes Leben. Mein Leben verlief so: Am Morgen kam der Stallknecht und reinigte mich – nicht etwa der Kutscher, sondern der Stallknecht. Der Stallknecht war ein junger Bursche, ein früherer Bauer. Er öffnete die Tür, ließ den Pferdedunst hinaus, schüttete den Mist aus, nahm die Decken herunter, rieb mit der Bürste meinen Körper und legte mit dem Striegel weiße Reihen von Kleie auf den von den Dornen zerstörten Dielenbalken.

Ich biss ihm scherzend die Ärmel und stieß mit dem Fuß aus. Dann wurden wir eines nach dem anderen zu einem Kübel kalten Wassers geführt, und der Bursche freute sich über das glatte Scheckenfell, das sein Werk war, über die geraden Beine mit den breiten Hufen, über die glänzende Kruppe und den Rücken. Hinter die Gitter wurde Heu gelegt, in die eichenen Krippen Hafer geschüttet. Dann kam Feophan, der oberste Kutscher. Er und der Hausherr waren einander ähnlich. Beide fürchteten sich vor nichts und hatten niemanden gern als sich selbst, und darum hatten alle Leute sie gern.

Feophan trug gewöhnlich ein rotes Hemd, Plüschhosen und eine ärmellose Jacke. Ich sah es gern, wenn er am Feiertag pomadisiert in den Stall kam und schrie: »Nun, Vieh, hast du mich vergessen?«, und mich dabei mit dem Stiel der Gabel in den Schenkel stieß. Es tat mir aber nie weh, es war nur zum Scherz. Ich verstand sofort den Scherz, spitzte die Ohren und knirschte mit den Zähnen.

Wir hatten einen Rappen, der zu einem Paar gehörte. Manchmal, zur Nachtzeit, spannte man mich mit ihm zusammen. Dieser Zentaur verstand keinen Spaß, er war böse wie ein Teufel. Ich stand neben ihm im benachbarten Stand, und es kam vor, dass wir uns ernstlich bissen. Feophan hatte keine Furcht vor ihm. Er ging gerade auf ihn zu, schrie ihn an – man glaubte, er würde ihn töten – weit gefehlt, er haute daneben, und Feophan legte ihm den Halfter an.

Eines Tages fuhr ich mit ihm zusammen sausend die Schmiedebrücke in Moskau hinunter. Weder der Hausherr noch der Kutscher hatten Angst. Sie lachten, schrien das Volk an, hielten uns zurück und wendeten um. So kams, dass niemand dabei Schaden nahm.

In diesem Dienst verlor ich meine besten Eigenschaften und die Hälfte meines Lebens. Hier wurde ich erhitzt getränkt und im Laufen überanstrengt. Aber trotzdem war es die schönste Zeit meines Lebens! Um zwölf Uhr kamen sie, schirrten mich an, schmierten die Hufe ein, feuchteten mir Schweif und Mähne und führten mich in die Gabel.

Der Schlitten war aus Rohrgeflecht mit Samtpolstern, das Geschirr mit kleinen silbernen Schnallen, die Leitseile seiden, eine Zeit lang sogar gestrickte Arbeit. Das Geschirr war derart, dass, wenn alle Seile, alle Riemen angelegt und angeschnallt waren, man nicht unterscheiden konnte, wo das Geschirr aufhörte und das Pferd begann. Angespannt wurde im Schuppen, während ich angebunden war. Feophan kam, mit einem Rücken, breiter als die Schultern, einem roten Gurt unter den Achseln, besichtigte das Geschirr, kauerte nieder, legte den Kaftan zurecht, setzte den Fuß in den Bügel, scherzte ein wenig, hängte stets die Peitsche ein, obgleich er mich fast nie damit schlug, nur der Ordnung halber, und sagte: »Los!«

Ich ging mit tänzelndem Schritt zum Tor hinaus, die Köchin, die herausgekommen war, um Spülwasser auszugießen, blieb an der Schwelle stehen, und der Bauer, der Holz in den Hof gefahren hatte, riss die Augen auf. Er fuhr hinaus, fuhr ein Stückchen und hielt an. Lakaien kamen heraus, Kutscher kamen herangefahren. Die Unterhaltung begann von allen Seiten. Alles wartete. Wir standen bisweilen zwei, drei Stunden vor der Anfahrt, fuhren von Zeit zu Zeit hin und her, wendeten und hielten wieder.

Endlich wurde es laut im Flur, der graue Tichon mit dem Bäuchlein kam im Frack herausgelaufen. »Vorfahren!« Damals herrschte noch nicht die dumme Manier, »Vorwärts!« zu sagen, als ob ich nicht wüsste, dass man nicht rückwärts, sondern vorwärts fährt. Feophan schnalzte, fuhr vor – und der Fürst kam eilig, nachlässig heraus, als wäre gar nichts Besonderes an diesem Schlitten, an diesem Pferd oder Feophan, der den Rücken beugte und die Hände so vorstreckte, wie man sie, sollte man meinen, nicht lange halten kann. Der Fürst trat heraus im Tschako und in dem Mantel mit dem grauen Biberkragen, der sein rotwangiges, hübsches Gesicht mit den schwarzen Brauen verdeckte, das er nie verdecken sollte. Er trat heraus, klirrte mit dem Säbel, mit den Sporen und mit den metallenen Knöpfen der Überschuhe, schritt über den Teppich, als ob er Eile hätte, kümmerte sich weder um mich noch um Feophan, noch um das, was alle außer ihm selbst mit Wohlgefallen betrachteten. Feophan schnalzte, ich legte mich in die Zügel, und wir fuhren ehrerbietig im Schritt vor und hielten. Ich schielte nach dem Fürsten hin, schüttelte meinen Vollblutkopf mit dem dünnen Rist. Der Fürst war guter Laune, manchmal scherzte er mit Feophan. Feophan antwortete, indem er kaum den schönen Kopf umwendete, und machte, ohne die Hände zu senken, eine kaum merkliche, mir aber verständliche Bewegung mit der Leine, und – trab, trab! – rannte ich mit immer größeren und größeren Schritten, an jedem Muskel bebend, und Schnee und Schmutz an den Vorderteil des Schlittens schleudernd, vorwärts. Damals herrschte auch noch nicht die dumme Manier von heute, »Oh!« zu rufen, als ob dem Kutscher etwas wehtäte, sondern das verständige »Achtung, aus dem Weg!«

»Achtung, aus dem Weg!«, schrie Feophan, und das Volk wich aus und blieb stehen und reckte den Hals, um den schönen Wallach zu betrachten und den schönen Kutscher und den schönen Herrn …

Eine besondere Freude hatte ich daran, Traber zu überholen. Feophan und ich sahen in der Ferne ein Gespann, das unsere Anstrengung wert war, wir flogen wie der Wind hin und kamen allmählich näher und näher. Schon war ich mit dem Fahrgast in einer Linie, der Schmutz spritzte auf den Rücksitz des Schlittens, ich schnaubte über seinem Kopf hin, nun war ich in einer Linie mit dem Kutschersitz, mit dem Krummholz, nun sah ich ihn nicht mehr und hörte nur hinter mir das in immer weiterer Ferne verhallende Gerassel. Und der Fürst und Feophan und ich, wir alle schwiegen und taten so, als ob wir einfach führen, so ganz für uns, als ob wir die anderen gar nicht bemerkten, die uns unterwegs mit ihren langsamen Pferden begegneten. Ich hatte Freude an diesem Wettfahren, aber ich hatte auch Freude daran, einem guten Traber zu begegnen. Ein Wink, ein Ton, ein Blick, und schon waren wir aneinander vorbei und jagten wieder allein dahin …

Das Tor knarrte, und Nestjors und Wassjkas Stimmen ließen sich hören.

Die fünfte Nacht: Das Wetter änderte sich, es war trüb, am Morgen lag kein Tau, aber es war warm, und die Mücken spielten. Kaum war die Herde eingetrieben, so sammelten sich die Pferde um den Schecken, und er brachte seine Geschichte zum Abschluss.

Die Tage meines glücklichen Lebens waren gezählt. Ich verlebte zwei Jahre so. Am Ende des zweiten Winters trat für mich das freudigste Ereignis ein und gleich darauf mein größtes Unglück.

Es war in der Butterwoche. Ich fuhr den Fürsten zum Rennen. Auf der Bahn liefen Atlasnyj und Bytschok. Ich weiß nicht, was sie dort im Pavillon gemacht haben. Ich weiß nur, dass der Fürst heraustrat und Feophan befahl, auf die Bahn zu fahren. Ich erinnere mich, dass man mich auf die Bahn führte und zusammen mit Atlasnyj aufstellte. Atlasnyj hatte einen Reiter neben sich. Ich lief, wie ich war, mit dem Stadtschlitten. Bei der Biegung ließ ich ihn hinter mir. Lachen und Rufe der Begeisterung begrüßten mich.

Als man mich herumführte, ging eine Menge Menschen hinter mir her. Fünf, sechs Personen boten dem Fürsten ein Vermögen. Er lachte nur und zeigte seine weißen Zähne.

»Nein«, sagte er, »das ist kein Pferd, sondern ein Freund; ich gebe ihn um Berge von Gold nicht her. Auf Wiedersehen, meine Herren!«

Er knöpfte die Schlittendecke auf und stieg ein.

Zur Ostoshenka! Das war die Wohnung seiner Geliebten. Und wir jagten hin.

Das war der letzte Tag unseres Glücks. Wir kamen bei ihr an. Er nannte sie die Seine. Sie aber hatte einen anderen lieb gewonnen und war mit diesem davongefahren. Er erfuhr es bei ihr in der Wohnung. Es war fünf Uhr, und ohne mich auszuspannen, fuhr er ihr nach. Was nie geschehen war: Man hieb mich mit der Peitsche und setzte mich in Galopp. Zum ersten Mal hatte ich eine andere Gangart angenommen, und ich schämte mich und wollte es wieder gutmachen. Da plötzlich hörte ich, wie der Fürst mit einer Stimme, die ganz fremdartig klang, »Fahr zu!« rief. Und die Peitsche pfiff durch die Luft, schnitt mir ins Fleisch, und ich galoppierte so, dass ich mit dem Fuß gegen das Eisen des Vorderteiles schlug. Nach fünfundzwanzig Werst holten wir sie ein. Ich hatte ihn hingebracht, aber ich zitterte die ganze Nacht und konnte nicht fressen. Am anderen Morgen gab man mir Wasser. Ich trank es und hörte für ewige Zeiten auf, das Pferd zu sein, das ich war. Ich wurde krank, man quälte mich und machte mich zum Krüppel – »kurieren« nennen es die Menschen. Die Hufe hingen ab, Geschwülste bildeten sich, die Beine wurden krumm, die Brust fiel mir ein. Welkheit und Schwäche beschlichen meinen ganzen Körper. Ich wurde an einen Händler verkauft, er fütterte mich mit Mohrrüben und mit noch etwas anderem und machte aus mir etwas ganz anderes, etwas, was Nichtkenner täuschen konnte. Weder Kraft noch Fähigkeit zu fahren besaß ich mehr.

Außerdem quälte mich der Händler noch damit, dass er, sobald Käufer kamen, mich mit einer Peitsche schlug und scheu machte, sodass er mich zur Raserei brachte. Dann verwischte er die Striemen, die die Peitsche gemacht hatte und führte mich vor.

Von dem Händler kaufte mich eine alte Dame. Sie fuhr regelmäßig zur Nikolaikirche und ließ ihrem Kutscher Ruten geben. Der Kutscher weinte oft in meinem Stand, und ich bemerkte, dass die Tränen einen angenehmen, salzigen Geschmack hatten. Dann starb die alte Dame. Ihr Verwalter nahm mich mit aufs Land und verkaufte mich an einen Krämer. Da überfraß ich mich an Weizen und wurde noch mehr krank. Man verkaufte mich an einen Bauern. Da musste ich pflügen, bekam fast nichts zu fressen und zerschnitt mir das Bein mit der Pflugschar. Wieder wurde ich krank. Ein Zigeuner tauschte mich ein. Er quälte mich entsetzlich und verkaufte mich schließlich dem hiesigen Verwalter. So bin ich hierher gekommen …

Alle schwiegen. Es begann zu tröpfeln.

Als die Pferdeherde am anderen Abend heimkam, stieß sie auf den Herrn und einen Gast. Als sich Schuldyba dem Haus näherte, warf sie einen schielenden Blick auf die beiden Männergestalten. Der eine war der Herr, ein junger Mann in einem Strohhut, der andere ein hoch gewachsener, dicker, aufgedunsener Offizier. Die Alte schielte zu den Männern hin, ließ die Ohren hängen und ging an ihnen vorüber. Die anderen, die Jungen, wurden unruhig und scheuten, besonders als der Hausherr mit seinem Gast mitten unter die Pferde trat und sie sich gegenseitig auf dies und jenes aufmerksam machten und plauderten.

»Den grauen Apfelschimmel habe ich von Wojekow gekauft«, sagte der Hausherr.

»Und von wem stammt dies junge Tier, das rabenschwarze mit den weißen Beinen? Ein schönes Tier«, sagte der Gast. So betrachteten sie viele Pferde, indem sie ihnen entgegenliefen und sie zum Stehen brachten. Auch die schwarzbraune Stute fiel ihnen auf.

»Von den Reitpferden aus Chrjenowo ist eine Zucht bei mir geblieben«, sagte der Hausherr.

Sie konnten nicht alle Pferde im Vorübergehen mustern. Der Hausherr rief Nestjor heran, und der Alte kam eilig im Trab angeritten und stieß dabei eilig den Schecken mit seinen Absätzen in die Seite. Der Schecke hinkte mit einem Fuß, rannte aber so, dass man sehen konnte, er würde in keinem Fall störrisch sein, nicht einmal, wenn man ihm befehlen wollte, aus Leibeskräften bis ans Ende der Welt zu laufen. Er war sogar bereit, im Galopp zu rennen, und machte mit dem rechten Fuß einen Versuch dazu.

»Ein besseres Pferd als diese Stute, das kann ich kühn behaupten, gibt es in Russland nicht«, sagte der Hausherr und zeigte auf eine der Stuten. Der Gast lobte sie. Der Hausherr ging aufgeregt hin und her, rannte bald hier-, bald dorthin, zeigte dies und jenes und erzählte die Geschichte und Abstammung jedes Pferdes.

Der Gast war offenbar gelangweilt durch die Erzählungen des Hausherrn und stellte allerlei Fragen, damit es so aussähe, als wäre er bei der Sache. »Jaja«, sagte er zerstreut.

»Da sieh«, sagte der Hausherr, ohne zu antworten, »die Füße,

sieh … Ich habe sie schwer bezahlt, aber heut fährt schon ein Dreijähriges von ihr.«

»Fährt es gut?«, sagte der Gast.

So gingen sie fast alle Pferde durch, bis es nichts mehr zu zeigen gab. Und beide verstummten.

»Wollen wir nun gehen?«

»Gehen wir.« – Sie traten an das Tor. Der Gast war froh, dass die Besichtigung ein Ende hatte und dass sie nach Hause gingen, wo es zu essen, zu trinken, zu rauchen geben würde, und war sichtlich heiter. Als sie an Nestjor vorüberkamen, der auf dem Schecken saß und noch der Befehle harrte, schlug der Gast mit seiner großen, fleischigen Hand dem Schecken auf die Kruppe.

»Das ist ein bunter Kerl«, sagte er. »Auch ich hatte einen solchen Schecken, erinnerst du dich, ich habe dir einmal davon erzählt.«

Plötzlich erklang dicht an seinem Ohr ein einfältiges, schwaches, greisenhaftes Wiehern. Der Schecke hatte gewiehert, brach aber plötzlich ab, als sei er verlegen geworden.

Weder der Gast noch der Hausherr hatten dieses Wiehern beachtet. Sie gingen vorüber, ins Haus hinein. Leinwandmesser hatte in dem aufgedunsenen Alten seinen geliebten Herrn wieder erkannt, den einstmals in glänzendem Reichtum lebenden, schönen Sserpuchowskij.

Der feine Regen hörte nicht auf. Auf dem Pferdehof war es düster, im Herrenhaus aber ganz anders. Bei dem Hausherrn war in dem prächtigen Gastzimmer ein prächtiger Teetisch zur Abendmahlzeit gedeckt. Am Tisch saßen der Herr, die Herrin und der Gast aus der Fremde.

Die Hausherrin saß zur Seite des Samowars, sie war schwanger. Man sah das deutlich an ihrem hohen Leib, an der aufrechten, zurückgebogenen Haltung, an ihrer Üppigkeit und besonders an den Augen, den nach innen gerichteten, mild und ernst schauenden Augen.

Der Hausherr hielt ein Kistchen vortrefflicher zehnjähriger Zigarren in der Hand, wie sie nach seinen eigenen Worten niemand hatte, und wollte eben vor dem Gast mit ihnen prahlen. Der Hausherr war ein schöner Mann von etwa fünfundzwanzig Jahren, frisch, wohlgepflegt, gut gekleidet und sorgfältig frisiert. Im Haus trug er einen neuen bequemen Anzug von dickem Stoff, der in London gearbeitet war, und an seiner Kette hingen große, kostbare Berlocken.

Seine großen Hemdenknöpfe waren aus massivem Gold mit Türkisen. Den Bart trug er à la Napoleon III., und die Bartspitzen waren pomadisiert und so gedreht, wie man es nur in Paris zuwege bringt.

Die Hausherrin trug ein Seidenmusselinkleid mit großen, bunten Blumen und große, goldene Nadeln besonderer Art in ihrem dichten, blonden, wenn auch nicht in seiner ganzen Fülle eigenen, aber doch schönen Haar. An Armen und Händen trug sie viele Armbänder und Ringe, alle kostbar.

Der Samowar war aus Silber, das Service fein. Ein Lakai, der in seinem Frack, in seiner weißen Weste und mit seinem Halstuch großartig aussah, stand wie eine Bildsäule an der Tür und harrte der Befehle. Die Möbel waren geschweift und von heller Farbe; die Tapeten dunkel mit großen Blumenmustern. Unter dem Tisch klingelte mit seinem silbernen Halsband ein Windspiel von ungemeiner Zartheit, das einen außerordentlich schwierigen englischen Namen hatte, den sie beide falsch aussprachen, da sie kein Englisch verstanden.

In der Ecke stand zwischen Blumen ein Klavier mit eingelegter Arbeit. Alles war sehr schön, trug aber den besonderen Stempel des Überflusses, des Reichtums und des Mangels geistiger Interessen.

Der Hausherr war ein Liebhaber des Trabersports, ein kräftiger Mann, ein Sanguiniker, einer von denen, die in Zobelpelz fahren, den Schauspielerinnen kostbare Blumensträuße zuwerfen, den teuersten Wein neuester Marke in dem teuersten Gasthaus trinken, Preise mit ihrem Namen aussetzen und die kostspieligste Geliebte aushalten.

Der Gast, Nikita Sserpuchowskij, war ein Mann in den Vierzigerjahren, hoch gewachsen, dick, kahlköpfig, mit einem großen Schnurr- und Beckenbart. Er mochte einmal sehr schön gewesen sein. Jetzt war er offenbar körperlich, moralisch und finanziell heruntergekommen. Er hatte so viel Schulden, dass er in den Staatsdienst treten musste, damit man ihn nicht ins Loch steckte.

Er war jetzt auf dem Weg in die Gouvernements-Haupstadt als Leiter eines Gestüts. Die Stellung hatten ihm seine einflussreichen Verwandten verschafft.

Er trug einen Soldatenrock und blaue Beinkleider. Rock und Beinkleider waren so, wie man sie nur an reichen Leuten sieht, ebenso die Wäsche. Auch seine Uhr war eine englische Arbeit. Seine Stiefel hatten sonderbare fingerdicke Sohlen.

Nikita Sserpuchowskij hatte in seinem Leben ein Vermögen von etwa zwei Millionen durchgebracht und war noch 120000 schuldig geblieben. Von einem solchen Happen bleibt immer noch ein gewisser Schwung des Lebens übrig, der Kredit und die Möglichkeit gewährt, noch zehn Jahre beinahe luxuriös fortzuleben.

Die zehn Jahre waren vorüber, der Schwung war zu Ende, und Nikita wurde das Leben trüb. Er fing schon an, sich dem Trunk zu ergeben, das heißt sich mit Wein zu berauschen, was früher nicht vorgekommen war.

Zu trinken hatte er eigentlich nie angefangen und nie aufgehört. Ganz besonders aber zeigte sich sein Niedergang in der Unstetigkeit seines Blicks, seine Augen schweiften hin und her, und in der Unsicherheit seiner Redeweise und seiner Bewegungen. Diese Unruhe fiel dadurch auf, dass sie offenbar vor kurzem über ihn gekommen war, denn man sah es ihm an, dass er sein ganzes Leben lang gewohnt war, niemanden und nichts zu fürchten, und dass er jetzt erst kurze Zeit durch schwere Leiden zu dieser Ängstlichkeit gekommen, die seiner Natur so wenig eigen war.

Der Hausherr und die Hausherrin hatten das bemerkt. Sie wechselten Blicke miteinander.

Man sah, sie verstanden sich gegenseitig sofort und verschoben eine genauere Beurteilung dieses Umstandes nur bis zum Schlafengehen und ertrugen den armen Nikita äußerst geduldig, waren sogar zuvorkommend gegen ihn.

Der Anblick des Glücks des jungen Hausherrn war für Nikita eine Demütigung und erweckte in ihm, wenn er an seine unwiederbringliche Vergangenheit zurückdachte, schmerzlichen Neid.

»Stört Sie die Zigarre, Marie?«, fragte er und wandte sich an die Dame, in dem besonderen, nur durch Gewöhnung erworbenen höflichen Ton, freundschaftlich, aber etwas geringschätzig, in dem Lebemänner mit Ausgehaltenen sprechen, zum Unterschied von Ehefrauen. Nicht etwa, dass er die Absicht hatte zu kränken – im Gegenteil, er hätte jetzt ihr und dem Hausherrn schmeicheln mögen, wenn er sich das auch selbst nie eingestanden hätte. Aber er hatte es sich schon angewöhnt, so mit solchen Frauen zu sprechen. Er wusste, sie würde selbst verwundert, ja sogar beleidigt sein, wenn er sie wie eine Dame behandelt hätte. Zudem musste er eine bestimmte Schattierung achtungsvollen Tones für die rechtmäßige Frau seines Standesgenossen im Rückhalt haben. Er behandelte solche Damen stets achtungsvoll, aber nicht etwa, weil er die so genannten Überzeugungen teilte, die in den Zeitschriften gepredigt werden – solches Zeug las er nie –, über die Achtung der Persönlichkeit, über die Nichtigkeit der Ehe und so weiter, sondern weil alle ordentlichen Menschen so handeln, und er war ein ordentlicher, wenn auch gefallener Mensch.

Er nahm eine Zigarre. Der Hausherr aber nahm ungeschickt eine Hand voll Zigarren und bot sie dem Gast an.

»Hier nimm! Du wirst sehen, wie gut sie ist. Nimm nur.«
Nikita schob mit der Hand die Zigarren zurück und über seine
Augen huschte kaum merklich etwas wie Beleidigung und
Scham.

»Danke.« Er zog seine Zigarrentasche hervor. »Versuche
meine.«

Die Hausherrin war feinfühlend. Sie hatte seine Verstimmung
bemerkt und begann schnell ein anderes Gespräch mit ihm.

»Ich rauche sehr gern. Ich würde selbst rauchen, wenn nicht
alles um mich her rauchte.«

Und sie lächelte mit ihrem schönen, guten Lächeln. Er antwortete ihr schüchtern mit einem Lächeln – zwei Zähne fehlten ihm.

»Nein, nimm nur diese«, fuhr der wenig zart fühlende Hausherr fort, »die andern sind etwas schwächer. Fritz, bringen Sie
noch einen Kasten«, sagte er auf Deutsch zu dem Lakaien.
»Dort sind zwei.«

Der deutsche Lakai brachte ein zweites Kistchen.

»Welche rauchst du gern? Große? Starke? Diese sind sehr
gut. Nimm nur alle«, fuhr er fort und schob sie ihm hin. Er
war sichtlich erfreut, dass er jemanden hatte, vor dem er mit
seinen Kostbarkeiten protzen konnte, und bemerkte nichts.
Sserpuchowskij zündete sich eine Zigarre an und beeilte sich
das begonnene Gespräch fortzusetzen.

»Wie viel hat dich also Atlasnyj gekostet?«, fragte er.

»Nicht weniger als fünftausend. Aber dafür habe ich schon
eine gute Sicherheit. Was für ein Nachwuchs, sage ich dir!«

»Fahren Sie?«, fragte Sserpuchowskij.

»Sie fahren gut. Jüngst hat sein Sohn drei Preise gewonnen:
in Tula, in Moskau und in Petersburg – er ist mit dem Rappen
von Wojekow gelaufen.«

»Er ist ein wenig feucht. Sehr stark holländisch, muss ich dir
sagen«, sagte Sserpuchowskij. »Und die Mutterpferde, wie
viel?«

»Ich zeige sie dir morgen. Für Dorbrynja habe ich dreitausend gegeben, für Laskowaja zweitausend.« Und wieder begann der Hausherr seine Reichtümer aufzuzählen.

Die Hausherrin sah, dass dies Sserpuchowskij unangenehm wurde und dass es ihn Mühe kostete, zuzuhören. »Trinken Sie noch eine Tasse Tee?«, fragte sie den Hausherrn.

»Nein«, sagte er und fuhr in seiner Erzählung fort. Sie erhob sich, der Hausherr hielt sie zurück, umarmte und küsste sie.

Um Sserpuchowskijs Mund spielte, als er dies sah, ein unnatürliches Lächeln. Als aber der Hausherr aufstand, sie umfasste und so mit ihr bis an die Portiere ging, veränderte sich plötzlich Nikitas Gesicht. Er seufzte schwer auf und in seinem aufgedunsenen Gesicht drückte sich plötzlich Verzweiflung aus. Sogar Wut lag über seinen Zügen.

Der Hausherr kam wieder zurück, lächelte und nahm Nikita gegenüber Platz.

Sie schwiegen beide.

»Ja, du sagst, du hast sie von Wojekow gekauft«, sagte Sserpuchowskij so leichthin.

»Ja, Atlasnyj, so habe ich gesagt. Ich hätte gern Stuten von Dubowitzkij gekauft, aber es war nur schlechtes Zeug da.«

»Er ist abgebrannt«, sagte Sserpuchowskij, stockte aber plötzlich und sah sich um. Es war ihm eingefallen, dass er diesem Abgebrannten zwanzigtausend Rubel schuldig war, und wenn man jemanden abgebrannt nennen wollte, so konnte man es gewiss von ihm sagen.

Er lachte.

Wieder schwiegen beide eine lange Zeit. Der Hausherr sann darüber nach, womit er vor seinem Gast prahlen könnte, und Sserpuchowskij überlegte, wodurch er zeigen könnte, dass er sich nicht für einen Abgebrannten hielt. Aber beide waren schwerfällig in ihrem Gedankengang, obgleich sie sich durch die Zigarren anzuregen bemühten.

Wie, wenn wir eins tränken?, dachte Sserpuchowskij.

Wir müssen unbedingt eins trinken, sonst sterbe ich noch in seiner Gesellschaft vor Langeweile, dachte der Hausherr.

»Bleibst du noch längere Zeit hier?«, fragte Sserpuchowskij.

»Nun, noch einen Monat ungefähr. Wollen wir Abendbrot essen, hm? Fritz, ist das Abendbrot fertig?«

Sie gingen in das Speisezimmer. Im Speisezimmer war unter der Lampe ein Tisch hergerichtet mit Kerzen und den vortrefflichsten Dingen: Siphons und verkorkte Flaschen, vorzüglicher Wein in Karaffen, ausgezeichnete Speisen und Branntwein. Sie aßen und tranken, und das Gespräch kam in Fluss. Sserpuchowskij war ganz rot geworden und sprach nun ohne Scheu. Sie sprachen von Weibern: einer Zigeunerin, einer Tänzerin, einer Französin.

»Ei, sag, du hast die Mathieu aufgegeben?«, fragte der Hausherr. Das war die Geliebte, die Sserpuchowskij ruiniert hatte.

»Nicht ich sie, sie mich. Ach, lieber Freund, wenn man daran denkt, was man in seinem Leben durchgebracht hat! Jetzt bin ich wahrhaftig froh, wenn tausend Rubel eingehen – wahrhaftig froh, wenn ich keinen Menschen sehe. In Moskau gehts gar nicht mehr. Ach, wozu davon sprechen!«

Den Hausherrn langweilte es, Sserpuchowskij immer nur zuzuhören.

Er wollte gern von sich sprechen, prahlen, und Sserpuchowskij wollte von sich sprechen, von seiner glänzenden Vergangenheit. Der Hausherr schenkte ihm Wein ein und wartete, dass er aufhöre zu reden, um von sich selbst zu erzählen, wie das Gestüt bei ihm eingerichtet sei – ein Gestüt, wie es bisher kein Mensch besessen hatte, und dass seine Marie ihn nicht um des Geldes willen, sondern von Herzen liebe.

»Ich wollte dir sagen, in meinem Gestüt …«, fing er an, aber Sserpuchowskij unterbrach ihn.

»Es gab eine Zeit, kann ich wohl sagen«, begann er, »wo ich liebte und zu leben wusste … Du sprichst vom Fahren – sag, welches ist das schnellste Pferd, das du hast?«

Der Hausherr war erfreut über die Gelegenheit, mehr von seinem Gestüt sprechen zu können, und er wollte eben anfangen, als Sserpuchowskij ihn wieder unterbrach.

»Jaja«, sagte er, »euch Züchtern ist es ja nur um die Eitelkeit, nicht um das Vergnügen und den Lebensgenuss. Bei mir war das anders. Ich habe dir doch heute erzählt, dass ich ein Pferd hatte, einen Schecken, gerade so einen Schecken wie du, den dein Pferdehirt reitet. Oh, war das ein Pferd! Du hast es nicht gekannt; es war im Jahr zweiundvierzig, ich war nach Moskau gekommen. Ich komme zu einem Pferdehändler und sehe: ein scheckiger Wallach von schöner Gestalt. Er gefiel mir. Preis? Tausend Rubel. Er gefiel mir, ich nahm ihn und fuhr mit ihm. Nie habe ich ein solches Pferd gehabt. Auch du hast kein solches gehabt und wirst nie eins haben. Ich habe noch kein besseres Pferd kennen gelernt – weder an Schnelligkeit noch an Kraft, noch an Schönheit. Du warst damals ein Knabe, du hast es nicht gekannt.«

»Oh ja, gehört habe ich davon«, sagte der Hausherr verdrießlich, »aber ich wollte dir von meinen …«

»Du hast also davon gehört. Ich kaufte es ohne Stammbaum, ohne Attest. Später erfuhr ich erst – Wojekow und ich haben es herausgebracht: Es war ein Sohn von Ljubjesnyij I., Leinwandmesser genannt – die Leinwand misst er. Weil er scheckig war, hatte man ihn dem Stallmeister in Chrjenowo überlassen, der hat ihn kastrieren lassen und dem Pferdehändler verkauft. Solche Pferde gibt es heute gar nicht, Freundchen! Ich war fünfundzwanzig Jahre alt, hatte achtzigtausend Rubel jährlich, nicht ein graues Haar, Zähne wie Perlen. Was man anfing, gelang … Jetzt ist alles vorbei.«

»Ja, damals gab es nicht dieses Feuer«, sagte der Hausherr, indem er die Unterbrechung benutzte. »Ich sage dir, meine ersten Pferde gingen ohne …«

»Deine Pferde! Damals gabs mehr Feuer.«

»Mehr Feuer, wieso?«

»Ja, mehr Feuer. Ich erinnere mich wie heute, ich war einmal mit ihm nach Moskau zum Rennen gefahren. Von mir rannte kein Pferd. Ich hatte die Traber nicht gern, ich hatte Vollblut: General Cholet, Mahomed. Mit dem Schecken fuhr ich. Mein Kutscher war ein ausgezeichneter Bursche, ich hatte ihn gern. Er hat sich auch dem Trunk ergeben. So kam ich an.

Sserpuchowskij, sagten die Leute, wann wirst du Traber einführen?

Eure Bauernpferde hol der Teufel. Mein Droschkenschecke nimmts mit allen euren auf.

Das ist nicht möglich.

Wette tausend Rubel.

Eingeschlagen, losgelassen. In fünf Minuten hatte ich die tausend Rubel gewonnen. Und dann!

Mit Vollblutpferden in einer Trojka habe ich hundert Werst in drei Stunden gemacht. Ganz Moskau weiß das.« Und Sserpuchowskij begann so fließend und ununterbrochen zu schwatzen, dass der Hausherr nicht ein Wörtchen dazwischenwerfen konnte und ihm mit verdrießlichem Gesicht gegenübersaß. Zur Zerstreuung goss er ihm und sich von Zeit zu Zeit Wein ins Glas.

Es begann schon zu dämmern und sie saßen immer noch da. Der Hausherr langweilte sich entsetzlich. Er erhob sich.

»Schlafen? Gut, schlafen«, sagte Sserpuchowskij und erhob sich. Wankend und keuchend ging er in das Zimmer, das man ihm angewiesen hatte.

Der Hausherr schlief bei seiner Geliebten.

»Nein, er ist unmöglich. Er betrinkt sich und schwatzt unaufhörlich.«

»Und mir macht er den Hof.«

»Ich fürchte, er wird um Geld bitten.«

Sserpuchowskij lag unausgekleidet auf dem Bett und keuchte. Ich glaube, ich habe viel Unsinn geschwatzt, dachte er. »Nun, ganz gleich. Der Wein war gut, aber er ist ein großes

Schwein. Eine Krämerseele … Und ich bin auch ein großes Schwein«, sagte er zu sich selbst und lachte laut auf. »Einst habe ich ausgehalten, jetzt hält man mich aus. Ja, die Winkler hält mich aus, ich nehme Geld von ihr. Und das ist auch ganz in Ordnung. Ich muss mich auskleiden. Die Stiefel kriege ich nicht aus.»He, he!«, rief er, aber der Diener, der ihm zur Seite gegeben war, war längst schlafen gegangen. Er setzte sich auf, zog die Jacke, die Weste aus und schüttelte die Beinkleider, so gut es ging, von sich. Die Stiefel aber konnte er lange nicht ausziehen, sein üppiges Bäuchlein behinderte ihn. Mühsam quälte er sich damit herum, bis ihm der Atem ausging und er müde war. Und so warf er sich hin, den einen Fuß im Schaft, begann zu schnarchen und erfüllte das ganze Zimmer mit dem Geruch von Tabak, Wein und unsauberem Alter.

Wenn Leinwandmesser sich in dieser Nacht weiteren Erinnerungen hingeben wollte, rief ihn Wassjka wieder zu sich. Er warf ihm eine Decke über und sprengte fort. Bis zum Morgen ließ er ihn an der Tür einer Schenke neben einem Bauernpferd stehen. Sie beleckten sich gegenseitig. Am Morgen kam er in die Herde zurück und hörte nicht auf, sich zu kratzen. Es schmerzt so, wenn ich kratze, dachte er.
Fünf Tage waren vergangen. Der Rossarzt wurde geholt. Er sagte mit Freuden: »Es ist die Krätze. Verkaufen Sie ihn den Zigeunern.«
»Wozu? Stechen Sie ihn ab: nur sofort ein Ende machen.«
Ein stiller, klarer Morgen. Die Herde war auf das Feld gegangen. Leinwandmesser war zurückgeblieben. Da kam ein sonderbar aussehender Mann, hager, schwarzhaarig, schmutzig, in einem schwarzen, bespritzten Überrock. Es war der Abdecker. Ohne ihn anzusehen, fasste er den Riemen des Halfters, den man Leinwandmesser angelegt hatte, und führte ihn fort.
Leinwandmesser ging ruhig, ohne sich umzusehen, wie im-

mer, schleppte die Beine nach und blieb mit den Hinterbeinen im Stroh hängen.

Als er zum Tor hinauskam, wollte er auf den Brunnen zugehen, der Abdecker aber zerrte ihn und sagte:»Ei, wohin?«

Der Abdecker und Wassjka, der hinter ihm ging, kamen in den Hohlweg hinter dem Ziegelschuppen, und als ob etwas Besonderes an diesem gewöhnlichen Orte wäre, blieben sie stehen. Der Abdecker reichte Wassjka den Riemen, legte den Überrock ab, streifte die Ärmel auf und zog aus dem Stiefelschaft ein Messer und einen Schleifstein hervor.

Der Wallach streckte den Kopf nach dem Riemen und wollte ihn vor Langeweile kauen, aber er war zu weit weg. Er seufzte und schloss die Augen. Die Lippen hingen ihm herunter, die zerfressenen gelben Zähne wurden sichtbar, und er schlummerte beim Klang des Messerschleifens. Nur sein vorgestrecktes, krankes Bein mit der Geschwulst zitterte.

Plötzlich fühlte er, dass man ihn an der Gurgel gefasst hatte und seinen Kopf in die Höhe hob. Er öffnete die Augen. Zwei Hunde standen vor ihm. Der eine schnupperte in seine Richtung hin, wo der Abdecker stand, der andere saß da und sah den Wallach an, als erwarte er etwas von ihm.

Der Wallach blickte sie an und rieb seinen Kiefer an der Hand, die ihn gepackt hielt.

Sie wollen mich gewiss kurieren, dachte er, gut!

Und wirklich fühlte er, dass sie etwas an seinem Hals vornahmen. Er empfand einen Schmerz, zuckte zusammen, glitt mit den Füßen aus, hielt sich aber aufrecht und wartete ab, was weiter geschehen würde.

Eine Flüssigkeit ergoss sich in breitem Strom über seinen Hals und seine Brust. Er seufzte tief, dass sich sein Leib zusammenzog. Da ward ihm leichter, ganz leicht.

Die ganze Bürde seines Lebens war leichter geworden.

Er schloss die Augen und senkte den Kopf – niemand hielt ihn. Dann begannen seine Beine zu zittern, sein ganzer Körper schwankte. Er war weniger erschrocken als verwundert. Es war alles so neu. Er war verwundert, zerrte vorwärts, in die Höhe … Aber es gelang ihm nicht, seine Beine stolperten, als er sie vom Platz rühren wollte, er begann auf die Seite zu wanken, wollte ausschreiten und stürzte nach vorn und auf die linke Seite.

Der Abdecker wartete, bis der Todeskampf zu Ende war, und wehrte die Hunde ab, die sich herangedrängt hatten. Dann packte er den Wallach bei den Beinen, drehte ihn auf den Rücken, befahl Wassjka, ein Bein festzuhalten, und begann dem Tier das Fell abzuziehen.

»Das war auch ein Pferd«, sagte Wassjka.

»Wäre er besser genährt, dann wäre das Fell schön«, sagte der Abdecker.

Abends kam die Pferdeherde am Berg vorüber, und die Tiere, die am linken Rand gingen, sahen unten etwas Rotes, um das sich geschäftig Hunde herumtrieben und das die Krähen und die Geier umflatterten. Ein Hund hatte sich mit den Pfoten gegen das Aas gestemmt, warf den Kopf hin und her und riss krachend los, was er gepackt hatte. Eine schwarzbraune Stute blieb stehen, streckte den Kopf und den Hals aus und zog lange die Luft ein. Man konnte sie nur mit Mühe fortjagen.

Als der Morgen graute, heulten in der Schlucht des alten Waldes im verwachsenen Unterholz der Lichtung freudig dickköpfige, junge Wölfe. Es waren ihrer fünf: vier fast gleich große, ein kleiner, dessen Kopf größer war als sein Rumpf. Eine hagere, sich haarende Wölfin, die ihren vollen Leib über den Boden fortschleppte, kam aus dem Gesträuch und setzte sich zu den jungen Wölflein. Die Jungen standen im Halbkreis ihr gegenüber. Sie ging an den kleinsten heran, senkte die Rute, drückte die Schnauze herunter, machte einige krampfhafte Bewegungen, öffnete den Rachen mit den spitzen Zähnen, blähte sich und spie ein großes Stück Pferdefleisch aus. Die größeren Wölflein kamen auf sie zu, aber sie trat ihnen drohend entgegen und gab alles dem Kleinen. Der Kleinere griff ärgerlich brüllend das Pferdefleisch, zog es unter sich und begann zu fressen. Ebenso spie die Wölfin dem zweiten und dritten, allen fünfen etwas hin, dann legte sie sich den Jungen gegenüber nieder und ruhte aus.

Eine Woche später lagen bei dem Ziegelschuppen nur ein großer Schädel und zwei Schulterblätter – alles Übrige war verschleppt worden. Im Sommer nahm ein Bauer, der Knochen sammelte, auch diese Schulterblätter und den Schädel und brachte sie in den Handel.

Den toten Leib Sserpuchowskijs, der essend und trinkend durch die Welt gewandert war, verscharrte man viel später in die Erde. Weder seine Haut noch sein Fleisch, noch seine Knochen waren zu irgendetwas nütze, und wie schon zwanzig Jahre lang sein durch die Welt wandelnder toter Körper allen eine große Last gewesen war, so war auch das Einscharren dieses Körpers in die Erde nur eine überflüssige Bemühung für die Menschen. Schon längst konnte ihn niemand mehr brauchen, er war allen eine Last. Trotzdem fanden die Toten, die die Toten begraben, es für nötig, den bald in Fäulnis übergehenden, aufgedunsenen Körper in eine schöne Uniform, in schöne Stiefel zu kleiden, in einen neuen, schönen Sarg mit neuen Quasten an den vier Ecken zu legen, dann diesen Sarg in einen zweiten, bleiernen zu legen, ihn nach Moskau zu bringen, dort lang begrabene menschliche Gebeine auszugraben, hier gerade diesen faulenden, von Würmern wimmelnden Körper in der neuen Uniform und den feinen Stiefeln zu bergen und alles mit Erde zuzuschütten.

Von großen und kleinen Katzen

Johann Wolfgang von Goethe

Die betende Katze

Was für eine Freude bringt es, zu einem Gipsgießer hineinzutreten, wo man die herrlichen Glieder der Statuen einzeln aus der Form hervorgehen sieht und dadurch ganz neue Ansichten der Gestalten gewinnt. Alsdann erblickt man nebeneinander, was sich in Rom zerstreut befindet, welches zur Vergleichung unschätzbar dienlich ist. Ich habe mich nicht enthalten können, den kolossalen Kopf eines Jupiters anzuschaffen. Er steht meinem Bett gegenüber, wohl beleuchtet, damit ich sogleich meine Morgenandacht an ihn richten kann, und der uns bei aller seiner Großheit und Würde das lustigste Geschichtchen veranlasst hat.

Unserer alten Wirtin schleicht gewöhnlich, wenn sie das Bett zu machen hereinkommt, ihre vertraute Katze nach. Ich saß im großen Saal und hörte die Frau drinnen ihr Geschäft treiben. Auf einmal, sehr eilig und heftig gegen ihre Gewohnheit, öffnet sie die Tür und ruft mich, eilig zu kommen und ein Wunder zu sehen. Auf meine Frage, was es sei, erwiderte sie, die Katze bete Gottvater an. Sie habe diesem Tier wohl längst angemerkt, dass es Verstand habe wie ein Christ, dieses aber sei doch ein großes Wunder. Ich eilte, mit eigenen Augen zu sehen, und es war wirklich wunderbar genug. Die Büste steht auf einem hohen Fuß, und der Körper ist weit unter der Brust abgeschnitten, sodass also der Kopf in die Höhe ragt. Nun war die Katze auf den Tisch gesprungen, hatte ihre Pfoten dem Gott auf die Brust gelegt und reichte mit ihrer Schnauze, indem sie die Glieder möglichst ausdehnte, gerade bis an den heiligen Bart, den sie mit der größten Zierlichkeit beleckte und sich weder durch die Interjektion der Wirtin noch durch meine Dazwischenkunft im Mindesten stören ließ. Der guten Frau ließ ich ihre Verwunderung, erklärte mir aber diese seltsame Katzenandacht dadurch, dass dieses scharf riechende Tier wohl das Fett möchte gespürt haben, das sich aus der Form in die Vertiefungen des Bartes gesenkt und dort verhalten hatte.

Charles Baudelaire

Die Uhr

Die Chinesen lesen die Zeit aus den Augen der Katzen.
Eines Tages bemerkte ein Missionar, der in der Umgebung Nankings spazieren ging, dass er seine Uhr vergessen hatte, und fragte einen kleinen Jungen, wie spät es sei.
Der Gassenjunge aus dem Himmlischen Reich zögerte erst, dann besann er sich und antwortete:»Ich werde es Ihnen gleich sagen.« Wenige Augenblicke später erschien er wieder, eine große, dicke Katze im Arm, und indem er ihr, wie man sagt, ins Weiße der Augen schaute, versicherte er ohne zu zögern:»Es ist noch nicht ganz Mittag.« Was richtig war.
Und ich, wenn ich mich über die schöne Feline neige, die so treffend benannte, die gleichermaßen die Ehre ihres Geschlechts, der Stolz meines Herzens und der Duft meines Geistes ist – dann sehe ich, ob bei Nacht, ob bei Tag, im hellen Licht oder im dichten Schatten, in der Tiefe ihrer anbetungswürdigen Augen immer deutlich die Stunde, immer die gleiche, eine weite, feierliche Stunde, groß wie der Raum, ohne Teilung in Minuten und Sekunden – eine unbewegte Stunde, die die Uhr nicht anzeigt und die doch leicht ist wie ein Seufzer und flüchtig wie ein Blick der Augen.
Und käme irgendein aufdringlicher Mensch, mich zu stören,

während mein Blick auf diesem reizenden Zifferblatt ruht; sagte irgendein böser und unduldsamer Geist, irgendein unzeitiger Dämon zu mir: »Was betrachtest du da so aufmerksam? Was suchst du in den Augen dieses Wesens? Liest du in ihnen die Stunde, verschwenderischer und müßiger Sterblicher?«, würde ich, ohne zu zögern, antworten: »Ja, ich lese die Stunde; es ist die Ewigkeit!«

Ist das nicht ein wahrhaft verdienstliches Gedichtchen, Madame, und ebenso überschwänglich wie Sie selbst? Wirklich, es hat mir so viel Freude gemacht, diese zierliche Schmeichelei zu häkeln, dass ich von Ihnen keine Gegengabe erwarte.

Hermann Löns

Der Letzte seines Stammes

Mitten in dem einsamen Bergwald liegt ein tiefer Erdfall. Jäh stürzen die grauweißen, zerborstenen Gipsfelsen an seinen Steilwänden ab. Eine Fichtendickung, ein schwarzer, verfilzter Klumpen, umringt ihn zur Hälfte. Ihr gegenüber am anderen Rand ragt aus weichem, leuchtendem Moos eine steinerne Säule empor, ein grober, ungeschlachter Block. Die Inschrift, die das Denkmal trug, ist nicht mehr zu deuten. Schwach hebt sich aus der grauen Flechtenkruste ein kunstloses Kreuz ab, roh in den Stein gemeißelt, und ebenso grob hineingehauen ist das gestielte Dreieck daneben. Es soll ein Beil darstellen. Kein Mensch weiß, zu wessen Gedenken der Blutstein gesetzt wurde. Aber er macht den Wald unheimlich. Kein Bauer, kein Holzarbeiter geht gern allein hier vorbei. Es geht da um. Man hört es rascheln und sieht nicht, was da geht. Man hört es schreien und weiß nicht, von wem. In der Dämmerung tanzen grüne Lichter um den Stein. Der alte Waldwart hat sie oft gesehen.

Auch heute, an diesem hellen Maimorgen, sieht er unhold aus, der graue Block. Unheimlich sind die Blumen, die um seinen Sockel blühen: blasser, gedunsener Aronstab, menschenhautfarbiger Suppenwurz, der Vogelnestwurz, wachsgelbe Blütengespenster, der Nachtviole leichenfarbene Blumen. Das Reh, das am Rand des Erdlochs entlangzieht, verhofft jäh, äugt nach dem Mordstein, windet, tritt hin und her und flüchtet laut schreckend von dannen. Eine Märzdrossel, die mit einer bunten Schnecke im Schnabel auf einem Felsbrocken einfällt, lässt ihre Beute fallen und stiebt mit Gezeter ab. Der Rotspecht, der vorüberschnurrt, hebt sich höher und schreit entsetzt auf. Der Holzschreier wendet jäh seinen Flug und kreischt voller Angst. Auch das Rotkehlchen flattert mit Furchtgeschrille davon.

Der graue Felsblock am Sockel des Mordsteines, schwarz gestreift von den Schlagschatten der Eschenzweige, gelb gefleckt von einfallendem Licht, hat Leben bekommen. Er reckt sich, streckt sich, lässt eine grau und schwarz geringelte Schlange sich winden und drehen, rundet sich, dehnt sich und bläht sich, wird lang und dünn und kurz und dick, lässt zwei grüngelbe Lichter aufblitzen, eine rote Flamme aufleuchten, duckt sich, schnellt sich empor und bildet urplötzlich eine seltsame Bekrönung des unheimlichen Steins. Sie haben alle Recht, die da sagen, bei dem Warloch gehe es um, da schleiche unhörbar ein Gespenst, da schreie ein unsichtbarer Kobold, da blitzten grüne Augen. Has und Reh, Eichhorn und Haselmaus, Drossel und Rotbrüstchen, sie kennen es allzu gut, das graue Gespenst, das leise heranschleicht und lautlos zufasst mit unfehlbarem Griff und sicherem Biss.

Die letzte Wildkatze des Tales ist es, die im alten Mutterbau auf dem Grund des Warlochs haust, ein Kuder, so stark wie ein alter Fuchsrüde.

Oben auf dem Denkmal bleibt er eine Weile sitzen, den Sonnenstrahl genießend, der durch das Eschenlaub auf seinen

Rücken fällt. Dann stellt er sich aufrecht, reckt die Lunte steif empor, rundet den Rücken, macht ihn lang, reckt sich und gähnt, setzt sich, wäscht und putzt sich und ist im Nu wieder am Boden, wo der alte Holunderbusch den schiefen Stamm über das Erdloch schiebt.

Der Kuder reibt, wohlig schnurrend, den Rücken an dem rauen Stamm, dann fährt er zurück, springt vor, versetzt der Rinde einen Prankenhieb, zieht die Krallen durch die Rinde, ganz schnell viele Male und dann wieder ganz sacht, bis die Rinde wund ist und stechender Duft ihr entströmt.

Und da wirft sich der Wildkater schnurrend und murrend und knurrend gegen sie, streichelt sie zärtlich, drückt die Nüstern an sie, versetzt ihr grausame Krallenhiebe. Er reißt Bastfetzen herunter, wirft sich auf den Rücken und zerfetzt das stark riechende Laub mit langsamen Griffen und schnellt plötzlich auf alle vier Läufe, zu Stein erstarrt, die Gehöre steil aufgerichtet, und lautlos gleitet er an der Gipswand hinab.

Es knickt ein dürrer Stängel, es knittert ein trockenes Blatt, leise, ganz leise, aber doch nicht so leise, dass des Katers scharfes Gehör das Geräusch nicht richtig deutet. Das war nicht Reh und war nicht Hase und war nicht Vogel und war nicht Maus, das war nicht Bauer und war nicht Magd, das war die seltsam riechende Sohle, die seit dem letzten Vollmond den Wald durchschleicht.

Tief unter der Erde hinter der steilen Gipswand, da liegt der Kater in sicherer Ruh. Kein Grabscheit stört ihn dort, kein Rauch erreicht ihn da, kein Hund kann zu ihm heran. Da sind Gänge, die der Dachs grub, den der Fuchs vertrieb, der die Fluchtröhren scharrte. Da sind jähe Spalten und steile Kanten, und hinter ihnen verrotten die Gerippe der Teckel, die an Dachs und Fuchs und Katze jagten und niemals wieder zutage kamen. Dort ist so weich der Mulm und so trocken der Lössboden, warm ist es da zur Winterszeit und sommertags so kühl.

Dort ist der heimliche Jäger in guter Hut und kann den Tag verschlafen und träumen, so viel er mag.

Er schläft und träumt. Die Rutenspitze zuckt, die Krallen schlüpfen aus dem Samt der Pranken heraus, greifen in die Luft und verkriechen sich wieder. Alte Bilder brachte der Traum. Von jener Zeit, als der Kater noch ein Kätzchen war, das mit seiner Mutter buschiger Lunte spielte als das erste der drei Geschwister, das den Wert der Krallen erkannte.

Er hatte als Erster die Maus an sich gerissen, die die Kätzin zum Bau trug, den Siebenschläfer geknickt, die flügge Drossel gewürgt, den Junghasen totgequält, ehe die Geschwister sich trauten. Und als Erster hatte er geweidwerkt, sich an das Eichkätzchen herangepirscht, als es Pfifferlinge suchte, es im Sprung gerissen und stolz zum Warloch geschleppt.

Er erwacht, blinzelt um sich, reckt sich und steigt bedachtsam über die Kanten und Spalten. Mitten in der kleinen Lichtung der Fichtendichtung mündet das Notrohr, das der Fuchs sich scharrte. Kein Jäger findet es; ein breit verzweigter Fichtenast spreizt sich darüber hin. Immer ist es dort überwindig und trocken und es kommt Sonne genug dahin. Und so weich ist das rote Nadelwerk und das seidene Moos. Da träumt es sich noch besser als unter Tage, von heimlichen Pirschgängen in lauen Sommernächten, von Fischweid im Februar am Klippenufer des Baches, wenn die Forelle laichdumm ist und sich so bequem auf das Ufer angeln lässt.

Über Minnefahrten lässt sich dort nachsinnen. Weit weg führten sie, in rauer Berge schwarze Fichtenwälder, denn ringsumher lebt keiner mehr vom Geschlecht der freien Katzen. Als die Kätzin todwund zu Bau gefahren kam mit zersplitterten Knochen, als sie kalt war und die Witterung verlor, da hatten sich die drei Geschwister zerstreut. Sie fanden sich nicht wieder zusammen, trotz des Ältesten allnächtlichen Sehnsuchtsrufes einen ganzen Februar hindurch. Da war er fortgezogen, hatte tagsüber in Felslöchern und Dachsbauen geschlafen, zwei Zehen in einem Eisen gelassen, sich mit einem schnellen Hund gebalgt, Schrote hatten seine Keulen geschrammt und eine Kugel ihm Felssplitter um den Kopf gesprengt. Da zog es ihn wieder in das heimatliche Tal zurück. Im Februar aber trieb es ihn, wenn er in Busch und Klippe Nacht für Nacht umhergestrichen war, kläglich nach Minnelohn jammernd, hinaus in die Fremde, über kahle Felder, in unbekannte Wälder, wo er seinesgleichen antraf. Grimmige Gefechte hatte er bestehen müssen mit freien Katern, zerrissen war oft sein Balg und rot waren seine Pranken, aber immer hatte er obsiegt und seine Lust büßen dürfen. Aber allzu gefahrvoll wurden ihm die Minnefahrten, und so strich er nachts an dem Dorf entlang, trieb die unfreien Kater vor sich her und jagte ihnen die Bräute ab, und die Bauern fanden es verwunderlich, dass die jungen Katzen in ihren Ställen von Jahr zu Jahr grauer wurden und dickere Köpfe, raueres Haar und kürzere Schwänze bekamen. Als aber der Jäger, der jeden Juli hier auf den roten Bock wartete, ihnen sagte, in den Katzen stecke wildes Blut, da lachten sie und sagten, die letzten beiden Wildkatzen in der Gegend hätte der Förster vor sechs Jahren im Eisen gefangen und an die Schule in der Kreisstadt gegeben. Der Jäger aber spürte nach jedem Regen alle Wege ab, und er sah jeden alten, geschundenen Holunderbusch an und strich um jeden Bau und lauerte an allen Uferstellen, wo er die Reste von Forellen fand, und saß stundenlang vom Abend bis tief in die Nacht auf dem Hochsitz, bei unsicherem Mondenlicht in den Wald spähend, und ließ sich auslachen von dem Förster und von den Holzarbeitern, weil es ihm dieses Jahr mit den Böcken nicht glücken wollte, denn er hatte sich gelobt, nicht eher wieder den Finger auf einen Bock krumm zu machen, bis dass das Kitz gerächt sei, das er im Busch fand, mit den Krallennarben an der Kehle und dem säuberlich benagten Blatt. Denn dass das der Fuchs nicht gewesen war, das stand für ihn fest.

Und so hatte er vorgestern und gestern, wie die Tage vorher, vor Tau und Tag die Krone der alten Samenbuche erstiegen, die oberhalb des Warlochs an dem Zwangspass zwischen den grauen Klippen steht, sich im Frühwind vor Frost geschüttelt, in der Mittagsglut vor Hitze geseufzt und sich nicht gerührt und geregt und immer nur auf der Sohle des Erdfalls nach dem schwarzen Fleck an der Wand der grauen Gipswand gestarrt. Und einmal, als ihm der Schlaf Sand in die Augen warf und er fester in den Riemen hineinsank, mit dem er sich an den Stamm geschnürt hatte, da hatte er geträumt, die Wildkatze stünde unter ihm, und war wach geworden. Und als er sich die Augen rieb, da stand sie auf den Blutsteinen und verschwand, ehe er den Dreilauf von dem Astzacken nehmen, scharf machen und anbacken konnte, wie ein Schemen, ein Traumgesicht.

Wie er dann, müde und verärgert, jeden Fleck um die Fichtendickung abspürte, da fand er die starke Katzenspur, und jeden Raum zwischen den Jungfichten absuchend, stieß er auf das Notrohr und überlegte nicht lange und verwitterte es nach Jägerart in gröblicher Weise, um den Kater zu zwingen, dort aufzutauchen, wo er ihn sehen konnte. Und jeden Tag verwitterte er das Notrohr von neuem, und alle dicken schwarzen Käfer und alle fetten blauen Fliegen wussten das bald und brummten und summten nach der Dickung hin. Auch an diesem Spätnachmittag war dort ein großes Gebrummse und Gesummse.

Der alte Kater will dort den Abend erwarten. Langsam schiebt er sich in dem Notrohr entlang. Schon von weitem vernimmt er das Summen und Brummen, und die üble Witterung fällt ihm ziemlich auf die Nerven. Er reckt sich, schiebt sich vor und starrt nach der Lichtung. Dann fährt er zurück und schleicht über die Felszacken, springt über die Spalten und bleibt lange nachdenklich auf seinem Schlafplatz sitzen. Endlich schiebt er sich voran, Zoll um Zoll, bis er sich der

Mündung des Hauptrohres nähert. Da verharrt er lange Zeit, windet und äugt, bis Mausepfiff und Jungvogelgepiepse seinem Magen heftig zusetzten. Da steckt er den dicken Kopf aus dem schwarzen Loch und äugt an den Gipswänden entlang. Kein Blatt rührt sich, es regt sich kein Halm. Fern pfeifen die jungen Käuze, im Stangenort ruft ein Kitz nach der Ricke, Mäuse schrillen, die Fledermaus zwitschert, Rotkehlchen singt sein letztes Lied. Lautlos schleicht der Kater an der Schattenseite des Felskessels entlang, unhörbar schnürt er an der Wand empor, unter dem Holunderbusch verharrt er regungslos, den Kopf hin und her wendend, jedes Abendfalters Schwingenschlag, jedes Käfers Gekrabbel vernehmend. Und nun steht er auf dem Mordstein, setzt sich und äugt ringsumher. Ein ganz leises Kratzen in der alten Buche reißt seinen Kopf herum. Aber oben aus den Kronen der Bäume kam noch nie ein falscher Laut, eine gefährliche Witterung. Lange starren seine grünen Seher in den breiten Wipfel. Es lebt und webt da etwas. Vielleicht der Siebenschläfer oder eine Taube, die sich im Schlaf rührt, ein Häher oder die Eule.

Ein roter Blitz zerreißt die Dämmerung, ein Hagelprassel zerschmettert den Holunderbuchs, ein Donner fällt in die Ruhe des Waldes, Stinknebel tanzt blau um den Silberstamm der Buche; die Taube prasselt durch das Laubwerk, der Hase rauscht durch das Gekräut, der Berg wirft den Donner zurück und trägt der Rehe Schrecken heran.

In der alten Buche raschelt und knistert es. Etwas Großes, Graues klettert in ihrem Astwerk, steigt langsam herab, fällt dumpf zu Boden. Ein Lichtchen brennt auf, fährt hinter ein Glas, eine Flamme leuchtet, tanzt zum Blutstein und schwebt um ihn herum, den Stein beleuchtend und ein braunes Männergesicht rot färbend.

Die Augen des Jägers leuchten auf. Rote Flecken findet er auf dem grauen Stein und ein graues Büschel an einem roten, nassen Fetzen, der zwischen der zerschossenen Flechte hängt. Und weiter nichts, gar nichts. Auch nicht an den Wänden des schwarzen Schlundes, auch nicht auf dem Schotter der Sohle des Erdfalls, auch nicht in der Mündung des Baus. Er führt einen belaubten Zweig hinein und zieht ihn heraus, jedes Blatt ableuchtend. Nichts! Doch, hier ein winziges Fleckchen Schweiß.

Der Jäger wirft sich hin, schiebt sich vor den Bau, legt das Ohr vor das Rohr, hält den Atem an und lauscht. Schwach, als wäre es unendlich weit, ertönt ein einziger dünner, kläglicher Laut, einmal nur und dann nicht mehr. Der Holunderbusch wird keinen Krallenhieb mehr spüren, kein Kitz klagt mehr unter dem Prankengriff, keine Forelle fliegt mehr im Bogen auf den Uferschotter.

Der Letzte von der Sippe der freien Katzen weit und breit ist nicht mehr.

Aelian

Die Geschichte von Androkles und dem Löwen

Dass auch Tiere ein Gedächtnis haben und dass dies eine ihnen eigene Gabe ist (ohne die Gedächtniskunst, deren Erfindung einige Gaukler sich rühmen), bezeugt Folgendes: Ein Sklave mit Namen Androkles entlief seinem Herrn, einem römischen Senator, ich weiß nicht, welches Vergehens wegen. Er kam nach Libyen, vermied die Städte, und, wie man zu sagen pflegt, im Geleit der Sterne gelangte er in die Wüste, wo er, von der Glut der Sonnenstrahlen gesengt, in der Höhle eines Felsens Schutz und Ruhe suchte. Diese Höhle war das Lager eines Löwen. Da kam der Löwe von der Jagd zurück, von einem Dorn heftig gestochen und leidend, und als er den Jüngling hier fand, sah er ihn mit sanftem Blick an und begann ihn zu umschmeicheln, dann hielt er ihm die Pranke hin und bat ihn, so gut er es vermochte, den Dorn herauszuziehen. Dieser, obgleich den Tod herbeiwünschend, geriet doch anfänglich in Bestürzung. Als er das Tier so zahm sah und die Wunde an seinem Bein erblickte, nahm er das, was ihm Schmerzen machte, heraus und befreite es von seiner Qual. Erfreut über diese Heilung, zahlte ihm der Löwe den Lohn, indem er ihn wie einen lieben Gastfreund behandelte und seine Jagdbeute mit ihm teilte. Er verzehrte sie roh nach der Weise der Löwen; der andere aber briet sie; und so aßen sie von einem Tisch, jeder nach seiner Natur. So lebte Androkles drei Jahre hindurch.

Als ihm aber die Haare übermäßig gewachsen waren und er das heftige Jucken nicht länger ertragen konnte, verließ er den Löwen und überließ sich wieder dem Zufall. So umherirrend wurde er aufgegriffen, und als man erfuhr, wem er gehörte, wurde er gebunden und nach Rom zu seinem Herrn geschickt. Dieser zog den Sklaven für sein Vergehen zur Rechenschaft, und man verurteilte ihn, den wilden Tieren vorgeworfen zu werden. Indessen wurde auch jener libysche Löwe gefangen und auf dem Theater losgelassen – eben zu der Zeit wie der zum Tod bestimmte Jüngling, der mit ihm Wohnung und Lager geteilt hatte. Der Mensch erkannte das Tier nicht, dieses aber erkannte den Menschen auf der Stelle, umschmeichelte ihn und warf sich mit dem ganzen Körper zu seinen Füßen. Endlich erkannte nun auch Androkles seinen Gastfreund, umfasste den Löwen und umarmte ihn wie einen von der Reise kommenden Freund.

Da man nun meinte, er wäre ein Zauberer, ließ man auch einen Panther los; als dieser aber auf Androkles losging, verteidigte der Löwe seinen ehemaligen Arzt und Tischgenossen und zerriss den Panther. Hierüber gerieten die Zuschauer, wie natürlich, in großes Erstaunen, und der Veranstalter des Schauspiels rief Androkles zu sich und vernahm alles von ihm. Das Gerücht kam auch unter die Menge, und da das Volk den Vorgang genau erfuhr, forderte es die Freilassung des Mannes und des Löwen mit lautem Geschrei.

So ist also auch ein Gedächtnis den Tieren eigen.

Mit dem Vorigen übereinstimmend und von gleichem Verlauf ist die Geschichte von dem Löwen in Samos bei dem gähnenden Dionysos, die man, wenn jemand ihre Kenntnis für nützlich hält, von Eratosthenes, Euphorion und andern hören kann, die sie früher erzählt haben.

Plinius

Vom Charakter des Löwen

Von den wilden Tieren zeigt nur der Löwe Erbarmen gegen Flehende: Er schont die, die sich niedergeworfen haben, und selbst wenn er wütend ist, ist er es mehr gegen Männer als gegen Frauen; gegen Kinder ist er es nur bei großem Hunger. In Libyen glaubt man, er verstehe Bitten. Wenigstens habe ich Folgendes gehört: Eine entlassene gätulische Gefangene habe den Angriff vieler Löwen in den Waldungen abgewendet, indem sie sie ansprach; sie habe gesagt, sie sei nur ein Weib, auf der Flucht und schwach, wende sich flehend an das großmütigste aller Tiere, das alle andern beherrsche, und sei eine seines Ruhmes unwürdige Beute.

Es gibt darüber, ob wilde Tiere wirklich durch die an sie gerichteten Bitten besänftigt werden, je nach der Gemütsart eines jeden oder anderen zufälligen Umständen, verschiedene Ansichten. Denn ob es wahr ist, dass man Schlangen durch Gesang hervorlocken und dann töten könne, hat wohl die Erfahrung noch nicht entschieden. Die Stimmung des Löwen lässt sich an seinem Schweif genauso erkennen wie die der Pferde an den Ohren; denn die Natur hat jedem edleren Tier dergleichen Ausdrucksmittel verliehen. Ist der Schweif in Ruhe, so ist er selbst freundlich, wedelt er sanft, so schmeichelt der Löwe, was jedoch selten vorkommt; denn häufig ist er in Zorn. Vor Ausbruch des Zorns schlägt er die Erde mit dem Schweif, bei der Zunahme seines Grimms aber peitscht er damit, gleichsam um sich zu reizen, den Rücken. Die größte Stärke besitzt er in der Brust. Aus jeder Wunde, ob er sie mit der Kralle oder mit dem Zahn zufügt, fließt schwarzes Blut. Wenn er satt ist, tut er niemandem etwas zuleide. Seine Hochherzigkeit zeigt sich besonders in Gefahren, nicht nur dadurch, dass er unter Verachtung der Geschosse sich lange nur durch seine Furchtbarkeit schützt und gleichsam zu erkennen gibt, dass er gezwungen werde und sich weniger durch die Gefahr genötigt als erbittert über die Tollkühnheit erhebe. Noch deutlicher aber zeigt er seinen Sinn dadurch, dass er, wenn ihn auch eine noch so große Schar Hunde und Jäger drängen, im offenen Feld nur verächtlich und widerstrebend zurückweicht, solange man ihn sehen kann, sobald er aber ins Gebüsch und in die Wälder eingedrungen ist, im schnellsten Lauf davoneilt, als verberge hier der Ort seine Schande. Verfolgt er, so tut er es im Sprung, den er auf der Flucht nicht anwendet.

Verwundet unterscheidet er mit bewundernswerter Genauigkeit den Täter und wirft sich unter der größten Menge zuerst auf ihn. Wer bloß sein Geschoss geworfen, ihn aber nicht verwundet hat, den packt er zwar, wirft ihn zu Boden und rollt ihn herum, verwundet ihn aber nicht. Kämpft eine Löwin für ihre Jungen, so soll sie dabei ihre Blicke gegen die Erde richten, um sich nicht vor den Geschossen der Jäger zu fürchten. Übrigens zeigen sie weder Hinterlist noch Argwohn und sehen weder selbst jemanden von der Seite an, noch wollen sie auf diese Weise angeblickt werden. Wie man glaubt, beißt er, sterbend, in die Erde und weiht seinem Tod eine Träne. Und dieses so gewaltige, so grimmige Tier erschrickt vor dem

Knarren sich drehender Räder, vor leeren Wagen, vor den Kämmen der Hähne und noch mehr vor deren Krähen, am meisten jedoch vor dem Feuer. Von Krankheiten kennt er nur Mangel an Fresslust; man heilt ihn davon durch eine Art von Schmähungen, indem man ihn durch die Possen an ihn gebundener Affen in Wut versetzt; deren Blut ist dann, sobald er es gekostet hat, sein Heilmittel.

Das Schauspiel eines Kampfes mehrerer Löwen gab zuerst Scaevola, Publius' Sohn, als kurulischer Ädil; einen Kampf von hundert bemähnten Löwen aber zuerst Lucius Sulla, der nachmals Diktator war, als Prätor; nach ihm ließ Pompejus der Große 600, unter diesen 315 mit Mähnen, der Diktator Cäsar 400 Löwen im Zirkus kämpfen.

Der Löwenfang war früher eine gefährliche Sache und erfolgte vorwiegend in Gruben. Unter der Regierung des Claudius ehrte der Zufall ein Verfahren, das für den Namen eines solchen Tieres fast beschämend klingt. Ein gätulischer Hirt warf nämlich einem auf ihn losstürzenden Löwen seinen Mantel über. Das Schauspiel wurde nun sogleich auch auf dem Kampfplatz versucht, und in der Tat wird fast in unglaublicher Weise mit einem nur leichten Überwurf über den Kopf seine gewaltige Wildheit so gebändigt, dass er sich ohne Widerstreben fesseln lässt. Seine ganze Kraft liegt nämlich in seinen Augen. Man hat sich daher nicht zu wundern, dass von Lysimachos, der auf Alexanders Befehl mit einem Löwen zusammengesperrt worden war, der Löwe erwürgt wurde. Der Erste, der in Rom Löwen vor einen Wagen spannte und auf diesem fuhr, war Marcus Antonius, und zwar im Bürgerkrieg nach der Schlacht auf den Pharsalischen Feldern, ein gewissermaßen bedeutungsvolles Schauspiel, indem dies seltsame Ereignis andeutete, dass sich um jene Zeit auch edler Stolz dem Joch beugte. Dass er aber zugleich mit der Schauspielerin Kytheris so verfuhr, das überstieg sogar noch alle anderen Gräuel jener Unglückszeiten. Der erste Mensch aber, der es wagte, mit einem Löwen mit der bloßen Hand umzugehen und ihn gezähmt vorzuzeigen, soll Hanno, einer der berühmtesten Punier, gewesen sein. Er wurde dafür jedoch deshalb verdammt, weil ein Mann mit solchem Geschick fähig schien, zu allem zu überreden, und weil man meinte, man könne dem nicht ohne Gefahr die Freiheit anvertrauen, dem ein so wildes Tier sich habe beugen müssen. Man kennt jedoch auch einzelne Beispiele von Sanftmut bei Löwen. Der Syrakusaner Mentor begegnete in Syrien einem Löwen, der sich ihm demütig zu Füßen legte. Als er erschrocken zurückwich, stellte sich das Tier ihm entgegen und leckte, gleichsam schmeichelnd, seine Spuren. Da bemerkte er eine Geschwulst und eine Wunde an dessen Fuß und befreit ihn durch das Herausziehen eines Dornes von seiner Qual. Ein Gemälde von Syrakus bezeugt diese Begebenheit. Eine ähnliche Geschichte ist folgende: Der Samier Elpis flüchtete, als er zu Schiff nach Afrika gekommen war und nahe der Küste einen Löwen mit drohend aufgesperrtem Rachen erblickte, auf einen Baum und rief den Vater Liber um Beistand an; wie denn Gelübde ganz vorzüglich am Platz sind, wo die Hoffnung aufhört. Der Löwe aber hatte ihn, obgleich er es gekonnt hätte, nicht verfolgt, sondern legte sich unter den Baum und suchte, indem er ihm den offenen Rachen zeigte, durch den er ihn in Schrecken versetzt hatte, sein Mitleid zu erregen. Es war nämlich bei einem zu gierigen Biss in den Zähnen ein Knochen stecken geblieben, und es quälte ihn, dass er nicht fressen konnte, ebenso sehr wie der Schmerz in seinem Gebiss, sodass er hinaufblickte und mit stummen Bitten den Mann gleichsam anflehte, er, der zufälligem Schutz vertraue, möge dem Tier doch nicht misstrauen. So verging mehr Zeit in Verwunderung als in Furcht. Endlich stieg er hinab und zog den Knochen heraus, wobei der Löwe sich still verhielt und, so viel nötig war, zu allem bequemte, und man erzählt, dass der Löwe, solange das Schiff an der Küste blieb, ihm seinen

Dank durch Herbeitragen von Jagdbeute zu erkennen gegeben habe. Elpis weihte daher dem Vater Liber auf Samos einen Tempel, den die Griechen wegen dieses Ereignisses den »Tempel des den Rachen aufsperrenden Dionysos« genannt haben. Und nun sollen wir uns noch wundern, dass wilde Tiere die Spuren von Menschen kennen, da sie sogar Hilfe von diesem einzigen Wesen erwarten? Warum gingen sie denn nicht zu anderen Tieren? Oder woher kennen sie die hilfreichen Hände der Menschen? Es müsste denn überwiegende Not auch die wilden Tiere zwingen, alles zu versuchen.

Plinius

Dankbarkeit eines Panthers

Ebenso merkwürdig ist, was der Naturkundige Demetrios von einem weiblichen Panther erzählt.

Der Vater eines gewissen Philinos, eines Freundes der Weisheit, sei auf einen mitten auf dem Weg liegenden weiblichen Panther gestoßen, der auf einen Menschen hier wartete.

Voll Schrecken habe er angefangen rückwärts zu gehen, das Tier aber sei, unverkennbar schmeichelnd, um ihn herumgelaufen, mit Gram kämpfend, den man auch wohl an einem Panther erkennen kann. Ihre Jungen waren in einiger Entfernung davon in eine Grube gefallen. Das erste Zeichen seines Mitleids war nun, dass er die Furcht überwand, das zweite, dass er Hilfe zu leisten suchte. Er folgte ihr also dahin, wohin sie ihn durch ein gelindes Zerren an seinem Gewand mit ihren Krallen zog, und wie er nun die Ursache ihres Kummers und zugleich den Preis seiner Schonung erkannte, hob er die Jungen heraus. Das Pantherweibchen folgte ihm bis über die Grenze der Einöde hinaus, und da sie ihn fröhlich und tändelnd begleitete, lag es ganz klar zutage, wie dankbar sie ihm sei, ohne ihm ihrerseits das Geringste vorzuhalten, was selbst bei Menschen selten vorkommt.

Dies macht auch die Erzählung des Demokrit von einem Thoas in Arkadien glaubwürdiger, der angeblich von der Schlange gerettet wurde.

Dieser hatte die Schlange als Knabe geliebt und sie gefüttert. Da aber sein Vater sich vor der Gemütsart der Schlange und ihrer Größe fürchtete, hatte er sie in die Wildnis getragen.

Als der Knabe später dort von Räubern angefallen wurde und die Schlange ihn an der Stimme erkannte, kam sie ihm zu Hilfe. Was man indessen von ausgesetzten, durch die Milch wilder Tiere ernährten Säuglingen erzählt, wie von den Gründern unserer Stadt, die von einer Wölfin gesäugt wurden, entspricht nach meiner Meinung mehr der Größe ihrer Schicksale als der Gemütsart wilder Tiere.

Aus Wald und Flur

Hermann Löns

Mümmelmann

Sie zogen aus, bis an die Zähne bewaffnet, an die dreitausend, an die dreihundert, an die dreißig, schrecklich anzusehen in ihrem Kriegsschmuck.

Unten steckten sie in langen Stiefeln, oben in kühnen Hüten. Um ihre Unterleiber schlotterten oder strammten sich raue Jacken, deren Taschen reichlich mit Nikotinspargeln gespickt waren. An der Seite hing ein Ränzlein, strotzend von braunen, grünen, roten oder gelben Hülsen, enthaltend das scharfe Pulver, ferner eine Flasche, bergend das nicht minder scharfe Visierwasser, und diverse Pakete, worin die kurz gehackten sterblichen Überreste toter Schweine und Kühe waren. Vor dem Magen trugen sie ein Müffchen und um die Handgelenke gestrickte Stulpen und auf dem Rücken Donnerrohre aller Konstruktionen und jeglichen Kalibers.

Sie erfüllten das Bahnhofsvestibül mit lauten Stimmen, den Perron mit schallenden Tritten, drei Coupés mit Zigarrendampf und die Schaffner mit Grausen, denn jeder Dritte zog ein erwachsenes Exemplar von Hund hinter sich her und verlangte Platz dafür nächst sich.

Während der Fahrt nickten die einen, die abends vorher allzu lange beim geisteserfrischenden Männerskat und beim seelenerhebenden Bitterbier gesessen hatten, noch etwas nach, die edlen, etwas aufgedunsenen Züge auf die Mündungen der Flinten stützend; andere hatten des Teufels Gebetbuch in der Hand, schielten sich in die Karten und nahmen sich das mehr oder minder redlich erworbene Kleingeld ab. Die dritten sprachen Latein.

Der Dicke mit den krankhaft hervorstehenden Augen erzählte mit einer Stimme, die die Fensterscheiben zum Klirren brachte, er habe gestern auf achtzig Schritt einen Krummen geschossen. Wie gerädert sei der im Dampf geblieben, alle Knochen gebrochen. Und dann zeigte er seine Flinte herum, alle guckten hinein und taten, als glaubten sie es, und jeder sah sein Gegenüber mit einem Blick an, der sagte, dass er es nicht glaube.

Sie sprachen eine fremde Sprache, die kein vernünftiger Mensch verstand, redeten von Rammlern und Satzhasen, Schweiß und Wolle, Löffeln und Blumen, Läufen und Gescheide, Kesseln und Suchen, Stokeln und Strecke, meinten aber immer ganz was anderes.

So fuhren sie dahin durch die weiße, morgendliche Winterlandschaft, auf die die aus dem Bett kriechende Sonne einen schwachen Rosenschimmer warf.

Dieser Rosenschimmer traf auch in der Feldmark von Knubbendorf die Nase eines alten Rammlers, der langsam und hochläufig über die Landstraße hinkte, Haanrich Mümmelmann genannt in seiner Sippe. Er machte einen Kegel, putzte sich ein Flöckchen Schnee aus dem Schnurrbart mit der rauen Bürste seines Vorderlaufs und überlegte, ob er noch nach der reichlich geästen Roggensaat etwas Rinde von jungen Apfelbäumen in den Gärten zu sich nehmen solle oder ob es bekömmlicher sei, einige vorjährige Brommelbeerblätter zu genießen, denn er fühlte einen Druck im Magen.

Da teilte ihm derjenige Teil seines Körpers, mit dem er auf einem platt gefahrenen goldgelben Apfel saß, der nicht von den Hesperiden, sondern von dem edlen Ross stammte, mit, dass ein Wagen sich näherte. Er drehte sich um, spitzte die schwarztimpigen Löffel und sagte sich dann in seinem lieben Gemüt, dass das weder die Post sei, die führe schneller, noch der Molkereiwagen, der führe langsamer, ein Marktwagen sei es auch nicht, der käme schon bei nachtschlafender Zeit. Ferner sei es etwas Ungewohntes, und das Ungewohnte sei stets unbekömmlich.

Er hoppelte bis an den Graben, setzte trotz seiner drei Läufe über die hohe Schneewehe und hoppelte den Patt entlang. Auf dem großen Schlehbusch saß der Neuntöter. Den fragte er, ob er nicht sehe, was da die Straße entlangkomme, seine Augen hätten nachgelassen. Der Würger sagte ihm, dass es Jäger und Hunde seien, und flog auf, denn er hatte eine Maus gesehen. Mümmelmann kratzte sich bedenklich hinter den Löffeln und hoppelte weiter, bis an den großen Stein, der an der Sandkuhle lag. Dort klopfte er dreimal mit dem linken Hinterlauf. Er hatte nur den einen, den rechten fraßen nach der vorjährigen Treibjagd die Nebelkrähen. Auf sein Klopfen tauchten hinter einem dürren Kamillenbusch zwei sauber gekämmte Löffel auf. Sie gehörten Geesche Wittblaume.

»'n Dag, Geesche«, knurrte Mümmelmann, »van Dage giff dat Drievjagd. Eck weit blot noch nich, wenn sei in Holte drieven oder inne Feldmark. Seih deck vör!«

»Eck rücke to Holte, da kanns seck lichter bargen«, meinte Geesche. »Adjüs, Haanrich«, und damit hoppelte sie von dannen.

»Segg et de annern an!«, rief Mümmelmann ihr nach und Geesche spitzte die Löffel und hoppelte fort.

Mümmelmann traf bei Wege noch Trine Geelzahn und Jochen Pielsteert und sagte ihnen, dass die gut daran täten, die Löffel steif zu halten. Und dann hoppelte er weiter, bis zu einer ganz kahlen, hoch gelegenen Stelle. Dort lief er eilig hin und her, als habe er etwas verloren, schlug Haken auf Haken und schob sich dann in einen Pott, den er sich scharrte.

Eine Stunde mochte er in seinem Lager gelegen haben, da vernahm er ein Geräusch und machte einen Kegel. Da sah er Aadje Slappuhr eilig daherkommen. Aadje, dessen Löffel keinen Halt hatten, weil ihm im vorigen November die Schroten die Knorpel zerschlagen hatten.

»Junge«, sagte Aadje und verpustete sich, »dat ward leege van Dage. De Driever drücket dat Holt dör und denn schall ekesselt weern.«

»Dübel«, sagte Mümmelmann, »de vermuckten Schinners ward von Dag to Dag heller. Na, willt sehn, wat seck dohn lätt. 'djüs.« Und damit rückte er sich wieder in seinem Pott zurecht und Aadje lief weiter.

Noch eine Stunde lag Mümmelmann da und dachte nach, dass der Mensch doch das böseste Raubzeug sei, trotz Reinke Rotvoss und Griepto Höhnerdeiw, dem Habicht, und dass es Zeit wäre, dass man dagegen etwas täte. Da hörte er von weitem einen Ton, als klopfe da ein Rammler. Und der wiederholte sich immer wieder.

Haanrich Mümmelmann machte sich hoch und äugte nach der Gegend hin, aber seine Lichter trugen nicht so weit. So rückte er wieder zusammen und wartete. Die Sonne brannte ihm warm auf den billigen Balg, der Wind hatte sich gelegt, das war alles gut und schön so weit, wenn nur die Jäger nicht gewesen wären. Na, sein Testament hatte der Olle schon lange gemacht, er war nun fast zehn Jahre alt, und ewig kann man nicht leben. So philosophierte er.

Auf einmal spielohrte er. Er hörte den Mordschrei der Nebelkrähe. Er machte sich ein klein bisschen höher und seine Seher wurden starr. Über das Feld kam ein Hase in ungleichen Sätzen und über ihm strichen zwei große graue Krähen. Eine stieg immer und strich vorwärts, und die andere fuhr herab und stieß nach den Lichtern des armen Hasen, und Arr und Err ging es. Alle Augenblicke wurde der kranke Hase kürzer, dann fuhren beide Krähen auf ihn los. Und dann rappelte er sich wieder auf und machte ein paar Sätze, aber nach wenigen Sätzen wurde er wieder kürzer. Und vom Horizont kam ein schwarzer Punkt und noch einer und immer wieder einer, lauter Krähen, graue und schwarze, und wie eine Wolke von Blut und Tod zog es über den Kranken her. Und jetzt, Mümmelmann schauerte zusammen und legte die Löffel an, denn er wusste, was jetzt kam, jetzt kam der Graben und das war das Ende. Und da scholl es auch zu ihm heran:»Oh weh, oh weh, oh weeäh, weh mir!«, und dann war alles still, und nur die Galgenvögel, die sich zankten, hörte man.

Nach einem Weilchen vernahm der Alte wieder ein Gepolter und sah die Krähen abstieben. Er richtete sich ein bisschen hoch und sah einen großmächtigen Köter einen kranken Hasen hetzten. Schwer krank, das sah der Alte, war der andere nicht, aber doch so, dass der flüchtige Hund ihn bald zu Stande hetzen würde. Das war ein guter Kerl, Natz Klewersitter vom Uhlenbrink. Dem musste geholfen werden.

»Natz«, knurrte Mümmelmann leise, »eck stah upp, sett di dahl!« Der kranke Waldhase nahm alle Kraft zusammen, fuhr in das warme Lager und mit einem Hui, eine Schneewolke hinter sich werfend, fegte der alte Feldhase aus dem Pott, schlug ein halbes Dutzend Haken, dass der Hund ganz verbiestert wurde, sauste geradeaus, schlug wieder Haken, machte einen Kegel, nahm wieder das Feld hinter sich, bis dem Hund die Zunge aus dem Hals hing und er die Jagd aufgab. Mümmelmann äugte ihm nach, lachte, hoppelte bis zum nächsten Brink und rodete sich wieder ein. Seine alten Knochen brauchten Ruhe.

Lange dauerte es aber nicht, da vernahm er ein Dröhnen und Knirschen. Erst war es nördlich, dann westlich, dann südlich, dann auch im Osten. Er machte sich hoch und sah rundum lauter schwarze Pfähle. Und nach einer Weile ging es:»Tara, Tarattata«, und die Pfähle kamen auf ihn zu. Und dann hörte er es knallen, und er sah hier einen aus seiner Sippe über den Schnee rennen und da einen von den Waldhasen, und da stand einer auf dem Kopf, und hier rollte einer im Dampf. Dübel, dachte der Alte, eck sitte in'n Kessel!

Die schwarzen Pfähle kamen näher. Überall stob der Schnee, prasselten die Schrote, flog der Dampf, knallten die Schüsse.

Mümmelmann blieb in seinem Pott und überlegte. Rechts, nein, da ging es nicht, da knallten wenige Schüsse und immer einzeln, da standen gute Schützen. Links, da ging es bergab, das war auch schlecht. Aber geradeaus, da war ein Jäger, der schoss immer beide Läufe auf einmal, und sein Nachbar, der fuchtelte immer erst hin und her, ehe er drückte.

Die Schritte kamen näher. Dicht neben Mümmelmann schlug Kunrad Flinkfoot ein Rad, sprang noch einige Todessprünge und färbte den Schnee rot. Weiter rechts machte Dorette Quappbuk ihr Testament, nicht weit davon Lischen Hopsinskrut. Aber zwischen dem langen Schnellschießer und dem kurzen Fuchtelmeier passierten eben Jochen Pielsteert und Fritze Pattlöper heil die Schützenlinie, und da richtete sich der alte Hase steif auf, hoppelte in gerader Linie voran, gerade auf die Lücke zwischen den beiden Schützen zu, ganz langsam, bis er fast in Schussnähe war, witschte dann nach links, schlug einen Haken nach rechts, einen nach links, einen nach rechts, sah noch eben, wie zwei Gewehrläufe in der Luft herumfuhren wie Schwänze von Kühen, um die die Bremsen sind, und dann gab er her, was er in sich hatte, fuhr durch die Lücke, schlug sieben Haken, hörte einen Knall, einen Schrei, einen Fluch, nähte aus, bis er nichts mehr hörte, und dann machte er ein Männchen und äugte zurück.

Das Jagdhorn erklang. Die Schüsse hörten auf. Die Jäger liefen nach einem Fleck, hoben etwas auf und gingen nach dem Dorf. Und es war doch erst Mittag. Als sie alle weg waren, hoppelte Mümmelmann nach dem Kessel.

Da lag Schweiß, hier wenig, Hasenschweiß, und da viel. Menschenschweiß, und dem alten Hasen schwoll sein kleines Herz von befriedigter Rachsucht. Nun wollte er gern sterben, er hatte sein Volk gerächt.

Nachts um zwölf Uhr, als der Vollmond klar am Himmel stand, kamen die Knubbendorfer Hasen auf dem Feld, wo der letzte Kessel gewesen war, zusammen. Mümmelmann rief sie alle der Reihe nach auf. Zweiundsechzig antworteten nicht, zwanzig waren entschuldigt, sie heilten ihre Wunden im Lager, sechzehn humpelten, sie waren leicht angekratzt. Und als sie alle zusammen waren, da hielt Natz Klewersitter eine Rede und sagte allen, wie Haanrich Mümmelmann ihm das Leben gerettet hatte, und alle zweihundert klopften dem guten Kameraden Beifall und rieben ihre Nase an seiner. Und dann machte Jochen Pielsteert ein Männchen und erzählte, dass der Alte vom großen Stein sie alle gerettet habe. Er, Jochen, habe gesehen, dass Mümmelmann durch seine Taktik den einen Jäger so dötsch gemacht habe, dass er seinen Nachbarn schwer angeflickt habe. »Kommt mit, eck will ju dat wiesen!«, so schloss er seine Rede.

Reinke Rotvoss, der oben an der Straße unter dem Wind herangeschnürt kam, blieb plötzlich stehen, und seine Nüstern schnupperten wohlig, denn die Witterung von zweihundert Hasen kitzelte sie. Aber dann setzte er sich plötzlich, denn eine wimmelnde, krimmelnde Masse kam über das mondlichte Schneefeld, Hase bei Hase, und jetzt hielten sie an.

So etwas hatte Reinke noch nicht erlebt, und er hatte viel mitgemacht. Als aber die zweihundert Hasen anfingen mit den Hinterläufen zu klopfen und gespenstisch im Kreis herumzutanzen, da kriegte er es mit der Angst. Er machte kehrt und gab Fersengeld, dass ihm die Standarte nur so flog. Als am anderen Tag der Jagdaufseher Nachsuche hielt, da fand er um den roten Fleck, wo der Assessor den Baurat laufkrank schoss, einen Kreis, festgestampft wie eine Tenne. Und er sah, dass das die Hasen gemacht hatten, und er schüttelte den Kopf und machte ein ganz verstörtes Gesicht.

Das war die Stelle, wo vorige Nacht die Knubbendorfer Hasensippe Mümmelmann, den Heldenhasen, nach Hasenweise geehrt hatte.

Hermann Löns

Das Eichhörnchen

Es ist noch ganz grau im hohen Holz. Und ganz still ist es. Der Nordost, der drei Tage und drei Nächte tobte, hat sich gelegt. Dem scharfen Nordwest hat weiche Südwestluft Platz gemacht. Das gefällt den Rehen, die langsamer als in den drei letzten Tagen den Dickungen am Hang zuwechseln, ab und zu im Schnee nach Obermast plätzend, und dem Kauz sagt die laue Luft gleichfalls zu. So laut, als wäre es im April, jauchzt er auf, und dann streicht er lautlosen Fluges zwischen den dunklen Stämmen der Buchen einher.

In der dicken, schwarzen Kugel, die in der höchsten Zwille der langschäftigen Buche schwebt, knistert es leise. Ein halbblaues Schnalzen ertönt von da. Der Fuchs, der leise den Holzweg hinaufschnürt, verhofft und lauscht empor, aber missmutig trabt er weiter. Das ist nichts für ihn. Es hat zwar Haare und keine Federn, es hält sich zuzeiten auch auf dem Boden auf, aber wenn man denkt, man hat es, macht es einen Riesensprung und rasselt den nächsten Baum in die Höhe, wippt mit dem Schwanz und schimpft: »Kwutt kwutt kwutt-kwutt!«, so wie das da oben.

Bei der schwarzen Kugel hoch oben in der Buchenzwille raschelt es stärker. Die Eichkatze hat ihr Nest verlassen und putzt sich. Ab und zu hebt sie den Kopf und schnuppert in den Wind hinein. Das Wetter gefällt ihr. Ein bisschen zu dunkel ist es zwar noch, aber da unten über den schwarzen Hügeln wird der Himmel schon rot. Und der Hunger ist groß. Drei Tage und drei Nächte vom eigenen Fett zu leben, das hält nicht vor. Wer weiß, wie lange das gute Wetter anhält? Dem Februar ist nicht zu trauen. Morgen regnet es vielleicht schon wieder Schlackschnee und dann heißt es abermals: schlafen und hungern. Die Eichkatze rückt auf dem Ast hin und her, schnup-

pert an der Rinde, knabbert ein paar dünne Knospen ab und ist mit einem jähen Satz in der nächsten Krone. Dünn sind die Zweige und brüchig vom Frost, aber ehe sie dazu kommen abzubrechen, sind sie die Last schon wieder los, federn rasselnd empor, und die Eichkatze rennt schon über einen Zweig in dem folgenden Baum, wirft sich in den vierten, schlüpft einen dünnen Ast entlang, dass er sich tief biegt und sie in den fünften Baum befördert, und dann noch ein Sprung und noch einer und sie fällt in den Wipfel der alten Samenfichte.

Hastig geht es einen langen Ast hinunter, fast bis in die Spitze. Schwer beladen war er im Herbst mit langen Zapfen, wenige hängen nur noch dran. Einen nach dem anderen holte sich das Eichkätzchen und half sich mit der mageren Kost über manchen strengen Wintertag. Der ganze Boden unter der Fichte ist besät mit den rostroten Schuppen, überall ragen die Zapfenquirle aus der Schneedecke hervor und auf den halb verschneiten Felsbrocken liegen in ganzen Haufen die Überreste der kärglichen Mahlzeiten. Und zwischen dem Geröll liegen auch allerlei Knochen, die die Eichkatze auf den Frühstücksplätzen der Holzhauer fand und hierhin schleppte, um die Fleischrestchen abzunagen und die knorpligen Enden, und wenn gar nichts Essbares mehr daran saß, so nagte sie doch jeden Tag aus Langeweile daran herum.

Der Rehbock, der in Wipfelhöhe der Fichte am Hang hinzieht, macht eine jähe Flucht und zieht laut schreckend ab, denn vor ihm rauscht und rasselt es ganz gefährlich.

Die Eichkatze hat einen Zapfen losgebissen, hält ihn im Maul und klettert mit ihm kopfüber den Stamm hinab, ganz eilig, aber ab und an innehaltend und nach allen Seiten spähend. Dann ein Sprung und sie sitzt auf ihrem Felsbrocken, hoch aufgerichtet, zur Flucht bereit, falls etwas Verdächtiges nahen sollte.

Aber es kommt nichts Arges. Dahinten ziehen die Rehe durch

den rotlaubigen Buchenaufschlag, ein Hase hoppelt langsam bergan, ein Zaunkönig schrillt im Geklüft. Schnell dreht die Eichkatze den Zapfen mit den Vorderfüße um, die gelben Nagezähne fassen die Schuppen, beißen sie durch und hastig nehmen die Lippen ein Samenkorn nach dem anderen fort. Eben war das Ding noch ein glatter, schöner Tannenzapfen, jetzt liegt nur noch der Kern hier und rundherum bedecken die Schuppen den grauen Stein.

Es ist ganz hell im Holz geworden. Die grauen Stämme schimmern silbern, die Schneedecke des Bodens leuchtet goldig. Zwitschernd und pfeifend lärmt ein Flug Zeisige über den Wald hin, der Häher kreischt, ein Bussard klagt. Die Eichkatze hüpft rastlos unter den Fichten umher, kratzt hier, scharrt da, schnüffelt dort, macht alle Augenblicke ein Männchen, heftig mit den langpinseligen Ohren zuckend und die Rute schnellend, dann ganz regungslos verharrend und schließlich wieder hastig über den Boden schlüpfend, jetzt einen Zweig der Knospen beraubend, dann eine Buchennuss zernagend und nun einen weißfaulen Ast zerfasernd, in dem die Puppen von Käfern stecken.

Dann auf einmal rennt sie wie gehetzt zu Tal, ohne auch nur einmal Halt zu machen, ohne rechts und links zu äugen, und erst am Rande des Holzes hält sie ein. Da recken einige dicke Eichen ihr graues Astwerk über dichtem Buschwerk von Schlehe, Weißdorn und Wildrose. Ohne sich zu besinnen, fährt das rote Tier in das hohe gelbe Gras, springt hierhin, hüpft dahin, kratzt den Schnee fort, scharrt das Laub auf, zernagt gierig eine Eichel, verspeist eilig eine Mehlbeere, schält den Schlehenstein aus seiner Hülle und knackt ihn auf, schärft die Zähne an einer Abwurfstange vom Rehbock, wie so manches Mal schon, tut sich an drei Pflaumenkernen gütlich, die im Herbst der Jäger von dem Hochsitz warf, findet noch eine dicke Brotrinde, einen Apfelkropf mit vielen leckeren Kernen und zuletzt noch zwei Schweinsrippen mit schönen mürben Knorpelenden. Nun, da der Magen ruhig ist, findet die Eichkatze, dass es ganz allein ein langweiliges Leben im Wald sei.

Die Sonne scheint warm, da gelüstet es sie nach einem Spiel kopfüber, kopfunter, stammauf, stammab. Den ganzen Winter hat sie solche Anwandlungen nicht gehabt. Sie war froh gewesen, wenn ihr keiner von ihrer Sippe in den Weg kam, denn ob rot oder grau, braun oder schwarz, Weibchen oder Männchen, Hunger hatten sie alle, und so ganz viel gibt es wintertags im Bergwald nicht. Aber wenn der Februar auf die Neige geht, dann sehnt man sich doch nach Gesellschaft und ist froh, wenn man auf eine frische Fährte stößt, in der Sonne eine rote Lunte leuchten sieht oder auf dem Geäst das bekannte Gerassel und das liebe Schnalzen und Fauchen hört.

Und so, ganz Ungeduld und Sehnsucht, hopst das Eichhörnchen an der Holzkante entlang, bäumt zur Abwechslung einmal auf, holzt eine Weile weiter, geht wieder zu Boden und fährt dort erschreckt zusammen.

Denn von der anderen Seite kommt auch etwas den Pürschsteig entlang in schnellen, hastigen Sprüngen. Und jetzt macht es auch Halt. Steif sitzt es da, die grauen Spitzen der Haare geben dem Balg einen blauen Schein. Steif sitzen die beiden Eichkatzen sich gegenüber. Ab und an zuckt eines mit dem Schwanz. Dann schimmert es hier kupferrot in der Sonne und dort stahlblau. Jetzt macht das schwarze Männchen einen Satz, und sofort schnalzt das rote Weibchen und wendet um. Über den hellen Schnee und das rote Laub geht die Jagd, in einem Fichtenhorst verschwindet das Weibchen und fährt wieder heraus, und hinterher saust der schwarze Verfolger, folgt ihr in die Bachschlucht, rasselt über das Lufteis, flitzt über die Felsblöcke, hopst die Klippe hinab und prallt auf eine dritte Eichkatze, eine große, braunrote, deren Balg ganz grau bereift ist.

Das fuchsrote Weibchen hängt unten an dem Stamm einer

Buche und äugt regungslos hinter sich. Regungslos sitzen die beiden anderen auf ihren Keulen, die Vorderpfoten fast bis zu den Schnurrhaaren erhoben, die Ruten in schönem Schwung fest an den Rücken gelegt. Sie sitzen und stieren sich an. Der Specht schilt, der Häher schimpft; sie rühren sich nicht. Eine Kohlmeise zetert; noch immer sitzen sie da. Da raschelt es im Laub. Steil richten sich die beiden Männchen auf, das Weibchen macht einige Sprünge am Stamm empor und dann jagen ihm die beiden Männchen nach, das schwarze und das rotbraune und noch eins, ein fuchsrotes mit breitem schwarzen Rückenstrich und dunklem Schwanz, das der Spur des Weibchens gefolgt ist.

Specht und Häher und Kohlmeise und Spechtmeise und Zaunkönig schimpfen mörderlich, denn das ist ihnen doch ein bisschen zu viel des Lärms. Das ist ja beinahe so schlimm wie gestern, als der Nordwest im Wald herumtolpatschte. Das rasselt und prasselt und klirrt und klappert, hier fällt ein Zweig, da plumpst ein Ast, jetzt rieseln Tannennadeln, und nun knistern Flechten hernieder und bald hier, bald da schnalzt und faucht und quietscht es, jetzt wirbelt es durch die alte Fichte, nun saust es in der entwurzelten Buche, dass die drei Rehe ganz unruhig hin- und hertreten und die Dompfaffen schleunigst machen, dass sie weiterkommen, und dann fährt der Hase, der in seinem Lager unter der dicht belaubten Jungbuche am Verdauen war, entsetzt heraus, einen Regen von Schnee um sich werfend, denn es fiel plötzlich etwas rasselnd in den Busch.

Das war die rote Eichkatze gewesen, der es nachgerade zu viel wurde mit der Anbeterei. Keinen Augenblick hatte sie Ruhe gehabt, seit einer vollen Stunde. Bald war ihr das schwarze Männchen auf den Fersen, bald das braune, und wenn die beiden sich balgten, dann hatte sie es mit dem schwarzrückigen zu tun. Wurde der von dem Braunen abgebissen, dann rückte ihr der Schwarze auf den Leib, und so ging es in einem fort, bis es ihr zu dumm wurde und sie sich, als die drei in einem einzigen Klumpen verfilzt von der einen Seite der Fichte in den Schnee kugelten, von der anderen Seite der Fichte in den Buchenbusch fallen ließ. Da sitzt sie nun, ein bisschen außer Atem, putzt sich, leckt sich und sieht den drei Männchen nach, die nach drei Richtungen hin im Wald verschwinden. Dann eilt sie in hastigen Sprüngen auf die Klippenwand zu.

Das ist ihre Hauptspeisekammer im Winter. Dort steht ein krummer Lindenbau, der alle Jahre trägt. Vier alte Nusssträucher spreizen sich dort unter zwei sturmzerfetzten Samenfichten, und obgleich dort keine Eiche wächst, so sind in den Felsspalten immer Eicheln zu finden, die die Häher hierhin vertragen, und die alte Buche wirft jedes zweite Jahr reichlich Früchte in die Schlucht, die dort vor den Mäusen sicher sind, weil es dort immer nach Fuchs riecht. Auch ein Wildapfelbaum schiebt sich aus der Wand, am Ausgang der Schlucht stehen Vogelkirschen und an Schlehen, Weißdorn und Rosen mangelt es nicht. Ist es mit der Kost im Wald einmal schlecht bestellt, hier findet sich immer etwas für den Magen, und unter der Felswand gibt es das Feinste, was der Wald zu bieten hat, dicke, würzige Trüffeln. Nicht weit davon liegt das Forsthaus, und in dem Garten wachsen Äpfel, Birnen, Pflaumen, Kirschen und Walnüsse. Ein bisschen lebensgefährlich ist es dort freilich, denn seitdem der Förster dahinter gekommen ist, wer ihm seine Birnen zernagt und seine Nüsse fortschleppt, passt er sehr auf, doch vor Tau und Tag lebt es sich da herrlich. Das wissen alle Eichhörnchen am Berg, und darum finden sie dort immer Gesellschaft, und kaum ist das rote Weibchen dort angelangt, so ist auch schon ein braunrotes Männchen bei ihm, das ihm eifrig den Hof macht. Anfangs ziert sich das Weibchen, und es gibt eine kleine Hetzjagd durch Busch und Kraut, über Stock und Stein, aber es ist noch müde von vorhin, und da das Männchen mit seinen Liebenswürdigkeiten nicht ablässt, wird es quer über die Nase gekratzt und tüchtig in die Lippe gebissen und zieht schließlich ab. Während der warmen Mittagsstunde turnt das Weibchen dann bedächtig an der Wand herum und sucht im Laub nach Eicheln und Buchnüssen. Nachmittags aber, als die Sonne hinter den Wolken verschwindet, sucht es sein nächstes Nest in der gegabelten Fichte auf, einen weichen, warmen Kobel, den es stets bezieht, wenn es der Abend hier bei den Klippen überrascht.

Die Tage kommen, die Tage gehen. Weiches Wetter tritt ein, und die Eichkatze ist den ganzen Tag in Bewegung. So manchen Käfer scharrt sie aus dem Laub und findet Raupen und Puppen unter dem Moos. Als sie dann noch die Fütterung entdeckt, wo der Förster den Rehen Eicheln schüttet, da geht es ihr besser als bisher, und ohne sich um die Rehe zu kümmern, holt sie sich Tag für Tag ihr Teil, schleppt auch manche Eichel beiseite und stopft sie unter das Moos oder verbirgt sie in Fels- und Baumritzen. Fällt kalter Regen aus den Wolken oder bläst eine raue Luft, dann verschläft sie einen Tag oder zwei, und ist das Wetter heiter, dann lässt sie sich auch wohl wieder zu lustiger Balgerei und fröhlicher Hetz mit irgendeinem netten Männchen herbei, das ihr in den Weg läuft.

Schließlich hört diese Spielerei auf. Die Männchen laufen ihm nicht mehr nach und das Weibchen hat andere Sachen im Kopf. In einer ganz langen, hochschäftigen Buche baut es ein ganz großes, festes, dickwandiges Nest. Es gibt sich viel Mühe damit. Fortwährend schleppt es Moosbüsche, welkes Gras, dürre Würzelchen und trockenes Laub herbei, filzt Schicht auf Schicht mit den Vorderpfoten zusammen, dreht sich so lang darin herum, bis die Höhlung glatt und eben ist, setzt ein dichtes Dach darauf, stopft jede Ritze zu, in die der Wind hineinschnauben könnte, und lässt nur im Osten ein Schlupfloch, das aber leicht verschlossen werden kann, wenn der Wind von der Seite weht.

Die Finken schlagen, die Drosseln pfeifen. Die rote Eichkatze ist jetzt nicht mehr so oft zu sehen. Ganz früh am Morgen sucht sie nach Nahrung und in der Abenddämmerung, und gierig fällt sie über alles her, was sie vorfindet. Jeder Käfer ist ihr recht, jeder Schmetterling wird mitgenommen. Die Morchel im Laub verschwindet unter den schnellen Zähnen, und die Blütenknospen des Ahorns werden ebenso wenig verschmäht wie die keimende Eiche und die treibende Buchecker. Magerer noch als der Winter ist die Frühlingszeit, und die Eichkatze hat vierfachen Hunger, denn in ihrem Nest im Buchenwipfel liegen sechs junge Eichkätzchen, und deren sechs Mäulchen müssen gestillt sein. Da heißt es dann: fressen, was zu fressen ist, damit die Kleinen satt Milch bekommen. Je größer sie werden, umso gieriger sind sie, und mit der Kost wird es nur langsam besser. Maikäfer sind noch nicht da und die Raupen sind noch gar zu klein. Eicheln und Bucheckern gibt es nicht mehr und die Knospen sind alle aufgesprungen. Die schlimmste Zeit im Jahr ist es für die Eichkatze, wenn die Buche ihr Blatt entfaltet. Hunger, Hunger, immer Hunger und so dürftige Kost! Bei der Käfer- und Raupenjagd stößt sie auf ein Drosselnest. Die blauen Kugeln sehen so blank aus wie reife Eicheln. Am Ende schmecken sie auch so. Das, was herausquillt, ist ein bisschen nass, aber schmeckt nicht schlecht, und es stillt den Hunger. Da ist schon wieder ein Nest. Eier sind nicht darin, nur nackte Vögel. Sie piepen erbärmlich, und die Alte flattert wild und schimpft und zetert, aber es ist doch besser als Baumrinde oder junge Sprossen, und die Hauptsache ist, es sättigt mehr als das sechsbeinige Grabbelzeug, das im Moos und Gras herumwirbelt.

Endlich burren die ersten Maikäfer, die Raupen nehmen zu an Länge und Dicke, und die Grashüpfer werden immer fetter. Nun lässt es sich allmählich schon leben im Wald. Außerdem liegt an der Waldstraße ein eingegattertes Stück Land, in dem sind Löcher, und darin stecken Eicheln, die zwar schon stark keimen, aber noch ganz leidlich sind. Wie die sechs Jungen die Milchzähne verloren haben und auf eigene Gefahr ihre Nahrung suchen, da gibt es schon allerlei bessere Sachen. Hier und da findet sich ein leckerer Erdpilz, die Nüsse haben kleine, milchige Kerne, es wimmelt von Raupen, Puppen und Heuhüpfern, und die Roggenähren lohnen schon eine Fahrt zu den Feldern am Waldrand. Von den tief herabhängenden Hainbuchenzweigen aus lassen sich die Ähren leicht pflücken und aushülsen. Das Herrlichste aber, was der Wald zu bieten hat, das ist der säuerliche, schäumende Saft, der aus den alten Eichen quillt. Jeden Tag um die elfte Stunde findet sich die Eichkatze dort ein, jagt die Schmeißfliegen und Hornissen fort, die sich dort laben, und leckt den gärenden Saft ab, bis ihr ganz sonderbar im Kopf wird und sie anfängt, wie unklug hin und her zu springen, zu schnalzen und mit dem Schwanz zu schnellen, als wäre es Vorfrühling. Alle Vorsicht und Aufmerksamkeit vergisst sie über ihrem Rausch, und wenn sie sich nicht im letzten Augenblick in das Gebüsch gestürzt hätte, so wäre sie in den Fängen des Habichts geblieben, der wie ein Schatten durch das Geäst fuhr.

An Gefahren mangelt es überhaupt im Wald nicht. Vor dem Habicht ist die Eichkatze nie sicher. Mitten im fröhlichsten Hetzspiel griff er ihren letzten Liebhaber, das kohleschwarze Männchen, und strich damit ab. Zwei von den Jungen, die noch recht unbeholfen waren, fing an zwei Abenden nacheinander der Kauz. Dreimal musste sie sich kopfüber aus ihrem Nest zu Boden werfen, als der Edelmarder sie fassen wollte, und einmal hetzt er sie am hellen Tag über eine halbe Stunde lang von Baum zu Baum, bis sie sich aus der Pappel in den Teich fallen ließ und sich zitternd im Schilf versteckte. Aber allmählich ist sie so gewitzt geworden, dass sie die Gefahr zu meiden weiß. Gleichwohl ging es ihr ab und zu hart am Leben vorbei. Einige hundert Schritte vom Waldrand steht ein hoher

Birnenbaum. Der Bauer, dem er gehört, bekommt niemals eine Birne davon, denn ehe sie reif sind, hat das Eichhörnchen eine nach der anderen durchgebissen und die Kerne verzehrt. Eines Tages erwischte sie aber der Bauer dabei und schickte seinen Jungen in den Baum, während er mit dem Hund unten wartete. Der Junge stieg ihr bis in den obersten Wipfel nach und schüttelte diesen so lange, bis sie im Bogen in den Klee flog. Es hätte nicht viel gefehlt, so hätte der Hund sie beim Wickel gehabt, aber im letzten Augenblick schlüpfte sie in das enge Entwässerungsrohr und von da in den Schlehbusch und aus diesem in den Weizen und kam noch einmal glücklich in den Wald zurück. Seit der Zeit unternimmt sie ihre Streifen zum Feld immer nur in der ersten Morgenfrühe, denn die halb reifen Roggen-, Hafer- und Weizenkörner entbehrt sie nicht gern und am Waldrand finden sich auf dem Rain überall die Spreuhäufchen, die Reste ihrer Mahlzeiten.

Die liebste Zeit aber ist ihr der Herbst. Dann ist im ganzen Wald Futter für die Zähne da. Unter den Ahornbäumen und Hainbuchen liegen massenhaft die geflügelten Kerne, in den Eichen schimmern die Eicheln, die Haselbüsche tragen schwer, und in den Kronen der Buchen reifen die fetten Nüsse. Dann wimmelt es im Wald von Eichkatzen, die von weit und breit sich hier zusammenziehen. Überall am Boden hüpft und schlüpft es, die fuchsroten Eichhörnchen aus dem Hügelland treffen sich hier mit den schwarzen und braunen aus den Fichtenbeständen von den höheren Lagen des Gebirges, wo es jahrein, jahraus weiter nichts gibt als Fichtensamen. Wenn sie sich dann hier im Mittelbergwald alle ein tüchtiges Ränzlein angemästet und ihr leichtes Sommerkleid mit dem dichten, langhaarigen, graubereiften Winterpelz vertauscht haben, dann verteilen sie sich wieder und der alte Stamm hat den Wald ganz für sich.

Friedrich Hebbel

Mein zahmes Eichkätzchen

Der gestrige Tag war ein sehr trauriger für uns alle. Unser Liebling Herzi-Lampi-Schatzi ist verschieden, kaum drei Jahre und einige Monate alt. Erst zwei Tage bin ich von der Reise zurück, alle meine kleinen Zwecke habe ich erreicht, aber ich wollte, das alles wäre anders und das liebe Geschöpf lebte noch. Wieder etwas vorüber, und diesmal etwas Himmelschönes, das so nicht wiederkehrt! Wen die Gattung für das Individuum zu entschädigen vermag, der ist gegen jeden Verlust gedeckt. Ich kenne keine Surrogate, ich liebe das Individuum, und das Tier war so einzig, dass es jedermann wie ein Wunder vorkam und mir wie eine Offenbarung der Natur. Ich glaube jetzt an den Löwen des Androkles, an die säugende Wölfin der Römer, an die Hirschkuh der Genoveva. Ich werde nie wieder eine Maus oder auch nur einen Wurm zertreten, ich ehre die Verwandtschaft mit dem Entschlafenen, sei sie auch noch so entfernt, und suche nicht bloß im Menschen, sondern in allem, was lebt und webt, ein unergründliches, göttliches Geheimnis, dem man durch Liebe näher kommen kann. So hat das Tier mich veredelt und meinen Gesichtskreis erweitert. Wenn ich nun aber gar die Unsumme von Freuden und Heiterkeit aufzählen sollte, die es für seine paar Nüsse und seinen Fingerhut voll Milch ins Haus brachte, so würden wir wie arme Schächer dastehen, die ihre Schuld nie bezahlen können. Dass ein Hund sein eigenes Geschlecht verleugnet und sich dem Menschen anschließt, ist man gewöhnt; dass aber auch ein Eichkätzchen es tut, dass es dem Menschen seine Händchen entgegenbreitet, wenn er ins Zimmer tritt, dass es sich liebenswürdig zeigt und, wenn man es küsst, den Kuss mit seinem süßen Samtzüngelchen erwidert, das ist wunderbar! Wie an einen Traum denk ich schon jetzt, wo die kleine Leiche noch zwischen den Fenstern liegt, an das Tier zurück. Wie Fragmente eines Traumes will ich zu meinem ewigen Gedächtnis die Erinnerungen an seine kurze Laufbahn, denn es hätte noch drei bis vier Jahre um mich herumhüpfen können, trotz meiner Rührung und Erschütterung aufzeichnen. Aber zunächst zum Ende!

Bei meiner Zurückkunft war Schatzi lustig und gesund, er spielte noch um den Fikustopf herum und wühlte sich in die Blumenerde ein. Doch fand ich ihn noch ebenso grau wie bei der Abreise, wenn nicht grauer, anstatt wieder braun, wie ich gehofft hatte. Lustig und gesund blieb er auch bis zum Mittag, auch da fehlte ihm noch nichts. Nur wollte er nicht essen, als ich ihn aus seinem Bettchen nahm, was jedoch oft vorkam, ich kümmerte mich daher nicht darum, scherzte mit ihm, trug ihn herum, küsste ihn – ach, zum letzten Mal! – und ging in mein Zimmer. Als ich zum Kaffee gerufen wurde, sagte mir meine Frau, dass er sich mehrmals, wohl zwanzigmal, erbrochen habe, wimmernd aus seinem Bettchen im Korb hervorsteigend, um es ja nicht zu verunreinigen, dann mit Begierde kaltes Wasser schlürfend und wieder zurückschlüpfend. Ich fand ihn ruhig und wollte ihn nehmen, er glitt aber rasch aus meiner Hand wieder in seine Tücher, und ich ließ ihm seinen Willen, damit er sich gesundschlafe.

Um fünf Uhr ging ich ohne alle Unruhe fort, um sechs Uhr fuhr meine Frau ins Theater, um neun Uhr kamen wir alle beide wieder zurück. Als wir das Kind nach ihm fragten, sagte es: »Er ist still, er schläft, ich glaube es wenigstens.« Ich griff, noch ohne Angst, in den Korb, und er war kalt, steif und tot! Fürchterliches Gefühl, wenn sich ein heißes, warmblütiges Geschöpf in ein Amphibium verwandelt hat! Dann erfuhren wir, er habe gegen sieben Uhr noch einmal leise gewimmert, gezuckt und sich gestreckt, auch noch einmal sein großes, schönes Auge geöffnet und die Hand meines Töchterchens ein wenig geleckt. Darauf sei er eingeschlummert und mit seinen Tüchern bedeckt worden. Der Abend verstrich uns unendlich trüb und ich schäme mich der Seufzer und Tränen nicht, obgleich ich kurz zuvor in Hamburg den Tod eines Universitätsgenossen ohne die geringste Bewegung vernommen hatte, denn hier war ein inniges Band zerrissen, wenn auch nur zwischen Mensch und Tier, dort war nie eines vorhanden gewesen.

Ganz jung, kaum vierzehntägig, brachte meine liebe Frau das teure Geschöpf am 18. August 1858 ins Haus. Ich war krank, und die ersten vier Wochen wohnte es in meiner Achselhöhle, wohin es sich der Wärme wegen verkroch. Es war wunderschön, braun, als ob es unmittelbar aus einer Kastanie hervorgesprungen wäre und ein Rosenblatt als Zunge im Mäulchen trüge, übrigens ein geborener Italiener und aus Triest nach Wien herübergekommen. Wunderbarerweise unterschied es gleich unter den Familienmitgliedern und Fremden. Wir drei, meine Frau, das Kind und ich, konnten mit ihm machen, was wir wollten, es ließ sich alles gefallen, im Schlaf wie im Wachen. Aber wenn eine der Mägde sich ihm näherte oder es gar berührte, wies es sie durch die possierlichsten Töne des Unwillens und Zorns zurück, und wenn das nicht half, bediente es sich seiner Zähnchen. Mich hatte es nur ein einzige Mal gebissen, und da war es in seinem Recht. Es war gewohnt, wenn ich schrieb, über die Tinte zu laufen und zuweilen an meiner Feder zu zupfen, und geriet dabei einmal mit seinem Händchen in die Tinte. Emsig begann es sich zu reinigen. Ich war besorgt, die Tinte könnte ihm schaden, und tauchte es mehrmals ins Waschbecken. Das musste es natürlich für eine Feindseligkeit halten und sich zur Wehr setzen …

Größer geworden, nahm es, wie es mir des Morgens immer ins Bett gebracht wurde, regelmäßig an unserem Abendessen teil, kostete überall, speiste auf das Zierlichste, trug in den ersten anderthalb Jahren, später nicht mehr, Nüsse und Zucker beiseite, schleppte oft eine Semmel den Fenstervorhang hinauf und versteckte sie oben in der Brüstung, glitt dann wieder hinunter, knäulte die Servietten in seinem Mäulchen zusammen, trug sie, eine nach der anderen, in den Schoß meiner Frau, stürzte zuletzt sich selbst hinein und bedeckte sich damit. Dagegen sang es in der Frühe beim Kaffee so lieblich wie ein Vogel und modulierte die Stimme auf das Mannigfaltigste. Wenn das Stück Zucker, das es zu seiner eingeweichten Semmel erhielt, zu groß war, trug es den Rest selbst in den Zuckerkasten zurück und vergrub ihn unter dem anderen Zucker. Es schlief später stets in dem grünen Bettvorhang meiner Frau und hatte ohne alle Frage den Begriff vom Ort, den der dünkelhafte Mensch sich so gern allein vindizieren möchte, denn wenn es abends nach dem Essen in sein Bettchen zurückwollte und meine Frau aufstand, um es mir abzunehmen und aus dem Speisezimmer ins Schlafgemach zurückzubringen, so blieb es ruhig in meiner Hand liegen, solange sie sich an meiner rechten Seite hielt, wurde aber höchst ungeduldig, sobald sie an die linke trat, da jene zum Fenster, diese aber zur Tür führte, woraus aufs Bestimmteste hervorgeht, dass es den Weg genau kannte. Im Sommer, in seiner munteren Zeit, behielt ich es fast den ganzen Tag bei mir, und auf das Allerdeutlichste gab es mir alle seine Wünsche zu erkennen. Wollte es auf den Bücherschrank, so stieß es Töne aus, die ich verstand wie das menschliche Wort. Wollte es hinunter, so lief es hin und her. Dann fragte ich von meinem Schreibtisch herüber: »Soll ich kommen?« Und zur Antwort breitete es seine Händchen aus. Mit ausgestreckten Händchen begrüßte es mich auch, wenn ich nach Hause kam. Auch vertrat ich in seiner Jugend bei ihm den Baum, indem es immer um mich, wie um einen solchen, herumlief. Dreimal war es mit in Gmunden; dort schlief es das erste Jahr in einem Käfig, der nachts vor meinem Bett stand und aus dem es des Morgens, die kleinen Arme auf die Tür gestützt, wie ein Müllerknappe hervorschaute, später in einem Wandkorb, auf den es gleich wieder zustrebte, als wir zurückkehrten. Setzte ich es in einen Baum, so kletterte es hinauf, sah sich um, probierte eine Zwetschke, betrachtete die Vögel und glitt dann in meine Hand zurück. Setzte ich es auf die Erde, so hüpfte es auf dem bewohnten, mit Sand bestreuten Weg mit unendlicher Eile ins Haus zurück. Wer will dieser Fülle anmutiger Bilder nachkommen? In dem Gedicht: »Das Geheimnis der Schönheit«, welches das lieblichste Tier hervorrief, sind sie aufgezählt, ich aber muss endigen, denn meine Augen füllen sich wieder mit Wasser.

Hermann Löns

Der Alte vom Berg

Hell scheint die Sonne gegen den weißen Berg. Die Buchenjungenden brennen, der Stangenort lodert, der Fichtenhorst steht in Flammenschein.

Meisen zwitschern, Goldfinken flöten, Häher schwatzen. Das Geschwätz bricht ab, setzt als Gezeter wieder ein, flaut ab, schwillt an und endet in einem schneidenden Gekreische.

An der steilsten Stelle der grauen Wand, auf dem schimmernden Schneefleck, leuchtet ein roter Fleck auf. Schimpfend und lästernd fallen die bunten Vögel in der krummen Linde über die Felsplatte ein, stellen sich entsetzlich giftig an und stieben keifend ab.

Einen schiefen Blick schickt ihnen der Fuchs nach, dann reckt er sich, gähnt herzhaft, reckt sich abermals, fährt zusammen und beginnt sich heftig mit dem Hinterlauf hinter dem Gehör zu kratzen, wohlig dabei knurrend, fährt dann mit dem Fang nach der Keule, flöht sich auch dort ausgiebig, kratzt sich stöhnend und murrend den Nacken und sitzt dann würdevoll da, ab und zu den Kopf wendend.

Vom Vorholz tief unter ihm fallen hastige Axtschläge herauf; es stört ihn nicht. Das eilige Kreischen der Säge ertönt; ihn kümmert es nicht. Ein knirschender Laut wird hörbar, dem ein Prasseln folgt, das in einem dröhnenden Poltern endigt; ihm ist es gleich. Der Berg zittert leise, dann stärker, ein wildes Gebrüll donnert durch die Luft, auch das lässt ihn kalt. Die Arbeit der Holzfäller ist er seit sieben Jahren gewöhnt und die Sprengschüsse der Steinbrucharbeiter erst recht.

Auch das Piepsen der Goldhähnchen, das Zetern des Zaunkönigs und das Trillern der Schwarzmeise bringt ihn nicht aus seiner Ruhe. Vor sechs Jahren reizte es ihn, einen Versuch zu wagen, jetzt weiß er, dass das keinen Zweck hat. Er gähnt, reckt sich, kratzt sich abermals, rekelt sich an der Sonne und hockt dann wieder unbeweglich da.

Eine ganze Weile sitzt er so, bis die Flöhe unter der warmen Decke gar zu frech in seinem grau bereiften Balg werden und er sie wieder mit Klaue und Zahn zur Ruhe bringen muss. Aber mitten in der Beschäftigung hält er ein; seine bernsteingelben Seher erweitern sich, seine schwarzen Gehöre stellen sich aufrecht.

Da, halb rechts unten, sind sie wieder, die beiden Töne, die er vernahm. Und noch einmal das Brechen und noch einmal das Husten. Der Fuchs steckt wieder die sorglose Miene auf. Es ist nichts, wenigstens nichts Schlimmes. Ein Mensch zwar, aber ein guter Bekannter, der alte Oberholzbauer, in dessen tranduftender Fährte sich immer etwas Gutes findet, ein Endchen Wursthaut, ein Stückchen Butterbrotrinde, ein Bücklingskopf.

Ach ja, Wursthaut und Bücklingskopf! Der Fuchs zieht Geschmacksfäden, die silbern in der Sonne blitzen, und in seinem Wanst rumpelt und pumpelt es. Vorgestern Plattfrost und steifer Nordost, gestern Schlackschnee, das waren zwei magere Tage. Eine verluderte Krähe, ein scheußlich salziger Heringsschwanz, ein harter Knochen mit nichts daran und zwölf

Nachtschmetterlinge, die hinter der losen Rinde eines Buchenstumpfes überwinterten, das war alles.

Aber heute wird es mehr geben. Den ganzen Morgen hat es geschneit und es wird noch mehr schneien, denn die Luft ist still und weich.

Aber brach da unten nicht etwas? Natürlich! Ein Hase ist es, den der alte Mann aus dem Lager trat. Die dicke Lunte des Fuchses zuckt hin und her, dass die weiße Blume blitzt. Der Hase hoppelt auf die Steinplatte zu. Langsam schiebt sich der Fuchs voran. Da bröckelt der Schneerand der Steinplatte ab, fällt raschelnd ins Laub, der Hase hält inne, macht einen Kegel und hoppelt im rechten Winkel fort. Diesmal gelang es nicht.

Aber nun merkt der alte Fuchs recht, wie sehr es ihn hungert. Ganz elend wird ihm inwendig. Es hat keinen Zweck, hier sitzen zu bleiben. Sonne auf dem Balg wärmt ja, aber frisches Fleisch im Balg hält wärmer. Es ist noch heller Tag, aber hier oben am Berg ist die Luft rein, und wenn ein Bummel durch Busch und Stangenort auch nicht viel einbringt, etwas kommt immer dabei heraus.

Fort ist er; ein leises Knirren der langen Grashalme, ab und zu das Zerstäuben des Schneebehanges zeigt, wo er blieb. Jetzt taucht er in der alten Holzriese auf, sichert einen Augenblick zum Abhang hin und ist wieder fort.

Der Wanderfalke, der auf der höchsten Zacke des zopftrockenen Buchenüberhälters hakt, äugt unter sich, denn Reineke macht sich dort zu schaffen. Irgendetwas findet er dort immer, auch heute. Viel ist es ja nicht, nur der Rest einer Krähe. Der Hunger treibt es hinein.

Weiter geht es auf dem engen, hoch verschneiten Pass zwischen den Jungbuchen. Ab und zu unterbricht eine Flucht über einen faulen Stamm oder eine hinderliche Klippe das langsame Schnüren, hin und wieder verhofft er auch ein wenig. Allzu verlockend schwirrt und schnurrt das Meisenvolk, nach Frostspannern suchend, über den Schnee hin. Meist bringt diese Jagd nichts ein, aber einen Augenblick kann man schon daran wenden, vielleicht glückt es. Aber schon schnürt er weiter. Die Finkmeise hat ihn spitz, sie schlägt Lärm und schimpfend stiebt der ganze Trupp in die Kronen.

Nun aber schnell fort, denn diese Gesellschaft ist lästig. Also umgedreht, in die Dickung, den Berg hinauf, und von oben her in das Stangenholz hinein. Langsam, hier riecht es nach Maus, ganz frisch sogar. Mit schiefem Kopf steht er vor dem schwarzen Loch im Schnee. Etwas Graubraunes will heraus. Er fasst zu, es quietscht, eine schnelle Bewegung des Kopfes, ein heftiges Wedeln der Lunte, ein lautes Schmatzen, und weiter schnürt er. Hier riecht es nach Reh, darum halt! Auch ganz frisch, darum entlang der Doppelfährte! Ricke mit Kitz, aber beide gesund. Dann hat es keinen Zweck!

Einen Augenblick überlegt er. Hier irgendwo wurde er einmal sehr satt. Richtig, halb links, um die grauen, hohen Felsen herum, an dem Fichtenhorst vorbei, unter den losen Steinplatten hindurch in das große Trümmerloch hinein! Hier hatte er an einem schönen Spätherbstmorgen gelegen und sich den Balg vom Nachttau getrocknet. Da hatte er es knallen hören, nicht sehr weit, und nach einem Weilchen brach es über der Schlucht, Steine polterten, Schutt rieselte, und rasselnd fiel es in Laub und Kraut.

Er hatte sich schnell in Sicherheit gebracht, aber abends, als die Eule schrie, war er auf Umwegen an die Schlucht herangeschnürt. Da war er auf Rehschweiß gestoßen, hatte immer mehr gefunden und hatte die Rotfährte gehalten bis an die steile Wand, war das Zickzackband der Wand hinabgeschlichen, und als er im Grund war, da schlug ihm die volle Rehwitterung entgegen. Das war ein Fest! Eine Flucht machte der Bock noch, aber keine zweite mehr, da hatte er ihn an der Drossel und lange Zeit zum Klagen ließ er ihm nicht. In der Nacht war er satt geworden, dass es für zwei Tage hinlangte.

Aber alle Tage sind nicht so. Heute riecht es hier nur nach Schnee und Moos und Mulm.

Also weiter, die Klippen hinauf, an der Wand entlang in den Hohlweg hinein, wieder in die Klippen und wieder hinaus. Aber die Höhle könnte man mitnehmen. Einmal gab es dort einen angeschweißten Hasen, der sich da gesteckt hatte, ein anderes Mal einen Jungdachs, der vergeblich an den Wänden herumfuhr, als Reineke in dem Ausgang erschien, und einige Siebenschläfer wurden dort auch erbeutet, ja einmal sogar eine Eule. Hier ist nichts da, nur Eiszapfen und Schnee. Ein paar dicke Motten finden sich schließlich noch, die werden mitgenommen. Aber die Fledermaus bleibt hängen, nichts wie Haut und Knochen, und sie riecht schlecht.

Missmutig überlegt er, wohin er sich nun wenden solle. Da fährt er zusammen. Über ihm erschallte des Hasen Todesklage. Mit jäher Flucht nimmt er den Kopf der Klippe und will auf die folgende, von der er in das helle Holz äugen kann, da verhofft er. Hasenklage verspricht oft mehr, als sie hält.

Es ist schon lange her, aber wer das einmal durchgemacht hat, der vergisst es nicht. Das war auch so ein weicher, milder Wintertag nach steifem Nordost und er hatte auch zwei Tage gehungert oder noch länger. Er war um die Mittagszeit durch das Stangenholz geschnürt. Es schneite breit und langsam und kein Lüftchen ging.

Da erscholl über ihm der jämmerliche Laut. Er kannte ihn gut. So hatte der Hase geklagt, den er acht Tage vorher riss. Ein merkwürdiger Hase, denn er saß mit dem Hals in einer dünnen, langen Ranke, von denen oft Stücke an den guten Wursthäuten sind. Und da dachte Reineke, es säße wieder so ein Häslein fest, und war, ohne erst Wind zu nehmen, losgetrabt, bis vor den Baum, von woher das Klagen kam. Und da hatte sich der Baum so merkwürdig schnell bewegt. Reineke fühlte ein Stechen und Schneiden an der linken Seite, sah es blitzen, hörte es krachen und kam erst recht wieder zur Besinnung, als er in seinem Feldloch saß und sich die brennende Seite leckte. Seit der Zeit holte er sich immer erst Wind. Seher und Gehör trügen, die Nase nie.

Eine Weile windet er. Dann schleicht er vorsichtig den Hang entlang, bis er unter dem Wind ist. Und da bleibt er. Noch einmal klagt der Hase; matter, schwächer, immer gedämpfter klingt es. Der Fuchs schleicht langsam näher, immer den Kopf hoch, immer mit den Nasenflügeln heftig schnuppernd und die Seher auf jeden Stamm richtend. Dort, geradeaus, muss es sein. Aber er gewahrt auf dem Schnee kein zuckendes, zappelndes Ding. Ringsumher ist es still und stumm und es riecht nur nach Stein und Holz und Moos und Schnee.

Die Sache stimmt nicht. Reineke setzt sich auf die Keulen. Er hat viel Hunger, aber er hat auch viel Zeit. War es ein Hase, so kriegt er ihn immer noch, und war es keiner, dann ist es umso besser. Aber jetzt lässt sich da etwas vernehmen; es war, wie wenn eine Eichkatze am Stamm kratzt. Aber dann ist es wieder still. Jetzt hat sich da an dem Baum etwas bewegt. Reineke windet wieder. Hier kesselt der Wind. Ganz leise und langsam schleicht der Fuchs nach rechts, alle Augenblicke verhoffend, dann wieder weiterschleichend, um abermals zu verhoffen. Auf einmal fährt er zurück, stößt ein kurzes, heiseres Gebell aus, wendet jäh um und trollt, so schnell er kann, dem dichten Bestand zu, dass der Schnee stäubt.

Es war nicht Hase, es war Mensch. Reineke ist sehr vorsichtig geworden. Er traut sich aus den Dickungen nicht heraus, und erst als der Himmel alles Rot verloren hat, die Goldhähnchen schon tiefer suchen, die Zeisige in den Fichten einfallen, im hellen Holz die Eule heult und die Steinbrucharbeiter laut singend hinter dem tanzenden Licht den Steinweg hinabtrampeln, da bekommt er die alte Sicherheit wieder. Aber viel länger als vorhin holt er sich in jeder Schlucht und auf jedem Kamm erst Wind.

Es ist schon recht dunkel, da schnürt er den Holzfahrweg entlang, findet am Frühstücksplatz eine Wursthaut, an einem Stück Papier etwas Schmalz, greift am Bach eine Maus, regt sich zwischen Holz und Feld an den frischen Hasenspuren auf, prüft alle Rehfährten, ob sich nicht Schweißwitterung an einer davon findet, scharrt auf dem Feld aus dem Mist einen faulen Hühnerkopf, würgt ein stinkendes Darmende hinein, das er aus einem anderen Misthaufen kratzt, stattet dem Fischteich einen erfolglosen Besuch ab und schleicht in der späten Dämmerung um das Gut herum, bis laute Menschenstimmen ihn verjagen.

So trabt er in großem Bogen zum Dorf, findet am letzten Haus auf dem Dungplatz einen Ballen fettiger Schweinehaare vom Schlachtfest, die er mit Widerstreben hinunterwürgt, gedenkt traurig der Nacht, als er hier die halbwüchsige Katze erwischte, muss eilig abtrollen, weil ein kläffender Spitz in den Hof hinausfährt, stellt am Bach fest, dass die Enten und Gänse wohl da waren, aber nicht mehr dort sind, findet am Luderplatz nur Pferdeknochen, am Kalkofen überhaupt nichts, bei der Mühle dasselbe und macht auf seiner Fahrt durch die Feldmarken und die sieben Berge hinter ihnen die Erfahrung, dass der Hase viel zu hellhörig ist und dass die Hühner verschwunden zu sein scheinen. Eine Maus scharrt er mit Mühe noch aus, dann ist die Nacht hin, und er trollt dem Holz wieder zu, in der stillen Hoffnung, in den Schlehenbüschen noch einen Igel im Winterlager zu finden.

Der Igel aber liegt unter schützendem Schnee und Mäuse gibt es auch nicht. Als er ganz trübselig den Bach entlangschnürt, stößt er auf frische Rehwitterung. Gewohnheitsmäßig, aber ohne Hoffnung, schnürt er der Fährte zu und steckt die Nase hinein. Sofort ist er wieder munter, denn in der Fährte liegt ein Tröpfchen Schweiß. Bei dem Wurfboden einer Buche findet er wieder Schweiß in der Fährte, einen Tropfen, und je näher er an den Buchenaufschlag kommt, umso frischer sind sie, und immer heftiger weht Reinekes buschige Rute.

Ganz vorsichtig schleicht er in dem Hauptwechsel entlang, bis er in dem Buchenaufschlag ist. Da hat er dicht vor sich die volle Rehwitterung. Noch vorsichtiger schleicht er näher, da rauscht es über ihm, poltert es, rasselt es, stiebt es und nun schleicht er nicht mehr, er schnürt eiliger, immer hastiger, und je schneller es vor ihm bricht und rauscht, umso flüchtiger wird er, immer unter dem Wind neben der kranken Fährte, die Nase einen halben Fuß über dem Schnee.

Das laufkranke Kitz flüchtet bergan, Reineke immer hinter ihm drein. Es schlägt einen Haken, macht einen Wiedergang, lässt den Fuchs hinter sich, aber der hält die Fährte, und als es zitternd und keuchend verhofft, weil bei jeder Flucht die Schalen durch die harte Schneekruste treten und die Läufe immer mehr schmerzen, da vernimmt es des Verfolgers lautes Hecheln schon unter sich. Es flüchtet bergauf, über faule Stöcke, zwischen Klippen hindurch, in die verschneiten Dickungen hinein, in das Stangenholz, aber Reineke ist immer dicht an ihm. Immer kürzer wird das Reh, immer länger der Fuchs. Einmal schon fasst er Haar, aber laut aufklagend reißt es sich los, bricht seitwärts aus und poltert in der vereisten Holzriese den Hang hinab.

Ihm nach trabt der Fuchs. Seine Seher glühen, lang hängt die Zunge aus den schwarzen Lefzen, fest angelegt sind die spitzen Gehöre, die Lunte flattert wie eine Fahne über seinem Rücken, Schaum spritzt rechts und links in den Schnee. Jetzt ist er bei dem Reh, es wird noch einmal hoch, flüchtet durch den verschneiten Aufschlag, aber der Fuchs ist jetzt immer Seite an Seite mit ihm und springt bei der dritten Flucht an ihm hinauf. Jetzt fasst er an, zieht nieder, jämmerlich klingt das Angstgeschrei durch den Wald, ferner antwortet der Bass eines Altrehs und dann ist es still.

In dem kleinen Erdfall, neben dem breiten Steinblock unter dem sparrigen Holunderbusch schlagen des Kitzes Hinterläufe den Schnee von dem Buchenlaub. An der Kehle zerrt und reißt knurrend und keuchend der Fuchs, bis es ihm nass und heiß entgegenquillt. Da hält er inne und leckt und leckt, fasst noch einmal an, reißt noch einmal, stößt seine Nase zwischen die Lauscher, unter das Vorderplatt, in die Dünnungen, in den Spiegel des Rehes, zupft erst hinter dem Blatt, reißt heftiger, verhofft, windet und schneidet an.

Er ist nicht mehr der saubere Fuchs, dessen eisgrau bereifter Balg wie geleckt aussieht. Das Gesicht ist rot besudelt, der weiße Brustplatz ist fort. Er zieht und zerrt, reißt die Öffnung weiter und hält plötzlich inne. Sein Rückenhaar sträubt sich, heiser faucht, dumpf murrt er, und giftig keckend fährt er einem anderen Fuchs entgegen, der seit einer Stunde der Rotfährte gefolgt ist. Wieder wird es laut im Walde, so laut, dass die Steinbrucharbeiter, die in dem Hohlweg hintereinander herstampfen, erstaunt stehen bleiben und eine Weile dem gellenden Kreischen zuhören, das sich den Berg hinaufzieht, bis es auf dem Kamm verhallt.

Der Alte vom Berg hat den Schmarotzer abgebissen. Eilig, aber immer wieder winkend und verhoffend, schnürt er zu seiner Beute zurück und füllt sich bis zum Platzen. Erst als es ganz licht ist und die Forstarbeiter mit Axt und Säge laut werden im hohen Holz, als die Zeisige die Fichten verlassen, die Krähen über den Berg streichen, Goldfink, Häher und Zaunkönig sich melden, schiebt er mit der Nase den Schnee über das Reh, es für die kommende Nacht aufhebend.

Faul und dick schnürt er den Steig entlang, bis zu dem Loch, in dem sich die Quelle sammelt. Da schlappt er das eisige Wasser, bis sein Brand gestillt ist, rollt sich im Schnee und schnürt dann den Hang hinauf bis vor seine Burg.

Die Sonne kommt rot und rund an der Flanke des Berges hoch und trifft eben noch die weiße Spitze von Reinekes Lunte, die gerade in der Spalte verschwindet, die in seinen Bau führt.

Da wird der Tag verschlafen und vielleicht die Nacht dazu und Ende noch ein Tag, wenn ihn der Durst nicht hinaustreibt.

160

Hermann Löns

Der Zaunigel

Außerhalb des Dorfes nach der Heide zu liegt an dem Moorbach ein Eichenhain. Ein halbes hundert grauer Bauwerke erhebt sich dort, halb versteckt von dem breiten Astwerk der alten Eichen. Es sind die Schafställe und Scheunen der Bauern, kunstlose, strohgedeckte Fachwerkbauten, deren Wände graues Flechtenwerk und gelber Lehmbewurf bilden und deren Grundbalken auf dicken Findlingsblöcken liegen.

Dort wohnt auch der Schäfer. Eine mächtige Mauer aus Ortsteinblöcken, von Moos übersponnen und von Engelsüß und Glockenblumen und Efeu überwuchert, hinter der sich ein gewaltiger, von Wacholder, Holunder, Stechpalmen und Schlehen bewachsener Hagen erhebt, grenzt das Wohnwesen gegen die Stallungen ab. Allerlei Getier haust hier. In den Strohdächern brüten Rotschwanz und Ackermännchen, auch ein paar Schleiereulen und ein paar Käuzchen hausen dort, unter den Scheunen haben es Spitzmaus und Waldmaus gut, Kröte und Ringelnatter und nicht minder Wiesel und Iltis. Auch Igel sind hier anzutreffen.

Der Schäfer lässt sie gewähren. Sie mögen ihm wohl ab und zu ein Ei oder ein Küken fortnehmen, dafür halten sie aber auch die Mäuse kurz. So treiben sie denn ungescheucht schon am späten Nachmittag im Garten oder auf dem Hof oder unter den Eichen ihr Wesen, und Wasser und Lord, die beiden alten Hunde des Schafmeisters, kümmern sich nicht um sie. Nur Widu, der junge Hund, ist noch etwas albern und quält sich dann und wann ein Viertelstünden mit einem Igel ab, um schließlich mit zerstochener Nase das Spiel aufzugeben. Auch heute hat er das so getrieben und hat sich endlich ärgerlich und müde vor den Herd gelegt, wo er schläft und im Traum das Stacheltier weiter verbellt.

Der Igel hat noch eine volle Viertelstunde zusammengekugelt dagelegen, dann hat er sich aufgerollt und ist in das Gestrüpp des Hagens gekrochen. Er hatte vor, im Garten Schnecken zu suchen, aber der dumme Hund brachte ihn davon ab. Und nun krabbelt er in dem alten Laub herum, scharrt in dem Mulm und verzehrt laut schmatzend bald einen Regenwurm, bald eine Schnecke, dann eine Assel und nun eine dicke Spinne. Und jetzt geht es wie ein Ruck durch ihn; er hat junge Mäuse pfeifen gehört. Ein Weilchen noch verharrt er in seiner aufmerksamen Haltung, dann schleicht er vorwärts, macht einen kleinen Satz und stößt seine Nase in einen Knäuel fahlen Grases, der zwischen den Ortsteinen der Hofmauer steckt. Sechsmal stößt er zu, und jedes Mal klingt ein dünner, schriller Todesschrei. Dann langt er sich die jungen Mäuschen heraus und schmatzt sie hastig auf.

Ein Weilchen schnüffelt er noch an dem Mausnest herum, dann trippelt er weiter, ab und zu fauchend oder stehen bleibend und sich mit Krallen oder Zähnen heftig da juckend, wo die Flöhe und Holzböcke ihn am meisten zwicken. Bald langsam, bald eilig begibt er sich nach dem Eichenhain. Dort gibt es immer allerlei im Gras, ein Taufröschchen oder eine fette Raupe, ein Mäuschen oder auch einmal einen jungen Vogel, der aus dem Nest fiel. Brrr, macht es laut und ein dickes, braunes Dings stößt mit hartem Anprall an die blutende Eiche. Es ist ein Hirschkäfer. Er hat gefunden, was er suchte. Gierig steckt er die goldgelbe Pinselzunge aus. Da raschelt es hinter ihm. Wütend dreht er sich um und spreizt die scharf bewehrten Zangen. Aber schon hat der Igel ihn gefasst, ihm den Leib abgerissen, und während der Kopf im Gras liegt und mechanisch die Zangen öffnet und schließt, knabbert der Igel den dicken Hinterleib vollends auf. Dann jagt er unter den Schafställen weiter und sucht einen nach dem andern ab. Viel ist heute da nicht zu finden. Einige Spinnen, etliche Käfer, auch ein gut genährter Regenwurm, das ist alles. Es ist zu trocken gewesen den Tag über, die Junisonne hatte es reichlich gut gemeint und der Wind ging scharf; das gibt schlechte Jagd. So schiebt denn der Stachelrock nach dem Bach zu; vielleicht dass sich dort die Jagd besser lohnt. Unterwegs dreht er jedes Blatt um und scharrt jeden Grasbusch auseinander, immer prüfend und schnaufend und seine Nase in das Moos und in die Blätter bohrend und ab und zu sitzen bleibend, um irgendein kleines Tier zu verzehren.

Einmal bleibt er lange sitzen; er hat eine alte Maus pfeifen gehört und vorsichtig pirscht er sich näher. Jetzt hört er sie vorüberhuschen. Gleich wird sie wieder zurückkommen und dann hat er sie. Aber gerade als er zufahren will, löst sich ein grauer Schatten von der Wagenleiter, die Maus quiekt auf, und das Käuzchen streicht, sie in den dolchbewehrten Fängen haltend, auf die hölzernen Pferdeköpfe des Stalles. Der Igel hat das Nachsehen.

Mürrisch begibt er sich weiter. Ein Kieferschwärmer, der am Nachmittag die Puppe verlassen hatte und sich, nachdem er seine Schwingen fertig gereckt hat, nun zum ersten Flug rüstet, verschwindet unter den spitzen Zähnen. Ihm folgt eine Ackerschnecke. Von der dicken schwarzen Schnecke, auf die der Igel stößt, wendet er sich aber mit Ekel ab. Sie riecht abscheulich und schmeckt scheußlich. Aber das laute, rollende Flöten da in dem anmoorigen Sand am Bachufer, das lockt ihn. Ein schnelles Getrippel, ein fester Stoß, und schon ist die Maulwurfsgrille erledigt. Weiter geht es am Bachufer entlang. Halt, hier hebt sich die Erde. Etwa ein Maulwurf? Das wäre kein schlechter Fang. Oder gar eine Wühlmaus? Das wäre noch besser. Ganz vorsichtig schiebt er sich voran. Lange muss er lauern, ehe die Erde sich wieder rührt, aber schließlich kann er zufahren. Er stieß zu kurz. Mit jähem Ruck wirft sich die schwarze Erdwühlerin in den Bach, dass es plumpst, und nach einer langer Besinnungspause wendet sich der Igel wieder den Eichen zu.

Hier ein Mistkäfer, da eine Raupe, dort ein Brachkäfer und daneben ein Regenwurm, das wird so nebenbei alles mitgenommen. Aber was ist das da, was sich da im Gras fortschiebt? Der Igel sträubt die Kopfstacheln, steckt die Nase vor, rollt sich halb auf und trippelt so auf die Beute los. Jetzt ist er bei ihr. Zss, geht es, und einmal, zweimal, dreimal fährt die halbwüchsige Kreuzotter gegen seinen Stachelpanzer. Ein viertes Mal noch, dann aber nicht mehr. Er hat sie überrannt, hat sie mit den Kopfstacheln an den Boden gequetscht, hat mit den Zähnen ihren Hinterkopf gefasst, und während sich ihr Leib in wilden Kreisen dreht, zerkaut er erst den Kopf und schmatzt ihn hinunter und lässt den Leib hinterdreinwandern. Nach einem Viertelstündchen verschwindet auch die äußerste Schwanzspitze, die sich immer noch windet, in seinem Rachen.

Vorläufig ist er nun satt. Spaßeshalber fasst er noch einen großen Taufrosch, der ihm dicht vor die Nase hüpft, an das Hinterbein, aber gerade als der arme Frosch seinen schrillen Todesschrei hören lässt, gibt ihn sein Bezwinger frei, und der Frosch springt in gewaltigen, ungeschickten Sätzen ab. Ganz furchtbar eilig trippelt der Igel nach dem Weißdornbusch hin, der sich neben einem der Schafställe spreizt. Der leise Luftzug weht ihm von da eine Kunde zu, die ihn ungestüm vorwärts treibt. Ohne eine Pause zu machen, trippelt er in schnurgerader Richtung weiter, und gerade als die Dorfuhr ausholt, um die zehnte Stunde zu verkünden, gerade als des Nachtwächters Horn hohl zu heulen anfängt, langt der Igel vor dem Busch an.

Da ist noch ein Igel, ein dicker, großer Igel, der eben einen langen, dicken Tauwurm hübsch langsam aus einer Erdröhre herauszieht. Wie besessen stürzt der erste Igel auf ihn zu. Blitzschnell wendet der andere sich um und beißt nach ihm. Verdutzt bleibt der erste sitzen, dann nähert er sich wieder dem anderen. Wieder setzt es einen Hieb, wieder gibt es eine

Verlegenheitspause und so zehnmal und noch zehnmal. Und dann schlägt der erste Igel eine andere Taktik ein.

Schnaufend und fauchend trippelt er um den anderen und versucht sich ihm von hinten zu nähern, dieser aber dreht sich schnaufend und fauchend fortwährend im Kreis herum und wehrt jeden Annäherungsversuch mit einem blitzschnellen Biss ab.

Schließlich sitzen sie sich beide gegenüber, dass ihre Schnauzen sich fast berühren, und verschnaufen, der Igel überlegend, wie er sich wohl beliebt machen könne, die Igelin immer zur Abwehr bereit. Bisher ist der Igel immer von rechts nach links um seine Auserkorene herumgetrippelt, jetzt versucht er es in der umgekehrten Richtung.

So muss sich auch die Igelin von links nach rechts im Kreis drehen. Wenn er sie zehn- oder zwölfmal umkreist hat, wird er plump vertraulich. Dann setzt es von ihr aus einen Schmiss. Verdutzt bleibt er dann sitzen und überlegt den Fall und sie bleibt auch sitzen.

Sie sehen sich mit ihren kleinen schwarzen Augen an, Nase an Nase, bis er wieder Mut bekommt und von neuem um sie herumtrippelt, jetzt von links nach rechts, nach dem nächsten Hieb von rechts nach links, dann wieder umgekehrt und so weiter.

Elf Uhr schlägt die Turmuhr, elfmal heult des Wächters Horn. Immer noch murksen und fauchen die beiden stachligen Liebesleute umeinander herum. Es wird Mitternacht, das sonderbare Karussell ist noch immer im Gang. Es schlägt ein Uhr; er ist noch immer nicht müde, sie zu umwerben, und ihre Sprödigkeit hält immer noch an. Es schlägt zwei Uhr, noch immer trippelt er fauchend, prustend um sie herum, bald von rechts, bald von links, und nach jedem Hieb, den sie ihm versetzt, hält er inne und überlegt, ob es nicht besser sei, ihr von der anderen Seite zu nahen. Eine halbe Stunde bleibt der Jagdaufseher bei dem Paar stehen und lacht und schüttelt den Kopf, bis die Helligkeit im Osten ihm sagt, dass es Zeit für ihn werde, nach dem Moor zu gehen. Schon singt der Rotschwanz von dem Dachfirst, die Schleiereule sucht ihr Loch am Giebel, der Igel und die Igelin tanzen immer noch ihren sonderbaren Reigen. Erst als die Amsel zeternd zur Regenwurmsuche ausfliegt, verschwindet sie unter dem Stall, und er folgt ihr nach. Als der Schäfer die Schafe auslässt, hört er unter dem Estrich das Gefauche und Geschnaube und ruft dem jungen Hund zu: »Widu, bring sie zur Ruhe!« Aber Widu mag nicht, er hat von gestern genug.

Der Juni geht und der Juli auch. Als die Frau des Schäfers den Komposthaufen auseinander stößt, findet sie in einem Haufen welken Grases fünf kleine, rosige, weißstachlige Dingerchen neben der alten Igelin liegen. Nachmittags will sie sie ihrem Mann zeigen, aber sie sind nicht mehr zu finden. Die Igelin hat ihre Jungen verschleppt. Unter dem alten Schlehbusch hat sie ihnen ein neues Nest gekratzt und sie warm zugedeckt. Da säugt sie sie tagsüber, aber nachts treibt sie sich im Garten umher und frisst sich an Schnecken und Würmern dick, scharrt Mäusenester aus und fängt junge Frösche, schont auch die junge Brut der Rotkehlchen trotz des Gezeters der Alten nicht und nimmt auch die junge Amsel mit, die ihr in den Weg tolpatscht, wie sie denn auch mit den nackten Wieselchen, die sie aufstöbert, nicht viel Federlesens macht. Sogar die große Wanderratte, die sich in dem Schlageisen gefangen hatte, muss daran glauben. Trotz ihres Strampelns und Quietschens wird sie totgebissen und bis auf Kopf, Fell und Schwanz aufgefressen.

Nach vier Wochen führt die Igelin ihre fünf Kleinen aus. Eines Abends, als der Schäfer vor der Tür sitzt und seine Pfeife raucht, raschelt es hinter dem Brennholz, und da kommt erst schnaubend und prustend die Igelin angetrippelt und hinter ihr wackeln die fünf Kleinen. Der Schäfer ist ein ernster Mann und lacht selten, heute aber muss er doch lachen, denn es sieht zu putzig aus, wie die kleinen Dinger hinter der Alten herbummeln, überall kratzen und scharren und ihre Nasen in alle Löcher am Boden stecken oder hastig hineinrennen, wenn die Mutter einen tüchtigen Wurm bloßgescharrt hat und ihn sich von den Kleinen fortnehmen lässt. Seit der Zeit ist es für den Schäfer und seine Frau ein Hauptvergnügen, den Igeln zuzusehen, und damit sie nicht gestört werden, wird Widu jeden Abend angelegt. Auch allerlei Essbares legt der Mann den Igeln hin. Butterbrot verschmähen sie, aber frisches Fleisch nahmen sie gern, und auch kleine Fische, die der Schäfer für die Hechtangeln gefangen hatte. Als der Schäfer sah, dass die Igelin sich immer so viel kratzte, fing er sie, und als er fand, dass sie voller Ungeziefer saß, salbte er sie mit der Schmiere, mit der er seinen Schafen das Ungeziefer vertrieb. Seitdem gab sie das Kratzen auf.

Mittlerweile wurden die kleinen Igel immer größer, hielten auch nicht mehr zu den Alten, sondern gingen ihre eigenen Wege, und wenn sie der Alten begegneten, wurden sie von ihr weggebissen. So wanderten sie denn aus, der eine in die Heidberge, der andere in die Eiche, der Dritte in den Wiesenbusch, noch einer ins Dorf und der Letzte nach dem Immenzaun, und wenn der Schäfer einen von ihnen antraf, denn er kannte sie gleich wieder, weil er ihnen allen, dem einen am Kopf, dem andern hier oder da am Rücken, ein Büschel Stacheln abgeschoren hatte, dann zeigte er sie den Leuten und sagte: »Das ist einer von meinem Hof.«

Bis in den Herbst hinein sah er bald hier, bald da einen von seinen Igeln, und sogar im Februar, als nach einem leichten Schnee die Sonne schön warm schien, traf er die alte Igelin am hellen Nachmittag vor der großen Hecke am Immenzaun und nahm sie mit und setzte sie in den Schafstall, und als im März die Sonne die Oberhand bekam, traf er fast jeden Abend einen Igel an im Garten, auf dem Hof oder unter den Eichen und hatte sein Vergnügen an ihnen.

Eines Tages aber kam eine Zigeunerbande zugewandert und der Vorsteher wies ihnen die Heide bei den Eichen als Lagerstätte an. Während die Männer sich überall herumtrieben und die Weibsleute wahrsagen gingen, zogen die Jungens auf die Igeljagd. Sie hatten Stöcke, an denen oben ein langer, dicker, spitz gefeilter Draht befestigt war und damit stachen sie in alle Laubhaufen, Hecken und unter die Schafställe. Ab und zu quietschte es und einer von den Bengeln zog einen Igel aus seinem Versteck.

Abend für Abend saß der Schäfer auf der Bank vor der Tür und wartete auf seine Igel. Er sah sie nie wieder.

Hermann Löns

Am Murmeltierbau

Das war ein heißer Tag. Frühmorgens war ich, von Berchtesgaden kommend, über den Königssee gefahren und dann in sengender Sonnenglut die Saugasse hinaufgestiegen. Wo die ersten Alpenrosen blühten, hatte ich Rast gemacht und gefrühstückt. An der steilen Wand über mir ästen sich drei Gämsen auf einem schmalen Grasband. Das war mir schon Erquickung genug bei dem stundenlangen Aufstieg in der Sonne über die Schottertreppen der Saugasse. Aber es kam noch allerlei Schönes. Schneeraben sah ich um unzugängliche, graugelbe Wände schweben mit schwalbenähnlichem Flug, sah ein Paar rosenflüglige Mauerläufer an den Klippen auf der Suche nach Spinnen und Käfern emporflattern, beobachtete Wacholderdrosseln und Krcuzschnäbel und trat schließlich, als ich Kühlung suchte, an einen winzigen Gletscher, einem Duodezgletscher, einen Alpenhasen aus dem Lager.

Als ich mir an Schneewasser Hals und Handgelenke gekühlt

hatte, suchte ich unter der steilen Felswand einen schattigen Platz zur Mittagsrast, und nachdem mein Mahl, Speck, Brot, Käse und ein Schluck Enzian, beendet war, da machte ich es mir bei einer Pfeife bequem.

Es war ein reizendes Fleckchen Erde. Hüben und drüben die steilen Wände, der Schneefleck, im Abschmelzen begriffen, gemustert von den Spuren des Schneehasen und den Fährten der Gämsen. Aus dem schwarzen, nassen Boden leuchteten weiße Röschen, Veilchen, umflattert von Faltern, umschwirrt von Bienen und Fliegen. Unten in den Krummkiefern schmetterte ein Zaunkönig sein keckes Lied, oben von den Wänden klang der heisere Schrei der Alpendohlen, Heuschreckengeschwirre erscholl aus dem Schotterabhang.

Da ertönte unter mir ein Pfiff, so schneidend, so gellend, dass ich jäh aufschreckte, ein Pfiff, so laut, dass er von den Wänden widerhallte wie ein Peitschenschlag. Vorsichtig richtete ich mich auf, da fuhr da unten ein graubraunes Ding durch das Geröll und verschwand. Ich saß und wartete, aber der Pfiff ertönte nicht wieder, und so stieg ich erneut bergan durch die bunte Herrlichkeit von Almenrausch und Kugelranunkel, Waldrebe und Glockenblume, Enzian und Narzissenanemone, bis der Weg ebener wurde und ich bei der Unterkunftshütte auf der Funtenseealm anlangte.

Da war alles voll und für mich kein Bett zu haben zum Nachmittagsschläfchen. So stieg ich denn nach dem Kaffee zum Funtensee hinab, freute mich an den tief rosenroten Mehlprimeln, beobachtete die Saiblingsbrut und wollte mir gerade unter einem Busch zwischen rot blühendem Almenrausch ein Lager machen, als jenseits des kleinen Sees der gellende Pfiff ertönte, wohl zwanzigmal.

Da saß, steil aufgerichtet, ein braunes Ding wie ein Pfahl und pfiff wie ein Fuhrmann. Dann verschwand es, tauchte wieder auf, erst halb, dann ganz, und pfiff wieder, dass es von allen Felswänden widerhallte.

Ein Trupp Bergwanderer zog vorbei, den Weg entlang. Ich ging ihnen nach. Als sie sich dem sonnigen Grasabhang näherten, von dem das alte Murmeltier eben so laut gepfiffen hatte, da fuhr es zu Bau.

Unweit des Baumes, kaum fünfzig Schritte davon, liegt am See eine Felsgruppe, herabgestürzt von der steilen Wand. Da suchte ich mir einen Platz und wartete in Ruhe der Murmeltiere, die da kommen sollten.

Ich musste lange warten und hatte Zeit genug, unter mir im Wasser die Saiblinge beim Fliegenfang zu beobachten und den Bienen, Hummeln und Dukatenfaltern zuzusehen, die über die hellrot getüpfelten Rasen der Zwergprimeln, über die goldenen Ziströschen, den tiefblauen Enzian und die veilchenblauen und weißen Blüten des Fettkrauts tanzten, und den Bergbachstelzen, die am Ufer umherwippten und Mücken fingen.

Endlich erschien in dem einen der vier schwarzen Löcher des grünen Abhangs ein graubrauner Punkt, eben sichtbar. Wohl zehn Minuten lang blieb er so, dann vergrößerte er sich um das Doppelte, blieb wieder fünf Minuten so, vergrößerte sich wieder, verharrte wieder so, und endlich, endlich schob sich ein altes Murmeltier heraus. Lange sicherte es, machte ab und zu ein Männchen und rutschte dann langsam und träge um den Bau herum, äsend und immer wieder sichernd, bis es sichs schließlich in der Sonne behaglich machte, regungslos, als wäre es ein graubrauner Stein.

In der Nachbarröhre erschien auch ein graubrauner Fleck, sicherte ein bisschen und schob sich dann heraus. Ein halbwüchsiges Murmel war es, das sich unbekümmert weit vom Bau entfernte, hier an einer Pflanze knabberte, dort an einer nagte, sich putzte, sich kratzte und dann zu dem alten Weibchen rutschte und sich die Sonne ebenfalls auf den Balg brennen ließ.

Endlich erschien auch in der dritten Röhre ein grauer Fleck, über zehn Minuten dauerte es, ehe der alte Herr die Luft rein fand. Nach allen vier Windrichtungen sicherte und windete er, der misstrauische Bursche, dessen lange, dunkelgelbe Nagezähne weithin blitzten. Und dann machte er ein Männchen, auch wohl zehn Minuten lang und sicherte und windete noch eine Zeit, und dann endlich entschloss er sich ebenfalls, sich zu äsen.

Noch ein viertes Stück erschien und äste sich, und auch die beiden anderen rutschten langsam und bedächtig von einer Viehtreppe zur anderen, drollig anzusehen in ihrer langweiligen Bedächtigkeit. Nur das alte Männchen vergaß nicht eine Minute die Vorsicht; alle Augenblicke machte es einen Kegel und sicherte.

Eine Stunde lang besah ich mir durch mein Glas die sonderbare Gesellschaft. Auf einmal machten sie alle Männchen.

Vier braune Pfähle, drei große und ein kleiner, standen da, und als das Knirschen der Nagelschuhe herankommender Bergführer auf dem Geröll näher kam, da fielen die vier graubraunen Pfähle um und verschwanden in den Röhren.

Von Vögeln und anderem Federvieh

Adalbert Stifter

Von der Anmut und Nützlichkeit der Vögel

Auch einen eigentümlichen Gedanken hat das Walten dieser Tiere in mir erweckt oder vielmehr bestärkt, denn ich hatte ihn schon längst. Allen Tatsachen, die wichtig sind, hat Gott außer unserem Bewusstsein ihres Wertes auch noch einen Reiz für uns beigesellt, der sie annehmlich in unser Wesen gehen lässt. Diesen Tierchen nun, die so nützlich sind, hat er, ich möchte sagen, die goldene Stimme mitgegeben, gegen die der verhärtetste Mensch nicht verhärtet genug ist. Ich habe in unserem Garten mehr Vergnügen gehabt als manchmal in Sälen, in denen die kunstreichste Musik aufgeführt wurde, die selten zu hören ist. Zwar singt ein Vogel in einem Käfig auch, denn der Vogel ist leichtsinnig. Er erschrickt zwar heftig, er fürchtet sich, aber bald sind der Schrecken und die Furcht vergessen, er hüpft auf einen Halt für seine Füße und trällert dort das Lied, das er gelernt hat und das er immer wiederholt. Wenn er jung und sogar auch alt gefangen wird, vergisst er sich und sein Leid, wird ein Hin- und Widerhüpfer in kleinem Raum, da er sonst einen großen brauchte, und singt seine Weise. Aber dieser Gesang ist ein Gesang der Gewohnheit, nicht der Lust. Wir haben in unserem Garten einen ungeheueren Käfig ohne Draht, Stangen und Vogeltürchen, in welchem der Vogel vor außerordentlicher Freude, der er sich so leicht hingibt, singt, in welchem wir das Zusammentönen vieler Stimmen hören können, das in einem Zimmer beisammen nur ein Geschrei wäre, und in welchem wir endlich die häusliche Wirtschaft der Vögel und ihre Gebärden sehen können, die so verschieden sind und oft dem tiefsten Ernst ein

Lächeln abgewinnen können. Man hat uns in diesem Hegen von Vögeln in einem Garten nicht nachgeahmt. Die Leute sind nicht verhärtet gegen die Schönheit des Vogels und gegen seinen Gesang, ja diese beiden Eigenschaften sind das Unglück des Vogels. Sie wollen dieselben genießen, sie wollen sie recht nahe genießen, und da sie keine Käfige mit unsichtbaren Drähten und Stangen machen können wie wir, in dem sie das eigentliche Wesen des Vogels wahrnehmen könnten, so machen sie einen mit sichtbaren, in welchem der Vogel eingesperrt ist und seinem zu frühen Tod entgegensingt. Sie sind auf diese Weise nicht unfühlsam für die Stimme des Vogels, aber sie sind unfühlsam für sein Leiden. Dazu kommt noch, dass es der Schwäche und Eitelkeit des Menschen, besonders der Kinder, angenehm ist, eines Vogels, der durch seine Schwingen und seine Schnelligkeit gleichsam aus dem Bereich menschlicher Kraft gezogen ist, Herr zu werden und ihn durch Witz und Geschicklichkeit in seine Gewalt zu bringen. Darum ist seit alten Zeiten der Vogelfang ein Vergnügen gewesen, besonders für junge Leute, aber wir müssen sagen, dass es ein sehr rohes Vergnügen ist, das man eigentlich verachten sollte. Freilich ist es noch schlechter und muss verabscheut werden, wenn man Singvögel nicht des Gesanges wegen fängt, sondern sie tötet, um sie zu essen.

Die unschuldigen und mitunter schönen Tiere, die durch ihren einschmeichelnden Gesang und ihr liebliches Benehmen ohnehin unser Vergnügen sind, die uns nichts anderes tun als lauter Wohltaten, werden wie Verbrecher verfolgt, werden meistens, wenn sie ihrem Trieb der Geselligkeit folgen, erschossen oder, wenn sie ihren nagenden Hunger stillen wollen, erhängt. Und dies geschieht nicht, um ein unabweisliches Bedürfnis zu erfüllen, sondern einer Lust und Laune willen. Es wäre unglaublich, wenn man nicht wüsste, dass es aus Mangel an Nachdenken oder aus Gewohnheit so geschieht. Aber das zeigt eben, wie weit wir noch von wahrer

Gesittung entfernt sind. Darum haben weise Menschen bei wilden Völkern und bei solchen, die ihre Gier nicht zu zähmen wussten oder einen höheren Gebrauch von ihren Kräften noch nicht machen konnten, den Aberglauben aufgeregt, um einen Vogel seiner Schönheit oder Nützlichkeit willen zu retten. So ist die Schwalbe ein heiliger Vogel geworden, der dem Haus Segen bringt, das er besucht, und den zu töten Sünde ist. Und selten dürfte es ein Vogel mehr verdienen als die Schwalbe, die so wunderschön ist und so unberechenbaren Nutzen bringt. So ist der Storch unter göttlichen Schutz gestellt und den Staren hängen wir hölzerne Häuser in unsere Bäume. Ich hoffe, dass, wenn unseren Nachbarn die Augen über den Erfolg und den Nutzen des Hegens von Singvögeln aufgehen, sie vielleicht auch dazu schreiten werden, uns nachzuahmen, denn für Erfolg und Nutzen sind sie am empfänglichsten. Ich glaube aber auch, dass unsere Obrigkeiten das Ding nicht gering achten sollten, dass ein strenges Gesetz gegen das Fangen und Töten der Singvögel zu geben wäre und dass das Gesetz auch mit Umsicht und Strenge aufrechterhalten werden sollte.

Dann würde dem menschlichen Geschlecht ein heiliges Vergnügen aufbewahrt bleiben, wir würden durch die Länder wie durch schöne Gärten gehen und die wirklichen Gärten würden erquickend dastehen, in keinem Jahr leiden und in besonders unglücklichen nicht den Anblick der gänzlichen Halbheit und traurigen Verödung zeigen.

Iwan Turgenjew

Der Sperling

Ich kehrte von der Jagd zurück und ging durch die Gartenallee. Mein Hund lief voraus. Plötzlich verzögerte er seine Schritte und begann zu schleichen, als witterte er vor sich ein Wild.

Ich blickte die Allee hinunter und gewahrte einen jungen Sperling mit gelbem Schnabelrand und jungem Flaum. Er war aus dem Nest gefallen, und unbeweglich saß er nun da, indem er die kaum hervorgewachsenen Flügelchen hilflos von sich streckte.

Langsam näherte sich ihm mein Hund, als sich plötzlich vom benachbarten Baum ein alter, schwarzbrüstiger Sperling losriss, weil ein Stein gerade vor seiner Schnauze niederstürzte und ganz zerzaust und verstört mit verzweifeltem, kläglichem Gekreisch einige Male gegen den weit geöffneten, mit großen Zähnen besetzten Rachen losprang. Er wollte sein Junges retten, er schirmte es mit seinem eigenen Körper, sein ganzer winziger Leib bebte vor Schrecken, sein Stimmchen war wild und heiser, er starb hin, er opferte sich!

Welch ein gewaltiges Ungetüm musste der Hund ihm scheinen! Und gleichwohl vermochte er nicht, dort oben auf seinem sicheren Ast zu verbleiben. Eine Gewalt riss ihn hinweg. Mein Tresor blieb stehen und wich dann zurück. Offenbar musste auch er jene Gewalt anerkennen. Ich rief den verdutzten Hund zu mir und entfernte mich mit einem Gefühl der Ehrfurcht.

Ja, lacht nicht, ich empfand Ehrfurcht vor diesem kleinen Vogel, vor dem leidenschaftlichen Ausbruch seiner Liebe. Die Liebe, dachte ich, ist doch stärker als der Tod und die Todesangst. Nur durch sie, nur durch die Liebe erhält und bewegt sich das Leben.

Hermann Löns

Das blaue Wunder

Als die Schneeschmelze in den hohen Lagen des Gebirges einsetzte, bekam der Bach einen Anfall von Größenwahn. Wie verrückt tobte er talwärts, schubste beiseite, was ihm in die Quere kam, spülte den Forellenlaich an das Ufer, riss Brücken um, warf Geröll auf die Wiesen und überflutete die Straßen.

Plötzlich aber kam er wieder zur Vernunft und wurde wieder so klein wie vorher. Da reckte der Huflattich seine goldenen Sterne aus dem Uferschotter, die Pestwurz ließ ihre blauroten Blumentrauben über Nacht aus der Erde schießen, die Traubenkirsche grünte auf, und der Seidelbast schimmerte in rosiger Pracht.

Nun stellte sich die lustige Wasseramsel, die vor dem Getobe des Baches geflohen war, wieder ein, machte auf dem großen Stein, der mitten im Bach lag, einen Knicks nach dem anderen, sang ihr Liedchen und stürzte sich in das Wasser, um ein Schneckchen oder eine Larve zu fischen, und die zierliche Bergbachstelze trippelte über den Schotter und fing eine Mücke nach der anderen. Und eines Tages war der Dritte im Bunde da. An der steilen, unterwaschenen Böschung stand ein uralter Wildrosenstrauch, dessen dicke Zweige im Bogen über den Bach hingen. Auf einer purpurroten, von gelben Stacheln bunt getigerten Rute saß etwas. Etwas Kleines, Seltsames, Wunderbares, Märchenhaftes saß da mitten in der blanken Sonne, blitzblau, donnergrün und feuerrot leuchtend und wie ein Kleinod schimmernd.

Jetzt stürzte es sich kopfüber in das Wasser, dass es spritzte, tauchte wieder auf, streute einen Sprühregen auf den Kolk, schwang sich auf einen Felsblock, richtete den Schnabel empor und schluckte die Libellenlarve, die es sich herausge-

taucht hatte, und bei jeder Bewegung leuchtete und schimmerte aus den Wellen sein Spiegelbild in allen Farben. Etwas Schöneres gibt es weit und breit nicht als den kleinen Wildfischer, den Eisvogel. Seine Farben sind nicht von dieser Welt; sie entstammen den Ländern, wo Lianen an Palmen emporkriechen und von den Ästen der Urwaldbäume wunderbare Orchideen ihre Zauberblüten herabhängen lassen. Der Einzige seiner Gattung ist es, der im Norden heimisch ist, seine ganze Verwandtschaft lebt in den wärmeren Strichen der Erde. Man braucht ihn nur anzusehen, um das zu wissen. Dunkelgrün ist der Kopf, mit lichten blauen Fleckchen reizend geschmückt und ebenso sind die Fittiche. Atlasweiß ist die Kehle, rostrot Augenstrich und Unterleib. Aber das Herrlichste ist der Rücken. Der gleißt in einem Blau, so leuchtend, so strahlend, wie es kaum ein Edelstein aufweist. Jetzt, wo der kleine Kerl sich umdreht, um nach der anderen Richtung zu spähen, ist es, als wenn ein himmelblauer Blitz aufloht.

Ein scharfer Schrei, ein durchdringendes »Ziit, tiit«, erklingt unten am Bach, ein Ruf, wie geschaffen, das Poltern der Flut und das Brausen des Windes zu übertönen. Ein himmelblauer Pfeil mit goldgrüner Spitze kommt dicht über den Bach geflogen und bleibt in dem alten Rosenbusch an der Böschung hängen.

Es ist das Eisvogelmännchen. Blitzschnell wendet es das Köpfchen, dass die roten Äugelchen nur so leuchten und die weiße Kehle wie Silber schimmert, und dann lässt es sich fallen, stößt den gellenden Schrei aus, flattert um das Weibchen herum, schreit immer schneller, immer gellender und umschwebt dabei fortwährend das Weibchen, funkelnd, blitzend und schimmernd in der Vormittagssonne. Und das Weibchen dreht sich hin und her, wippt mit dem kurzen, lasurblauen Schwänzchen und stiebt davon mit gellendem Schrei und hinter ihm her saust das Männchen. Zwei himmelblaue Blitze fahren über die silbernen Wellen und verschwinden.

Es dauerte nicht lange, da erscholl in der Bucht unter den hohen Weiden wieder das laute Schrillen. Drei blaue Blitze fuhren über den Bach. Ein zweites Männchen hatte sich eingefunden und machte dem ersten das Weibchen streitig. Hin und her, kreuz und quer ging die wilde Jagd, schwenkte von einem Ufer zum anderen, verschwand, kehrte zurück und erfüllte die Luft mit Zaubergefunkel und mit spitzen Rufen. Am anderen Tag war das überzählige Männchen fort. Noch einige Tage balzte das Männchen um das Weibchen herum, aber dann wurde es still und nur, wenn es über den Bach hinstrich, gab es einen schrillen Schrei von sich. Sonst fischte das Weibchen hier und das Männchen da nach Larven, Schnecken und Flohkrebschen, und wenn die jungen Ellritzen sich in das freie Wasser wagten, mussten sie auch daran glauben. Die Forellenbrut war geschützt; sie steckte in dem dichten Pflanzengewirre der Uferbuchten, wo ihr der Eisvogel nichts anhaben konnte.

Eines Tages kam das Eisvogelweibchen angeflogen, sah sich scheu um und flog unter den großen Rosenbusch an dem ausgewaschenen Uferhang. Tag für Tag pickte es dort herum, bis eine armdicke, mehr als armlange Nesthöhle in das Ufer getrieben war, die am Ende etwas aufstieg und sich dort erweiterte.

Auf eine weiche Unterlage von Libellenflügeln legte dort das Weibchen seine sieben großen, kugelrunden, weißen, blanken Eier, die so durchsichtig waren, dass der Dotter durch die Schale schimmerte. Einen halben Monat brütete das Weibchen, dann flog das Pärchen unzählige Male den Tag zu der Nesthöhle; denn sieben nackte, strubbelköpfige Junge, die mehr wie junge Zaunigel als wie Vögel aussahen, wollten satt gemacht werden, und so mussten die Alten den ganzen Tag tauchen und rütteln, und die Larven im Wasser und die Libellen in der Luft hatten bittere Tage. Dafür gediehen die Kleinen auch prächtig. Sie wuchsen von Tag zu Tag, und als die

Federn erste Speile gesprengt hatten, sahen die Jungen bald aus wie die Alten und zeigten sich ab und zu am Ausgang des Schlupfloches, mit hungrigem Schnalzen die Alten erwartend. Nach Wochen schwang sich erst ein Junges in die Ruten des Rosenbusches, und zwei Tage später saßen alle sieben da und gierten, wenn der Vater oder die Mutter mit Beute angestrichen kam, und lustig sah es aus, wenn die knallbunte Gesellschaft, alle auf einmal, mit den schimmernden Flügeln zitterte und die spitzen Schnäbel aufriss.

Aber am schönsten wurde es erst, als sie alle miteinander beflogen waren und den Eltern folgen konnten. Dann saß hier das Männchen auf einem Pfahl, das Weibchen auf einem über dem Wasser hängenden Zweig, und rundumher auf Ästen, Ranken und Felsblöcken saß die Kinderschar. Sobald eines der Alten untertauchte, flatterten die Jungen nach der Stelle hin und warteten, bis es wieder herauskam, und dann ging ein Gebettel los, lustig und prächtig zugleich anzusehen, besonders wenn die Sonne recht schön schien, sodass die Eisvögel sich in der dunkelgrünen, silbern blitzenden Flut spiegelten. Dann war ein Leuchten und Funkeln über und im Wasser, als würfe eine Fee Hände voller Edelgestein in den Bach.

Einige Wochen später wurde es stiller an dem Bach. Die Eisvogelbrut hatte selbst tauchen und fischen gelernt, und jeder Vogel jagte für sich allein, denn die Alten hatten sie fortgejagt. Auch das Männchen trieb sich umher und suchte Teiche und Tümpel, wo es von allerlei Ungeziefer wimmelte. Und so kam es auch unterhalb des Dorfes an die Zuchtteiche, die der Müller für Forellen angelegt hatte, und wenn es auch meist die für die Forellenbrut so gefährlichen Larven der Schwimmkäfer und Wasserjungfern fing, ab und zu erwischte es doch eine junge Forelle, die mit Pilzen, Fischläusen oder Fadenwürmern behaftet war und deshalb hilflos auf dem Wasserspiegel schwamm. Der Teichbesitzer aber war ein Mann, der an der Stelle des Herzens ein Portemonnaie sitzen

hatte, und da er in irgendeinem dummen Buch gelesen hatte, der Fischotter und der Eisvogel seien die schlimmsten Feinde der Forellenbrut, so schlug er Pfähle in den Teichen ein und band winzige Tellereisen darauf. Alle paar Tage sah er die Fallen nach und schlug die Vögel, die sich darin gefangen hatten, tot, ganz gleich, ob es die Eisvögel oder Wasseramseln, Bachstelzen, Zaunkönige oder sonst etwas waren. Denn was sich auf die Pfähle setzte, das, so glaubte er in seinem beschränkten Gemüt, ging nur darauf aus, Forellen zu fangen. Eines Tages kam das Eisvogelmännchen angestrichen und setzte sich auf den Pfahl. Die Falle schlug zu und zerschmetterte die roten Füßchen des Tierchens. Die ganze Nacht und den nächsten Tag hing es in der Falle und flatterte. Der Müller hatte keine Zeit, die Fallen nachzusehen. Als er nach vier Tagen hinkam, hingen zwei tote und ein lebender Eisvogel dort. Der Mann löste die Tierchen heraus, drückte das lebende tot und murmelte:»Drei! Das macht seit Januar siebzehn. Im vorigen Jahr habe ich dreißig gefangen. Dieses Jahr komme ich wohl auf vierzig bis fünfzig.«
Er freute sich, denn der Ausstopfer zahlte für jedes Stück eine halbe Mark; denn sehr gesucht ist in den Schulen als Zeichenvorlage Deutschlands herrlichster Vogel, so gesucht, dass er bald ausgerottet sein wird, das blaue Wunder.

Johann Peter Hebel

Betrachtung über ein Vogelnest

Wenn der geneigte Leser ein Finkennest in die Hand nimmt und betrachtets, was denkt er dazu? Getraut er sich auch, so eins zu stricken, und zwar mit dem Schnabel und mit den Füßen? Der Hausfreund glaubts schwerlich. Ja, er will zugeben: Der Mensch vermag viel. Ein geschickter Künstler mit zwanzig feinen künstlichen Instrumentlein kann nach viel misslungenen Versuchen zuletzt etwas herausbringen, das einem Finkennest gleichsieht, und alle, die es sehen, können es von einem wirklichen Nest, das der Vogel gebaut hat, nicht unterscheiden. Alsdann bildet sich der Künstler etwas ein und meint, jetzt wäre er auch ein Fink. Guter Freund, dazu fehlt noch viel. Und wenn ein wahrer Fink, wie du jetzt auch einer zu sein glaubst, dazukäme und könnte dein Machwerk durchmustern wie der Zunftherr ein Meisterstück, so würde er den Kopf ein wenig auf die linke Seite drücken und dich mit dem rechten Auge kurios ansehen, und so er menschlich mit dir reden könnte, würde er sagen: »Lieber Mann, das ist kein Finkennest! Ich mags betrachten, wie ich will, so ists gar kein Vogelnest. So einfältig und ungeschickt baut kein Vogel. Was gilts, du Pfuscher hasts selbst gemacht!« Das wird zu dem Künstler sagen der Fink.

Ebenso ist es mit einem verachteten Spinnengewebe. Der Mensch kann kein Spinnengewebe machen.

Ebenso ist es mit dem Gespinst, worin sich ein Raupenwurm sozusagen zu einem Karmeliter oder Franziskaner einkleidet, wenn sein Fasten und seine Reinigung beginnt. Ein Mensch kann kein Raupengespinst machen.

Der Hausfreund will ein Wort mehr sagen. Alle Finkennester in der Welt sehen einander gleich, wie fast die Kirchen der Jesuiten, vom ersten im Paradies bis zum letzten im Frühling 1813. Keiner hats vom andern gelernt. Jeder kanns selbst. Die Mutter legt ihre Kunst schon in das Ei. Ebenso alle Spinnengewebe, ein jedes nach seiner Art, ebenso jede Franziskanerkutte des Raupengeschlechts in seiner Art. Man weiß es wohl, aber man denkt nicht daran.

Noch ein Wort mehr. Das erste Nest eines Finken ist schon so kunstvoll wie sein letztes. Er lernts nie besser. Ja, manches Tierlein braucht sein Gespinst nur einmal in seinem Leben und hat nicht viel Zeit dazu. Es wäre übel daran, wenn es zuerst eine ungeschickte Arbeit machen müsste und denken wollte: Für dieses Jahr ists gut genug, über Jahr mach ichs besser.

Noch ein Wunder mehr. Jedes Vogelnest ist ganz vollkommen und ohne Tadel. Nicht zu groß und nicht zu klein, nicht zu wenig daran und nicht zu viel, dauerhaft für den Zweck, wozu es da ist. In der ganzen Natur ist kein Lehrplatz, lauter Meisterstücke.

Johann Peter Hebel

Der Star von Segringen

Selbst einem Staren kann es nützlich sein, wenn er etwas gelernt hat, wie viel mehr einem Menschen.

In einem respektablen Dorf, ich will sagen, in Segringen, es ist aber nicht dort geschehen, sondern hier im Land, und derjenige, dem es begegnet ist, liest es vielleicht in diesem Augenblick, nicht der Star, aber der Mensch. Der Barbier in Segringen hatte einen Star, und der wohl bekannte Lehrjunge gab ihm Unterricht im Sprechen.

Der Star lernte nicht nur alle Wörter, die ihm sein Sprachmeister aufgab, sondern er ahmte zuletzt auch selbst nach, was er von seinem Herrn hörte, zum Exempel: »Ich bin der Barbier von Segringen.« Sein Herr hatte sonst noch allerlei Redensarten an sich, die er bei jeder Gelegenheit wiederholte, zum Exempel: »Soso lala«; oder: »Par compagnie«, das heißt so viel wie: in Gesellschaft mit andern; oder: »Wie Gott will«; oder: »Du Tollpatsch«. So titulierte er nämlich insgeheim den Lehrjungen, wenn er das halbe Pflaster auf den Tisch strich anstatt aufs Tuch oder wenn er das Schermesser am Rücken abzog anstatt an der Schneide oder wenn er ein Arzneiglas zerbrach.

Alle diese Redensarten lernte nach und nach der Star auch. Da nun täglich viel Leute im Haus waren, weil der Barbier auch Branntwein ausschenkte, so gabs manchmal viel zu lachen, wenn die Gäste miteinander ein Gespräch führten, und der Star warf auch eines von seinen Wörtern drein, das dazu passte, als wenn er den Verstand dazu hätte, und manchmal, wenn ihm der Lehrjunge zurief: »Hansel, was machst du?«, antwortete er: »Du Tollpatsch!«, und alle Leute in der Nachbarschaft wussten von dem Hansel zu erzählen.

Eines Tages aber, als ihm die beschnittenen Flügel wieder gewachsen waren, und das Fenster war offen und das Wetter schön, da dachte der Star: Ich hab jetzt schon so viel gelernt, dass ich in der Welt kann fortkommen, und husch, zum Fenster hinaus – weg war er.

Sein erster Flug ging ins Feld, wo er sich unter eine Gesellschaft anderer Vögel mischte, und als sie aufflogen, flog er mit ihnen, denn er dachte: Sie wissen die Gelegenheit hierzuland besser als ich.

Aber sie flogen unglücklicherweise alle miteinander in ein Garn. Der Star sagte: »Wie Gott will.«

Als der Vogelsteller kam und sah, was er für einen großen Fang getan hatte, nahm er einen Vogel nach dem andern behutsam heraus, drehte ihm den Hals um und warf ihn auf den Boden. Als er aber die mörderischen Finger wieder nach einem Gefangenen ausstreckte und dachte an nichts, schrie der Gefangene: »Ich bin der Barbier von Segringen«, als wenn er wüsste, was ihn retten muss.

Der Vogelsteller erschrak anfänglich, als wenn es hier nicht mit rechten Dingen zuginge. Nachher aber, als er sich erholt hatte, konnte er kaum vor Lachen zu Atem kommen; und als er sagte: »Ei, Hansel, hier hätt ich dich nicht gesucht, wie kommst du in meine Schlinge?«, da antwortete der Hansel: »Par compagnie.«

Also brachte der Vogelsteller den Star seinem Herrn wieder

und bekam ein gutes Fanggeld. Der Barbier erwarb sich damit einen guten Zuspruch, denn jeder wollte den merkwürdigen Hansel sehen, und wer jetzt noch weit und breit in der Gegend will zur Ader lassen, geht zum Barbier von Segringen.

Eduard Mörike

Die Meisenfamilie namens Pfannenstiel

… Wir fanden eines Abends hinterm Garten, in jenem Baumgütchen am Kirchhof, ein Nest mit so genannten Pfannenstielen. Sie gehören ins Meisengeschlecht und haben ihren Namen von der Gestalt des Schwanzes, welcher schmal und länger als der Vogel selbst ist. Sie machen ihr Nest flaschenförmig, gebaucht, ohne sichtbaren Eingang, so klein ist das Schlupfloch der Alten. Ich hatte sogleich Lust, mich der Jungen zu bemächtigen und sie durch den Käfig von den Eltern ernähren zu lassen, zumal ich befürchtete, sie würden von einer groben Hand ausgenommen und zugrunde gehen. Allein der Konsistorialerlass, wonach dem Volk dergleichen mit aller Strenge verboten wurde, fiel mir ein. Man möchte es als böses Beispiel nehmen, dachte ich, und unsere Beratung wurde zuletzt mit dem Vers beschlossen:

Die Familie Pfannenstiel
Hat nunmehr gewonnen Spiel,
Weil in selbigem Dekret
Viel zu ihren Gunsten steht.

Am andern Tag aber was das Nest richtig heruntergerissen und fort! Die Alten schrien und flatterten erbärmlich um uns her, als hätten wirs getan und solltens wiedergeben. Ich wurde rot und blass vor Wut, spürte dem Täter nach und brachte ihn auch bald heraus: ein vierzigjähriger Flegel, der die kaum

185

flügge Brut ein paar Kindern als Spielzeug auf etliche Stunden, bis sie etwa verhungert wären, übermacht hatte. Ich aber ruhte nicht, bis alle sechs, zum Glück lebendig, in meinen Händen waren. Ich zeigte sie den Alten und da hieß es:

Die Familie Pfannenstiel
Schwelgt in lauter Lustgefühl!

Jetzt gleich hinein in den Käfig, warm gebettet, an einem sicheren Baum im Garten aufgehängt, zuletzt vor meinem Fenster, wo es eine Freude war zuzusehn, wie die Alten alle Vaterunser-Länge einmal hergeflogen kamen und das Futter durch das Gitterchen in die sechs aufgesperrten Schnäbel stießen. Nach ein paar Tagen waren vier, von den Eltern gelockt, entflogen; wir bemerkten, dass nicht alle Stäbe gleich eng beisammenstanden. Die zwei Zurückgebliebenen verrieten uns den Fluchtweg selbst. Sie durften aber vollends durch die geöffnete Tür. Auf gleiche Weise hatten wir einige andere Vögel beherbergt. Ein ausgewachsener Kuckuck, den man auf anderm Weg bekam, machte uns nur kurze Zeit Vergnügen, er wurde krank und musste sterben …

Aelian

Von der Wachsamkeit der Gänse

Die Hunde sind zur Wache weniger brauchbar als die Gänse. Dies haben die Römer erfahren. Die Kelten führten mit ihnen einen heftigen Krieg und waren in die Stadt selbst eingedrungen, und ganz Rom bis auf die Höhe des Kapitols war von ihnen besetzt, denn diese war für sie nicht leicht zu ersteigen, da diejenigen Stellen, die durch List zugänglich schienen, gut bewacht waren. Es war dies die Zeit, als Marcus Manlius Konsul war und die ihm anvertraute Höhe bewachte. Dieser war es, der seinen Sohn wegen ausgezeichneter Tapferkeit bekränzte, dafür aber, dass er seinen Befehl übertreten hatte, zum Tode verurteilte. Da nun die Kelten alles für sie unzugänglich sahen, beschlossen sie, in finsterer Nacht die Besatzung, wenn sie am tiefsten schliefe, zu überfallen, denn sie hofften, die Höhe an dem unbewachten und öden Teil ersteigbar zu finden, wo die Römer nicht glaubten, dass die Gallier angreifen würden. Und in der Tat wäre jetzt die Burg des Jupiter auf die unrühmlichste Weise mitsamt dem Gott erobert worden, wenn nicht Gänse da gewesen wären, denn die Hunde verstummen, wenn ihnen Futter vorgeworfen wird. Die Natur der Gänse aber bringt es mit sich, dass sie bei dem, was ihnen vorgeworfen wird, schreien und sich nicht ruhig verhalten. So weckten sie den Manlius und die umherliegende Wache durch ihr Geschrei auf. Darum büßen denn auch noch jetzt die Hunde alljährlich für den alten Verrat, die Gans hingegen wird an bestimmten Tagen geehrt und mit großer Festlichkeit auf einer Sänfte umhergetragen.

Hermann Löns

Die Kraniche

Die Nachtluft ist weich und warm. Ein schwüler Wind streicht über den Fluss und raschelt in dem undurchdringlichen Nilgrasdickicht, das seine Ufer umhegt. Mücken singen leise. Enten schnattern im Schwimmkraut und ab und zu pfeift und schnarrt eine Nachtschwalbe.
Wo der Fluss sich in drei Arme teilt, ragt eine lange und breite Sandbank hervor. Auf ihr stehen dreißig große, langbeinige Vögel, haben die Köpfe im Gefieder verborgen und schlummern bis auf den einen, der Frühwache hat. Hoch aufgerichtet steht er da und lauscht in die Nacht hinaus und rupft ab und zu am Federkleid.

In der Ferne ertönt ein dumpfer Donnerruf und hinterher schrillt ein gellender Trompetenklang. Der wachthabende Kranich kümmert sich nicht darum. Des Löwen Zorngebrüll, des Elefanten Warnruf bedeutet ihm nichts und auch nicht das Prasseln und Krachen im Dickicht, das Plumpsen und Platschen in der Flut und das Schnauben und Prusten vor der Sandbank. Nilpferde sind es, harmlose Riesen.

Aber nun rauscht es ganz leise und stetig in den Wellen und kommt näher und näher. Der Wächter reckt den Hals lang und länger, neigt den Kopf ein wenig zur Seite, dann schlägt er mit den Schwingen, dass es raschelt, und stößt einen halblauten Ruf aus. Er warnt seine Genossen vor dem Krokodil, das auf die Insel zurudert. Im Nu fahren alle Köpfe aus den Federn, dreißig Hälse richten sich auf, dreißig ärgerliche Schreie erschallen, sodass die zehn Elefanten, die rasselnd und prasselnd durch das doppelmannshohe Gras ziehen, anhalten, die Rüssel emporheben und wittern, ob die Luft auch rein sei.

Ein feuerroter Punkt erscheint über dem Papyrussumpf: »Kirri, kurri, kri!«, ruft der wachthabende Kranich. »Kurri, kri, kirri!«, antworten die anderen. »Auf! Nach Hause! Hurra!« Sie nehmen einen Anlauf, breiten die Flügel aus, schwingen sich über den Fluss und steigen hoch und höher, wirr durcheinander fliegend, bis die ältesten und stärksten Stücke sich dem Wächter, der die Spitze genommen hat, anschließen und die übrige Schar sich ihnen beiordnet. In Keilform gereiht, sausen sie dahin, der Sonne entgegen, die ihnen den Weg weist und deren glühende Scheibe den Nebel in den Gründen verjagt. Aus dreißig Kehlen schallt es herunter: »Krui, kurr, kirr, kaar, korr, kirri!«

»Leb wohl, Afrika! Leb wohl, Weißer Nil mit deinen Papyrussümpfen! Lebt wohl, ihr Elefanten und Nilpferde, ihr Hirsefelder und Grassteppen, lebt wohl, lebt wohl! Es geht heim, über Land und Meer, über Berg und Fluss, es geht heim nach

Moor und Bruch! Lebt wohl! Auf Wiedersehen im Herbst! Korr, karr, kirr, kurr, kirri, krui.« Die langbeinigen, dunkelbraunen, splitternackten Neger, die neben ihren Herden hertraben und sie nach neuen Weideplätzen treiben, sehen den Kranichen einen Augenblick nach und rennen dann wieder schreiend und schnalzend hinter ihren Rindern her.

»Krü!«, ruft der Spitzenführer und steigt höher, und die anderen folgen ihm. Die braunen Leute sind ihm ungefährlich, das weiß er. Aber das Zelt, das dort zwischen den schirmförmigen Akazien hervorleuchtet, und die hellgesichtigen Männer, die davor stehen, sind ihm verdächtig. »Körr«, schreit er, »höher, noch höher!«, und rudert mächtig. »Örr! Hab ichs nicht gesagt?«, schimpft er, dann mit giftigem »Piuuu« saust ein Mantelgeschoss an dem Zug vorüber und noch eins und ein drittes, viertes und fünftes. Und dieses traf. »Irr!«, schreit ein Weibchen auf, dem die Kugel durch die Schwingen fuhr, und senkt sich. Seine Genossen fallen sofort aus Reihe und Glied und folgen ihm mit Angstrufen und Wutschreien. Aber es steigt wieder auf, und mit gellendem Geschimpfe über die Rohheit der Menschen da unten fliegt die Schar so hoch, dass keine Kugel ihr nachkommen kann, ordnet sich wieder zum geschlossenen Zug und wandert weiter.

Zwei Stunden gehen vorüber. Längst sind die grünen Sümpfe verschwunden und das silberne Wasser dazwischen. Über die gelbe Steppe geht es hinweg, durch deren Dorngestrüpp die Giraffen ziehen, über Klippen fort, auf denen die Paviane nach Käfern suchen. »Orr!«, ruft der Führer, und ein anderes altes Männchen löst ihn ab, denn der Platz an der Spitze des Zuges ist der schwerste. Noch höher steigt der Flug, den kühlen Luftschichten entgegen, denn allzu sehr wirft die Steppe die Glut zurück. Aber ein Windloch, in dem die Luft wild strudelt, zwingt, sich noch mehr zu erheben, bis dahin, wo die Lüfte beständiger wehen.

So reisen sie dahin, die dreißig Kraniche. Nur ab und zu,

wenn einer von ihnen müde wird, erklingt sein Schrei, und der ganze Zug fliegt eine Zeit langsamer, bis der Genosse sich erholt hat. Und eine kleine Pause gibt es auch, wenn der Führer sich ablösen lässt. Den ganzen Tag geht es dahin. Erst wenn die Sonne hinter schwarzen Bergen versinkt, schraubt sich der Flug tiefer und tiefer, kreist laut und rufend lange hin und her und senkt sich auf das Land hinab. Hastig wird der Magen mit Blättern, Beeren und Heuschrecken gefüllt, bis der Hunger gestillt ist. Dann schwingen sich alle auf und fliegen dem Fluss zu, wo sie trinken, um darauf einer Sandbank im Wasser zuzustreichen, die ihnen sicher genug zur Herberge dünkt. Dort ordnen sie ihr Gefieder, plaudern ein wenig, beantworten drei Meldungen einer anderen Kranichschar, die weiter hin auf einer Insel Unterstand nahm, der Sitte gemäß ausführlich und laut, stecken dann die Köpfe fort bis auf die beiden Posten, die die erste Wache haben, und ruhen sich aus. In aller Frühe werden sie geweckt und weiter geht die Reise. Zwischen der Wüste und dem Niltal geht es dahin, über die Araber, die auf langbeinigen Kamelen hin und her wackeln, die Fellachen, die an den Wasserwerken schwarwerken, und über die Eseltreiber und Rinderhirten hinweg. Pyramiden starren aus dem Wüstensand, zerfallene Totenstädte schimmern an den Felswänden, Palmen spiegeln sich in den Fluten, durch die Dampfer hindurchkriechen, eine bunte Stadt kommt näher und bleibt zurück. Wieder sinkt die Sonne, und abermals wird auf einer Insel gerastet, wo die Schar mit fröhlichem Trompetengeschmetter empfangen wird. Über hundert Kraniche sind dort schon versammelt, in kleinen Trupps gesondert, Deutsche, Dänen, Norweger, Finnen und Russen. Das gibt ein großes Erzählen und Prahlen eine halbe Stunde lang, bis die Führer zur Ruhe mahnen, die Wachen aufziehen und es still wird. Bei Sonnenaufgang aber reiht sich ein Flug dem andern an zur gemeinsamen Fahrt.

Allerlei Ungemach ist unterwegs zu überstehen. Ein Gewitter

bringt einen Wirbelsturm, reißt den Flug auseinander und erst nach langem Rufen und Schreien findet er sich wieder zusammen. Aber ein Dutzend der Fahrtgenossen fehlen; der Sturm warf sie in das Meer und ersäufte sie. Andere verschlug der Schneesturm, als der Flug über die Alpen zog, und begrub sie. Nachdem die Schar matt und hungrig auf der Saat im ebenen Land übernachtet hatte, konnten zwei Stück nicht mehr mit, als es weiterging. Es fand eine laute Beratung darüber statt, ob sie getötet werden oder zurückbleiben sollten. Schließlich wurde ihnen befohlen, sich dem nächsten Flug anzuschließen. Sehnsüchtig und angstvoll schrien sie hinter dem Zuge her, als er sich emporschraubte. Sie kamen nicht heim. Den einen schoss ein Jäger flügellahm, der andere fand nirgends Anschluss. Weil er zu matt war, reiste er allein weiter, flog nachts gegen ein Luftschiff an und fiel zerschmettert in einer Stadt nieder.

Hundertunddreiunddreißig Köpfe stark war die Reisegesellschaft, die sich auf der Insel im Nildelta zusammenfand. Keine achtzig waren es mehr, als sie sich zwischen Rhein und Main teilte. Dem Osten zu strebte die größere Schar. Der kleinere Flug aber wanderte gen Norden, unter ihnen der alte Hahn, der in der Abzugsnacht auf der Sandbank im weißen Nil die Frühwache gehabt hatte, mit seinem Weibchen. Bis dahin, wo die Aller durch die weiten Wiesen fließt, hatte das Paar noch Begleitung, aber von da ab blieb es allein, denn die übrigen zehn Stück suchten ihre alten Brutplätze auf. Nur ein zweijähriges Männchen mochte sich nicht von den beiden trennen. Das gefiel dem alten Hahn nicht. So freundlich er auf der Reise gegen den Junghahn gewesen war, so grob behandelte er ihn nun und jagte ihn schließlich ganz weg. Dies hier war sein Moor, da hatte kein anderer Kranich etwas zu suchen. Doch eine ganze Woche lang musste er auf der Hut sein, denn Abend für Abend fiel ein Trupp reisender Kraniche ein, unter denen mehrmals einer noch unbeweibt war, und so gab es Morgen für Morgen ein großes Gebeiße und grimmiges Gehacke mit viel Gekreisch und Geflatter, bis endlich die Reisezeit vorüber war und der alte Hahn mit seiner Frau allein blieb. Darüber war er so froh, dass er jeden Morgen so laut trompetete, dass das ganze weite, breite Moor schallte, und dann breitete er die Flügel aus, lief ein paar Schritte, hopste in die Luft, machte seiner Frau einen Diener über den andern, riss vor lauter Übermut Grasbüschel aus und warf sie in die Luft oder schleuderte Holzstückchen und Kiesel empor und benahm sich so närrisch wie ein ganz junger Hahn, dass die Birkhähne ganz erstaunt zu trommeln aufhörten und der alte Bock, der da seinen Stand hatte, ein ganz dummes Gesicht machte.

Es sollte aber auch einer nicht fröhlich sein, jetzt, da es so wunderschön im Moor war, da die Heidelerchen sangen, die Pieper schmetterten und die Himmelsziegen meckerten, da aus allen Wollgrasblüten Silberkätzchen hervorschossen, die Weidenbüsche sich mit Gold schmückten und die Birken sich in ein neues Grün hüllten. Viel besser gefiel es dem Kranich hier in der Lüneburger Heide als in Afrika, wenn die Würmer auch nicht so fett und die Schnecken lange nicht so dick waren wie dort. Aber die Luft war viel frischer, die Sonne nicht so unbarmherzig und der Mond hatte ein viel freundlicheres Gesicht. Auch gab es kein Krokodil da, das leise durch das Wasser fuhr und die schlafenden Kraniche belauerte, und keinen Adler, der aus der blauen Luft herabsauste. Vor dem Wanderfalken, der ab und zu im Moor auf Krähen und Enten jagte, brauchte der Kranich keine Angst zu haben, und den Fuchs fürchtete er auch nicht, hatte er sich doch als Schlafplatz eine trockene Stelle zwischen den alten Torfstichen, die voll von Wasser waren, ausgesucht, und die vermied Reineke. Und deshalb war er so froh, dass er jeden Morgen vor Freude trompetete und tanzte und seiner Frau zuliebe allerhand lustige Possen trieb.

Eines Tages aber, als er wieder mit »Kurr« und »Kirr« und »Körr« vor ihr herumhopste, nahm sie seine Späße nicht geschmeichelt auf, sondern sagte: »Onk, onk!«, und das hieß: »Ach, lass mich in Ruhe mit deinen Narrenpossen! Ich habe Wichtigeres zu tun.« Und damit watete sie durch die Pfützen nach dem dichten Porstgebüsch zwischen den beiden Armen des Moorbaches, wo der Boden weich und trügerisch war. Da hatte sie sich einen alten Erlenstock mitten im Gestrüpp gesucht, und darin trug sie Stängel und Blätter und Binsen und Schilf und Gras und Wurzeln zusammen, schichtete es hoch, setzte sich darauf und drehte sich hin und her, bis eine runde, tiefe Mulde entstand, und zupfte hier und zerrte da und hatte immer noch etwas zu bessern und zu ändern, bis endlich das Nest fertig war.

Und von da ab prahlte der Hahn nicht mehr jeden Abend und alle Morgen laut über das Moor hinaus, sondern verhielt sich ebenso still wie die Henne und blieb genauso heimlich wie sie. Die aber fing jetzt ein sonderbares Benehmen an. Sie schlich sich dahin, wo der Bach weichen Torfschlamm abgesetzt hatte, nahm davon einen Schnabel voll und salbte sich damit ihr schön hellgraues Rückengefieder ein, bis es schmutzig war und sich kein bisschen von dem braunen Untergrund und dem fahlen Gestrüpp abhob, wenn sie auf den beiden großen, grünlichen, braun und grau getupften Eiern saß. Fleißig brütete sie und der Hahn stand derweil Wache. Wehe dem Hermelin, das in der Nähe des Nestes herumhüpfte! Ehe es weichen konnte, hatte es einen Schnabelhieb weg, dass es quietschend in den Weidenbusch fuhr. Aber auch die Ente, die mit ihrer Brut angewatschelt kam, und der Hase, der da vorbeihoppelte, wurden nicht geduldet, sondern von dannen getrieben.

Musste aber die Henne das Nest verlassen, um auf Nahrung auszugehen, dann nahm ihr Mann ihren Platz ein und sorgte dafür, dass die Eier nicht kalt würden. Eines Tages piepste es unter der Alten, und als sie aufstand, war ein Ei geborsten, und ein spitzes, gelbes Schnäbelchen sah hervor.

Schnell, aber behutsam hackte die Mutter die Schale entzwei, und hervor kroch ein nasses, gelbes Ding, das ängstlich piepste, mit den Flügelstummeln wedelte und sich an die Alte herandrängte. Am anderen Tag kroch das zweite Junge aus, und am dritten führte die Henne sie dahin, wo die Porstbüsche sich so dicht verschränkten, dass weder Habicht noch Rohrweiher zum Boden spähen und nicht Fuchs noch Iltis nahen konnten, ohne sich durch Geräusche zu verraten. Und da lehrte sie die Kleinen, während der Vater mit hochgerecktem Hals Wache stand, Käfer zu suchen und Schnecken zu finden, Fliegenlarven aus dem Torfmoos herauszuzupfen und Heuschrecken von den Halmen zu fangen, auch, welche Knospen und Früchte gut zu fressen seien und welche unbekömmlich sind, und wütend fuhr sie auf die harmlose Wasserralle oder die ungefährliche Wollmaus los, die es sich einfallen ließen, in die Nähe ihrer Jungen zu kommen.

Die aber gediehen bei der reichlichen Kost, wuchsen zusehends, reckten die Schnäbel und streckten die Beine, schoben Federn aus den Daunen und wurden den Eltern immer ähnlicher, und schließlich fingen sie an zu tanzen und zu springen wie der Vater, schlugen mit den Flügeln und versuchten sich emporzuschwingen, mussten aber immer wieder auf den Boden zurück, bis endlich das eine Luft unter die Fittiche bekam und ein Endchen dahinflatterte, während rechts der Vater und links die Mutter nebenherrannten.

Von Tag zu Tag aber ging es besser, und eines Morgens flog das Älteste quer über die Torfstiche und kam sich sehr erwachsen vor. Zurück aber konnte es nicht durch die Luft und musste einen Umweg machen, und das wäre fast sein Unglück gewesen. Die Hütejungen hatten es belauert und versuchten es zu fangen. Sie hatten es fast schon, aber da lief die Alte hinzu, stellte sich lahm und hinkte vor den Jungen umher und lockte sie ganz tief in das Moor hinein, unterdessen der Hahn die Brut in das Gestrüpp führte. Dann flog sie auf und die Hütejungen machten lange Gesichter.

Eine Woche später waren die jungen Kraniche voll beflogen und begleiteten die Alten in die Felder und auf die Wiesen, wo es halb reife Erbsen und milchenden Hafer, fette Schnecken und Fröschchen und Heuschrecken in Mengen gab.

Abends, wenn sie zu ihrem Schlafplatz im Moor zurückgekehrt waren, versuchten sie auch schon ihre Kehlen, und schrill klangen ihre dünnen Stimmchen neben den vollen Trompetentönen der Eltern, die der Sonne einen Abschiedsgruß nachriefen.

Sie freuten sich ihres Lebens im Moor, mästeten sich an Knospen, Beeren und Gewürm, hielten sich nicht mehr so ängstlich bei den Alten, sondern streiften immer selbstständiger umher, nahmen sich aber vor allen Menschen in Acht.

Das Heidekraut blühte ab, der Moorhalm wurde gelb, die Brombeeren schwarz und die Preiselbeeren rot. Da kam eine große Unruhe über die alten Kraniche und über die Jungen nicht minder. Bis tief in die Nacht trompeteten sie, und vor Tau und Tag legten sie wieder los und flogen unstet hin und her. Dann, an einem frischen Vorherbstabend, als sie kein Ende mit dem Rufen finden konnten, kam hoch vom Himmel her derselbe Ruf. Gellender schrien sie, und heller klang es von oben herab. »Kurri, kri, kirri, korr!«, schallte es herunter. »Auf nach Afrika! Macht euch fertig! Los!« Ein Dutzend Kraniche senkte sich hernieder und blieb in einiger Entfernung von den anderen stehen. Eine Weile musterten sich beide Parteien schweigend, dann begrüßte der alte Hahn vom Moor die Fremden freundlich, und bald darauf hatten sich alle zusammen angefreundet.

Einen Tag blieben die fremden Kraniche im Moor, denn sie hatten die Rast nötig, weil sie weit aus Ostpreußen kamen. Dann wanderten sie weiter, und das Paar vom Moor samt seinen Jungen schloss sich ihnen an. Je weiter sie zogen, umso mehr Zuzug bekamen sie, und als sie den Alpen zuflogen, waren es mehr als zweihundert Köpfe. Laut riefen sie in das Rheintal hinab:»Kurr, quorr, quarr, krui – leb wohl, du Heimat, es geht nach Afrika, auf Wiedersehn!«

Aelian

Geschichte von einem dankbaren Storch

Auch das ist eine gute Eigenschaft der Tiere, dass sie empfangener Wohltaten eingedenk sind. Zu Tarent lebte eine Frau, die in anderer Hinsicht Beachtung verdiente, indem sie ihrem Mann Liebe und Treue erwies. Ihr Name war Herakleis. Solange ihr Mann lebte, pflegte sie ihn mit großer Sorgfalt. Als er aber gestorben war, wurde ihr der Aufenthalt in der Stadt und das Haus, wo sie ihn tot gesehen hatte, verhasst, sodass sie in ihrer Traurigkeit zu den Gräbern zog und hochbetrübt bei dem Grabmal ihres vormaligen Mannes verweilte, dem sie sich auch jetzt noch, da er unter der Erde war, als treu und ergeben erwies. Nun war es Sommer, die jungen Störche versuchten sich im Fliegen, und einer der jüngsten von diesen, der seiner Schwingen noch nicht Herr war, fiel herab und brach sich einen Schenkel. Herakleis sah seinen Fall, und da sie den Beinbruch wahrnahm, hatte sie Mitleid mit dem kleinen Tier, nahm es mit vieler Schonung auf, verband den Bruch, legte warme und heilsame Umschläge darum, gab ihm Futter und reichte ihm zu trinken. Als er aber nach entsprechender Zeit wieder Kraft gewonnen und Schwungfedern bekommen hatte, ließ sie ihn frei. Er flog davon, wusste aber durch natürliche, wunderbare Einsicht, dass er für seine Rettung einen Lohn schuldig war. Nach Verlauf eines Jahres stand jene Frau an einem heiteren Frühlingstag, um sich zu

wärmen, an der Sonne. Da erblickte der von ihr geheilte Storch seine Wohltäterin, hemmte seinen Flug, senkte sich zur Tiefe hinab und ließ aus geöffnetem Schnabel vor die Füße der Herakleis einen Stein fallen, worauf er sich wieder emporschwang und auf das Dach setzte. Die Frau wunderte sich anfänglich, wie natürlich, und wusste in ihrer Bestürzung nicht, was sie von der Sache denken sollte. Den Stein nahm sie mit, und beim Erwachen in der Nacht sah sie, dass er Licht und Glanz um sich verbreitete und das Zimmer so hell davon wurde, als hätte man eine Fackel hineingebracht. So groß war der Glanz, der aus der Steinmasse hervorging und von ihr erzeugt wurde. Es war ein sehr kostbarer Stein. Als sie hierauf den Storch ergriff und befühlte, bemerkte sie die Narbe der Wunde und erkannte, dass es derselbe war, dem sie ihr Mitleid geschenkt und den sie geheilt hatte.

Hermann Löns

Die Entenmutter

Mitten im grünen, bunt geblümten Wiesenland steht ein alter Weidenbaum am Bach.

Krumm und schief ist er gewachsen, hohl ist sein Stamm und so gespalten, dass Sonne und Mond hindurchscheinen können. Oben bildet er einen dicken, strubbeligen Kopf, zwischen dessen Zweigen Himbeeren und Farne wuchern und der vom Efeu dicht umsponnen ist. Mitten in dem Efeu hat eine Ente ihr Nest gebaut.

Ehemals bildete der Bach hier ein Bruch. Damals standen viele Kopfweiden an seinen Ufern, Schilf und Riedgras bildeten dichte Horste, sodass die wilden Enten dort gern brüteten. Dann wurde das Bruch entwässert und zu Wiesen gemacht. Das Schilf und das Riedgras verschwanden, die Weiden fielen unter der Axt. Diese eine ließ man stehen, damit die Schnitter ein schattiges Plätzchen hätten.

Die Enten, die hier gebrütet hatten, mussten sich andere Plätze suchen. Ganz vergaßen sie die alte Heimat aber nicht. In jedem Vorfrühling, wenn die Wiesen unter Wasser standen, trieben sich hier einige Paare umher, kreisten über den Wiesen, suchten im Gras nach Gewürm, stöberten in den Buchten des Baches nach Schnecken, verschwanden dann meist aber wieder, um sich an anderen Stellen Nistplätze zu suchen. Ab und zu brütete auch eine in dem Ufergebüsch oder im Feld.

Die Ente, die jetzt hier brütete, hatte sich weit von da bei dem Altwasser des Flusses zwischen zwei dichten Riedgrasstauden ein sehr schönes Nest gebaut, ein so sauberes Nest, wie es nur eine alte Ente fertig bringt.

Da kam das Hochwasser, spülte das Nest fort samt dem ersten Ei und überschwemmte das Land. Ganz unglücklich flog die Ente in ihrer Legenot umher und kam schließlich auch zu dem Weidenbaum, dessen strubbeliger Kopf mürrisch aus der gelben Flut hervorsah.

Ein Dutzend Mal umkreiste die Ente den Baum, dann ließ sie sich in dem Geäst nieder. Die Gelegenheit erschien ihr nicht übel. Wenn sie einige alte Himbeerstängel beseitigte, war Platz genug da. Zudem brauchte sie gar keine Unterlagen zu beschaffen, denn in der Mitte war der Knorren morsch, der warme weiche Mulm lag frei zutage, trockene Blätter fehlten auch nicht, und rundumher bildeten die Farnblätter und der Efeu einen dichten und hohen Wulst.

Am nächsten Tag lag ein Ei dort. Wenn die Ente fortflog, um sich Futter zu suchen, zerrte sie trockene Blätter darüber, damit das Krähengesindel das Ei nicht finden sollte. Als das Gelege vollzählig war, hatte die Ente nicht mehr nötig, es zuzudecken, den die Zweige hatten sich begrünt und kein Krähenauge konnte die zwölf Eier finden. Auch die Ente war geborgen, wenn sie auf dem Nest saß und brütete. Mehr als einmal strich der Habicht hart über den Weidenbaum hin, ohne sie zu eräugen, denn zu dicht war das Laub.

Der Ente gefällt es hier. Sie hatte einen schlimmen Winter hinter sich, einen ganz schlimmen Winter. Bis zum November war es herrlich, alle Teiche waren offen. Dann setzte aber der Frost ein und schloss erst die Tümpel und Teiche und hinterher die Seen, sodass sich die Enten an den Bächen und Flüssen durchschlagen mussten, bis auch die zum größten Teil zufroren oder so viel Randeis ansetzten, dass keine Enten dort mehr leben konnten.

So mussten sie alle nach dem Süden, nach Gegenden, wo sie nicht Bescheid wussten. Fanden sie endlich ein offenes Wasser, dann dauerte es meist nicht lange und es knallte. Zogen sie weiter und fielen in der Dämmerung in einer Flussbucht ein, dann blitzte und donnerte es wieder. Es war ein elendes Leben, zumal der Schnee hart und fest lag, sodass die Enten auf den Feldern auch keine Nahrung fanden, und während sie sich sonst im Februar schon reiheten, dauerte es in diesem Jahr bis in den März, dass die Paare sich fanden.

Es war ein ganz alter Entenvogel, der sich zu der Ente geschlagen hatte, denn er hatte vier krumme Federn im Steiß, und der weiße Ring unter seinem goldgrünen Hals war breit. Er hinkte auf dem rechten Ruder, denn das hatten ihm die Schrote durchschlagen, und sie hatten zwei von den glänzenden blaugrünen Spiegelfedern quer durch den Laufknochen getrieben, und die waren darin festgeheilt, was ganz schnurrig aussah. Es war noch ein netter junger Erpel gewesen, der der Ente mit viel Kopfnicken und Schnattern den Hof gemacht hatte, aber der alte Erpel hatte ihn abscheulich behandelt und schließlich fortgejagt.

Den März über hatte sich der alte Erpel zu der Ente gehalten, und die beiden hatten sich umhergetrieben, wo es für Enten gut zu leben war. Den Tag über lagen sie in irgendeinem Bruch oder Weidengehege, aber wenn die Eule rief, erhoben sie ihre Gefieder und strichen mit lautem Klingen nach dem Altwasser, wo das große Entenstelldichein war. Das gab dann zuerst ein großes Geratsche und Getratsche, bis man sich erinnerte, dass man hungrig war, und dann schnatterten die Paare im Schlick und Schlamm umher, bis es im Osten hell wurde und das eine Paar hierhin, das andere dahin strich.

Ab und zu kam es dann noch vor, dass ein lediger Erpel sich zu dem Paar gesellte, und einmal dauerte es über eine Stunde, bis dass der Erpel den Nebenbuhler fortgeärgert hatte, und von all dem Gefliege und Gehetze war die Ente so müde, dass sie sich den Abend über im Gras hielt und den Erpel allein zur Entenversammlung fliegen ließ. Als sie in der Nacht schließlich doch nach der Bucht strich, war nur ein Entenpaar da, und das hielt sich ängstlich im freien Wasser, weit vom Land, denn als abends alle Enten auf einem Haufen dicht am Ufer waren und durcheinander schnatterten, war der Fischotter plötzlich mitten zwischen ihnen gewesen und mit einem Erpel untergetaucht. Und das war der gewesen, der zu der Ente hielt, die in der Weide brütete.

Eine Woche später kümmerte sich kein Erpel mehr um die Enten. Die Erpel hatten sich zu Flügen zusammengeschlossen und trieben sich überall umher, und die Enten saßen auf den Eiern. Dann waren die Erpel auf einmal gänzlich verschwunden. Sie mauserten und hielten sich verborgen, weil sie kaum fliegen konnten, und als sie wieder zum Vorschein kamen, waren sie nicht wieder zu erkennen, denn bis auf einige klägliche Rest von dem schönen Hochzeitskleid sahen sie fast wie Enten aus.

Das war um die Zeit, als das erste Ei unter der Brust der Ente in der Kopfweide zerbarst, das so jämmerlich piepte, dass der Waldkauz bis dicht an das Nest heranschwebte, aber entsetzt abschwenkte, als die Mutterente ihm mit fürchterlichem Geflatter entgegensprang. Am anderen Vormittag bekam sie Besuch von dem Hermelin, das Lust auf Entchenbraten hatte.

Aber ehe das Wiesel noch recht wusste, was ihm geschehen war, flog es im großen Bogen durch die Luft in den Bach hinein. Pudelnass kroch es heraus und nahm sich vor, nie wieder auf den unheimlichen Baum zu klettern.

Auch eine Krähe, die das Piepen der Jungenten vernommen hatte, zog ganz verdutzt ab, als die alte Ente ihr wütend die Flügel um den Schnabel schlug und dabei schrecklich quakte.

Menschen kamen um diese Zeit hier nicht vorbei. Nur einmal stöberte ein Fuchs umher und äugte sehnsüchtig nach dem Baum hinauf, schlich aber bald wieder weiter.

Als alle zwölf Entchen ausgekrochen waren, kam die Mutterente in große Not. Erst trippelten die Kleinen piepend zwischen den Zweigen umher, bis eins nach dem anderen das Übergewicht bekam und in die Wiese purzelte.

Das Nesthäkchen aber piepte kläglich, es fürchtete sich vor dem Sturz in die Tiefe. Da fasste die Alte es mit dem Schnabel in den Nacken und flog damit in die Wiese. Eine ganze Stunde musste sie nun aber suchen, ehe sie ihre zwölf Jungen zusammenhatte. Hier piepte eins in der Wiese, da eins in den Weiden, dort eins unter den Kleeblättern, und drei schwammen sogar schon auf dem Bach. Endlich hatte sie alle auf einem Haufen und brachte sie mit viel Mühe und Geduld nach der sumpfigen Ecke der Wiese, wo einige dichte Weidenbüsche standen und das Hochwasser Löcher gerissen hatte, und dort verlebten die Kleinen ihre ersten Lebenswochen.

War es auch still und ruhig dort, so ganz sicher war es trotzdem nicht. Die alte Ente musste fortwährend aufpassen. Einmal jagte die Kornweihe dort, und um ein Haar hätte sie ein Entchen gegriffen, wenn nicht die Mutterente den Raubvogel abgeschlagen hätte. Auch das Hermelin ließ sich dort ab und zu sehen, und es war so frech, dass die alte Ente alle Mühe hatte, es in die Flucht zu schlagen. Dann musste sie noch auf die Krähen achten, denn denen war nicht zu trauen und dem Storch erst recht nicht. Eines Abends aber war es ganz schlimm, denn da kam der Fuchs angeschlichen. Zum Glück war es kein alter Fuchs, sondern ein jähriger, und er fiel richtig darauf herein, als die Ente sich flügellahm stellte und so lange vor ihm herflatterte, bis sie ihn weit von ihrer Brut fortgelockt hatte. Und da flog sie ihm vor der Nase fort und er sah mit dummem Gesicht hinter ihr her.

Der Schreck war ihr aber so in die Glieder gefahren, dass sie auszuwandern beschloss. In der Wiese war es ganz schön, aber die Wasserläufe zwischen den Weidenbüschen boten doch nicht Sicherheit genug. In aller Lerchenfrühe ging die Reise los. Es war eine lange, böse Reise, denn es war ein heißer Tag. Solange die Wiesen reichten, war das Marschieren eine Freude, aber dann kam eine kahle Brache, und da stach die Sonne zu sehr, und es gab nirgends Deckung vor Feinden. Aber man kam glücklich hinüber und in den Roggen und von da in den Hafer und von dort in den Weizen und in die Viehbohnen, und dort wurde erst Halt gemacht, denn es war kühl und schattig dort, und es wimmelte von allerlei Gewürm am Boden und an den Bohnenstängeln. Bis in den späten Nachmittag blieben die Enten dort, und dann ging es weiter, bald durch Klee, bald durch Wiesen, jetzt durch Erbsen, dann durch Getreide. Hier war ein Weg zu nehmen und gleich darauf eine Landstraße, und dann kam ein tiefer Graben mit steilen Rändern und schließlich sogar der Eisenbahndamm. Und gerade als das letzte Entchen hinüber war, donnerte der Zug über die Gleise, und alle Enten purzelten entsetzt die Böschung hinunter und wagten erst wieder weiterzuwandern, als das Donnern und Dröhnen nachließ.

Damit hatte die Not aber auch ein Ende, denn bei jedem Atemzug merkten sie, dass sie an ein großes Wasser kamen, und bald waren sie da, und alle dreizehn stürzten sich in das Schilfdickicht, lagen erst ganz still und fraßen sich dann so voll, wie sie konnten. Denn da wuchs so viel schwimmendes Kraut, und das lebte nur so von Schnecken und Würmern und anderem Getier, sodass eine Ente nur den Schnabel ins Wasser zu stecken und das Wasser ablaufen zu lassen brauchte, um ihn voll von Futter zu haben.

Denn das war das große Altwasser des Flusses, ein Entenparadies ersten Ranges. Da bildete das Rohr ganze Wälder und das Schilf große Dickichte, Schwertlilie und Blumenbinse wuchsen da, das Wasser war bedeckt mit Seerosenblättern und Wasserhahnenfuß und Laichkraut.

Ließ sich auch der Habicht ab und zu sehen und die Rohrweihe – die Rohrsänger passten gut auf, und sowie einer warnte, verschwanden die Tiere im Röhricht. So brachte die Ente alle ihre zwölf Kleinen so weit, dass sie größer wurden, und als sie flügge waren und die Jagd anfing, zog sie mit ihnen ab, und der Jäger hatte das Nachsehen.

Elefanten und dankbare Delphine

Plinius

Geschichten von Elefanten

Das größte der Landtiere ist der Elefant. Er versteht die Sprache seines Vaterlandes, gehorcht auf Befehl, denkt an die Dienstleistungen, die er gelernt hat, zeigt Sinn für Wohlwollen und Ruhm, ja, was selbst bei Menschen selten ist, für Rechtlichkeit, Klugheit und Billigkeit, sogar Ehrerbietung gegen die Gestirne und Verehrung für Sonne und Mond. Wir haben Nachrichten, dass in den mauretanischen Wäldern beim ersten Schimmer des Neumondes Elefantenherden von den Bergen herab an einen Fluss namens Amilus kommen und hier, sich feierlich reinigend, sich mit Wasser besprengen und dann nach Begrüßung des Gestirns in die Wälder zurückkehren, ihre ermüdeten Jungen vor sich herführend. Sie haben auch eine Vorstellung von der Verlässlichkeit anderer, namentlich glaubt man von ihnen, dass, wenn sie über das Meer geführt werden sollen, sie die Schiffe nicht eher betreten, als bis sie durch die Zusicherung der Wiederkehr von ihrem Führer dazu aufgefordert werden.

Man hat – denn auch diese gewaltigen Tiere befallen Krankheiten – von Siechtum ermattete Elefanten gesehen, die, auf dem Rücken liegend, Kräuter gegen den Himmel warfen, als ob sie die Erde in ihr Flehen mit einbeziehen wollten.

Beweise ihrer Gelehrigkeit sind, dass sie den Königen Ehrerbietung beweisen, niederknien und ihnen Kränze reichen. Die kleineren, die man Bastarde nennt, gebrauchen die Inder zum Pflügen.

Zu Rom wurden zum ersten Mal zwei Elefanten zusammengespannt am Triumphwagen des großen Pompejus nach seinem Feldzug in Afrika, was freilich der Sage nach schon vorher bei Vater Libers Triumph über Indien geschehen war. Procilius erzählt, das Elefantenpaar bei dem Triumph des Pompejus habe nicht gleichzeitig durch den Torbogen gehen können. Bei den Fechtspielen des Cäsar Germanicus führten sie sogar einige unbeholfene Tanzbewegungen aus, gang und gäbe wäre es schon, dass sie Waffen durch die Lüfte schleudern, ohne dass der Wind diese wegtrieb, ferner gewisse Fechtübungen miteinander vollführten. Später gingen sie auch auf Seilen einher, wobei ihrer vier sogar einen einzelnen wie eine Kindbetterin in einer Sänfte trugen, und traten an besetzten Tischen vorüber auf dem Weg zu ihren Lagerstätten mit so vorsichtigen Schritten über die Kissen hinweg, dass keiner der Trinker berührt wurde.

Gesichert ist auch, dass man einen, der sich weniger gelehrig bei dem, was man ihm beizubringen suchte, anstellte und deshalb mit Schlägen gezüchtigt wurde, nachts damit beschäftigt fand, sichs einzuprägen. Sehr erstaunlich ist es schon, dass sie auf schrägen Seilen aufwärts steigen, noch mehr aber, dass sie auch darauf zurückkehren, zumal sie sich dann vornüberneigen. Mutianus, der dreimal Konsul gewesen ist, erzählt, einer habe sogar die Züge der griechischen Buchstaben erlernt und in dieser Sprache Folgendes wiederholt geschrieben: »Ich selbst habe dieses geschrieben und keltische Beute geweiht.«

Es ist merkwürdig, dass die meisten Tiere wissen, weshalb man ihnen nachstellt, und alle, wovor sie sich zu hüten haben. Begegnet der Elefant einem Menschen, der in einer Einöde umherirrt, soll er ihm gutmütig und sogar sanft den Weg zeigen. Bemerkt er die Spur eines Menschen, ehe er ihn selbst sieht, so bebt er aus Furcht vor Nachstellungen, bleibt bei der Witterung stehen, sieht sich um, schnaubt zornig, tritt aber nicht darauf, sondern nimmt sie auf und übergibt sie dem Nachfolgenden, dieser wieder dem Nächsten, bis die Kunde zu dem Letzten gelangt. Nun wendet sich der ganze Haufen, kehrt um und bereitet sich zum Kampf vor. So lange erhält sich die Wirkung des Geruchs, selbst wenn er nicht einmal von nackten Füßen herrührt. So soll sogar der Tiger, dieses für alle andern wilden Tiere furchtbare Tier, das selbst die Spuren des Elefanten nicht scheut, seine Jungen beim Anblick einer Menschenspur sogleich wegtragen. Wie erkennt er diese? Wo hat er den vorher gesehen, den er so fürchtet? Denn gewiss besucht man solche Waldungen nicht häufig. Sie mögen sich allerdings über die Besonderheit der Spur verwundern; aber woher wissen sie, dass der, von dem sie stammt, zu fürchten ist? Oder vielmehr, warum haben sie den Anblick des Menschen selbst zu scheuen, da sie doch so viel stärker, größer und schneller sind? Nun ja, es ist im Wesen der Dinge begründet, es ist die Macht des Naturtriebes, dass selbst die grimmigsten und größten Tiere das nicht gesehen zu haben brauchen, was sie zu fürchten haben, und es doch gleich merken, wenn es zu fürchten ist.

Die Elefanten gehen immer herdenweise; der älteste ist der Führer der Herde; der, welcher ihm dem Alter nach am nächsten steht, schließt den Zug. Wollen sie über einen Fluss setzen, so schicken sie die Kleinsten voran, damit nicht durch das Hineintreten der Größeren das Flussbecken ausgetreten und die Tiefe vergrößert werde. Antipatros erzählt, König Antiochos habe zwei Kriegselefanten gehabt, welche sogar durch ihre Namen ausgezeichnet waren, die sie nämlich kannten. So nennt auch Cato, der in seinen Jahrbüchern die Namen der Feldherrn nicht überall angibt, doch den Namen des tapfersten Elefanten in der punischen Schlachtreihe, Surus, dessen einer Zahn verstümmelt gewesen sei. Als Antiochos die Furt eines Flusses untersuchen wollte, weigerte sich der Elefant Ajax, sonst immer der Erste im Zug, es zu tun. Da habe jener bekannt gemacht, der solle den Vorrang vor allen andern haben, der zuerst hinübergehe, und nun habe der Elefant Patroklos es getan und sei deshalb mit silbernen Decken, woran sie besonders Freude haben, und allen übrigen Bevorzugungen ausgezeichnet worden. Der andere, der sich dadurch gestraft fühlte, enthielt sich sofort der Nahrung, indem er lieber tot war als beschämt.

Die Elefanten sind nämlich ungemein ehrliebend, fliehen vor der Stimme ihres Besiegers und reichen ihm Erde und Opferkräuter. Aus Schamhaftigkeit begatten sie sich nur im Verborgenen, der männliche Elefant fünf Jahre alt, der weibliche zehn Jahre. Sie tun es jedoch nur alle zwei Jahre und auch dann, wie man sagt, nie länger als fünf Tage in jedem Jahr; im sechsten baden sie sich in einem Fluss; vorher kehren sie nicht wieder zur Herde zurück.

Auch kennen sie keinen Ehebruch; nur darum gibt es unter ihnen keine so verderblichen Kämpfe um die Weibchen wie unter den anderen Tieren, aber nicht etwa, weil sie das Gefühl der Liebe nicht kennen. Denn einer soll in Ägypten eine Kranzhändlerin geliebt haben, und zwar – damit man nicht meine, er habe sich nur etwas Gemeines ausgesucht – die Geliebte des berühmten Sprachgelehrten Aristophanes. Ein anderer liebte den jungen Syrakusaner Menandros im Heer des Ptolemaios und gab seine Sehnsucht nach ihm, sooft er ihn nicht gesehen hatte, dadurch zu erkennen, dass er nicht fraß. Auch Juba erzählt, dass einer eine Salbenhändlerin geliebt habe. Sie alle gaben ihre Liebe durch die Freude beim Wiedersehen, durch unbeholfene Liebkosungen und dadurch zu erkennen, dass sie die Münzen, die ihnen das Volk zugeworfen hatte, aufhoben und ihren Erkorenen in den Schoß warfen. Man darf sich übrigens nicht wundern, dass ein Tier, welches ein Gedächtnis besitzt, auch die Liebe kennt. Derselbe Juba erzählt nämlich, dass einer im Alter viele Jahre später den Führer wieder erkannte, den er in seiner Jugend gehabt. Laut Juba sollen sie auch eine Vorstellung von Gerechtigkeit besitzen: Als König Bocchus einst dreißig Personen, an denen er seine Grausamkeit auslassen wollte, an Pfähle binden und ebenso vielen Elefanten vorwerfen ließ, konnten diese, obwohl Leute vorausliefen, die sie reizen sollten, nicht dazu gebracht werden, Diener fremder Grausamkeit zu sein.

Italien sah zum ersten Mal Elefanten in dem Krieg mit König Pyrrhos und nannte sie lucanische Ochsen, weil man sie in Lucania zuerst im Jahre Roms 472 gesehen hatte. In Rom selbst sah man sie erst sieben Jahre später bei einem Triumphzug. Eine viel größere Anzahl aber sah man dort im Jahre 502, die beim Sieg, den der Priester Lucius Cäcilius Metellus in Sizilien über die Punier errang, gefangen worden waren. Es waren ihrer 142, und sie wurden auf Flößen, die man auf mehrere Reihen Fässer gelegt hatte, herübergebracht.

Berühmt ist der Kampf eines Römers gegen einen Elefanten, als Hannibal die gefangenen Römer miteinander zu kämpfen gezwungen hatte. Er warf nämlich den Einzigen, der übrig geblieben war, einem Elefanten vor, mit dem Versprechen, dass er frei sein solle, wenn er diesen töte; und dieser, ihm ganz allein auf dem Kampfplatz gegenübertretend, tötete ihn zum großen Verdruss der Punier wirklich. Allein Hannibal, der nun wohl einsah, dass die Kunde von diesem Kampf die Tiere in Verachtung bringen werde, sandte ihm Reiter nach, die ihn töten sollten.

Dass man Elefanten am leichtesten besiegt, indem man ihnen den Rüssel abhaut, lernte man durch Erfahrungen im Krieg mit Pyrrhos. Zu Rom kämpften sie nach Fenestella im Zirkus zum ersten Mal, als Claudius Pulcher kurulischer Ädil war, im Jahre der Stadt 655 unter den Konsuln Marcus Antonius und Aulus Postumius. Desgleichen zwanzig Jahre später während der kurulischen Ädilität der beiden Lucullus gegen Stiere. Auch während des zweiten Konsulates des Pompejus bei der Einweihung des Tempels der Venus Victrix kämpften 20, nach andern 17 Elefanten im Zirkus mir Gätulern, welche Wurfspieße gegen sie schleuderten, wobei namentlich der

Kampf des einen bewundert wurde, der, als ihm die Füße durchstochen waren, auf den Knien zu den Scharen kroch, die Schilde fasste und in die Höhe warf und dadurch, dass diese sich im Kreis drehten, den Zuschauern Vergnügen machte, als ob sie von dem Tier im Spiel und nicht aus Wut geworfen würden. Großes Erstaunen erregte es auch, als einer durch einen einzigen Wurf getötet wurde; der Speer war nämlich unter den Augen eingedrungen und so zum Sitz des Lebens im Kopf gelangt. Sie versuchten auch einmal geschlossen durchzubrechen, nicht ohne Gefahr für das Volk, obgleich es durch eiserne Gitter geschützt war.

Aus diesem Grund ließ der Diktator Cäsar, als er ein ähnliches Schauspiel geben wollte, den Kampfplatz mit Gräben umgeben, die Kaiser Nero wieder beseitigte, indem er den Rittern diese Plätze noch einräumte. Die Elefanten des Pompejus aber baten, als sie sich um alle Hoffnung auf Flucht gebracht sahen, in unbeschreiblicher Haltung das Volk um Mitleid, indem sie, gewissermaßen wehklagend, sich selbst bejammerten, was bei dem Volk eine solche Teilnahme erregte, dass es, des Feldherrn und der nur ihm zu Ehren so klar bewiesenen Freigebigkeit vergessend, insgesamt weinend aufstand und über Pompejus Flüche ausstieß, die sich an diesem schon bald darauf erfüllten. Im dritten Konsulat des Diktators Cäsar fochten 20 Elefanten gegen 500 Mann zu Fuß, und ein zweites Mal ebenso viele mit Türmen und je 60 Kämpfern darauf gegen ebenso viel Mann Fußvolk wie zuvor und eine gleich große Schar Reiter. Später, unter den Kaisern Claudius und Nero, kämpften sie mit Einzelnen bei Entlassung der Fechter aus ihrem Dienst.

Gegen minder starke Geschöpfe, erzählte man, ist dieses Tier so sanft, dass es, auf eine Herde Kleinvieh stoßend, die ihm in den Weg Kommenden mit dem Rüssel beiseite schiebt, um nicht unvorsichtigerweise eines zu zertreten. Auch greifen sie nur an, wenn sie gereizt werden, und zwar – da sie immer scharenweise ziehen, am seltensten unter allen Tieren – wenn sie einzeln umherschweifen. Von Reitern umringt, nehmen sie die Schwachen, Ermüdeten oder Verwundeten in die Mitte ihres Haufens und gehen wie auf Befehl oder nach Überlegung in den Kampf. Die Gefangenen macht man durch Gerstensaft sehr bald zahm.

Wütend gewordene Elefanten bändigt man durch Hunger und Schläge, wozu man andere Elefanten nimmt, welche die tobenden mit Ketten zur Ruhe bringen müssen. Im Übrigen werden sie besonders in der Brunstzeit wild und werfen dann mit den Zähnen die Ställe der Inder um. Aus diesem Grund hält man sie von der Begattung ab und hält die Weibchen in gesonderten Herden, die wie anderes großes Vieh geweidet werden. Die gezähmten Elefanten tun Kriegsdienste, tragen Türme mit Bewaffneten mitten unter die Feinde und entscheiden im Morgenland großenteils die Kriege. Sie werfen ganze Schlachtreihen nieder und zerstampfen Bewaffnete. Dennoch werden sie durch das geringste Grunzen eines Schweines in Schrecken versetzt, und wenn sie verwundet oder verängstigt sind, weichen sie stets zurück zu nicht geringem Nachteil für die ihrigen. Der afrikanische Elefant fürchtet den indischen und wagt es nicht, ihn anzusehen, denn dieser ist größer.

Afrika hat Elefanten jenseits der syrtischen Wüsten und in Mauretanien. Auch gibt es welche bei den Äthiopiern und Abessiniern. Die größten aber bringt Indien hervor, desgleichen auch die größten Schlangen, mit denen sie in ständiger Feindschaft leben und die selbst von solcher Größe sind, dass sie die Elefanten leicht umschlingen und durch Schürzung des Knotens ersticken. Der Kampf endet mit dem Tod beider; der Besiegte stürzt zusammen und erdrückt die ihn umschlingende Schlange durch sein Gewicht.

Die eigentümlich wunderbare Klugheit der Tiere zeigt sich darin: Die Schlange hat die große Schwierigkeit, ein Tier von solcher Höhe anzugreifen. Sie späht also den Wechsel aus, auf dem der Elefant auf Futter ausgeht, und stürzt sich von einem hohen Baum auf ihn hinab. Dieser weiß, dass er sich ihren Umschlingungen nicht entziehen kann, und sucht sie daher durch Reiben an Bäumen oder Felsen zu zerdrücken. Das fürchten die Schlangen und fesseln daher zunächst die Füße des Elefanten mit ihrem Schwanz. Dagegen lösen jene wieder die Schlingen mit dem Rüssel. Allein die Schlangen stecken nun wieder ihren Kopf in die Nasenlöcher, hemmen dadurch das Atmen und beißen zugleich in die weichsten Teile. Trifft der Elefant auf die Schlange im Gehen, so richtet sie sich gegen ihn in die Höhe und greift vor allem die Augen an. So findet man oft blinde Elefanten, die von Hunger und Gram abgemattet sind. Was für einen andern Erklärungsgrund dieser Feindschaft kann man sich nun wohl denken, als dass sich die Natur das Schauspiel eines Kampfes zwischen zwei gleichen Gegnern habe verschaffen wollen?

Es gibt auch noch eine andere Erzählung von diesen Kämpfen. Der Elefant habe sehr kühles Blut und werde daher von den Schlangen besonders bei großer Hitze angegriffen. Daher stellten sie ihnen, unter dem Wasser verborgen, nach, wenn sie zum Saufen kämen, und bissen ihnen, nachdem sie den Rüssel umschlungen hätten, in das Ohr, die einzige Stelle, welche nicht mit dem Rüssel verteidigt werden könne. Die Schlangen seien übrigens so groß, dass sie alles Blut den Elefanten aussaugen könnten. Wenn diese nun von den Schlangen ausgesaugt seien, stürzten sie blutleer zusammen.

Aelian

Musikliebe und Folgsamkeit der Elefanten

Von der Weisheit der Elefanten habe ich anderwärts gesprochen. Auch ihre Jagd habe ich erwähnt, weniges von dem vielen, was andere berichtet haben. Jetzt will ich von ihrer Liebe zur Musik, von ihrer Folgsamkeit und von der Leichtigkeit sprechen, mit der sie Dinge lernen, die selbst für den Menschen schwierig sind, geschweige denn für ein so großes und bis dahin so wildes Tier. Denn Chortanz und Ballkunst, rhythmisches Einherschreiten, Beachtung der Flötenmusik und der Verschiedenheit der Töne, langsam zu gehen bei langsamem Takt, schnell bei lebhafter Musik – alles das lernt der Elefant, beobachtet es mit Genauigkeit und fehlt nicht. So hat ihm die Natur die ansehnlichste Größe verliehen, der Unterricht aber macht ihn sanft und lenksam. Wenn ich nun die Folgsamkeit und Gelehrigkeit der Elefanten in Indien oder Äthiopien und Libyen beschreiben wollte, so würde vielleicht mancher glauben, dass ich Fabeln erdichtete und der Natur etwas zum Ruhm des Tieres anlöge, was einem Philosophen und einem feurigen Liebhaber der Wahrheit am wenigsten ansteht. Was ich aber selbst gesehen hatte und was in Rom geschehen und von andern beschrieben worden ist, das will ich erzählen – nur weniges von vielem und ohne dabei zu verweilen, ganz vorzüglich in der Absicht, die Eigenschaften der Tiere daran zu zeigen. Der gezähmte Elefant ist sehr sanft und lässt sich lenken, wohin man will. Doch will ich hier, mit Rücksicht auf die Reihenfolge, das Älteste zuerst erwähnen.

Germanicus Cäsar gab den Römern Schauspiele – es wird dies des Kaisers Tiberius Brudersohn gewesen sein. Nun waren damals in Rom mehrere ausgewachsene Elefanten, Männchen und Weibchen; diese bekamen dort Junge. Als nun diesen die Glieder zu erstarken angefangen hatten, nahm sie ein Mann, der mit solchen Tieren umzugehen verstand, in Erziehung und führte dabei einen erstaunenswürdigen Unterricht durch.

Anfänglich hielt er sie mit Milde und allgemach zum Lernen an, indem er mancherlei Reizmittel anwendete und ihnen das beste und verlockendste Futter gab, in der Absicht, dass, wenn noch etwas Wildheit in ihnen war, sie diese ablegten, zahmer würden und gewissermaßen menschliche Gesittung annähmen. Der Unterricht bestand aber darin, dass sie lernten, einen Flötenton zu hören, ohne außer sich zu geraten, durch den Trommelschlag nicht betäubt und verwirrt zu werden, an der Syrinx Gefallen zu finden und selbst unmelodischen Schall zu ertragen sowie den Lärm von Schritten und von Gesang. Auch wurden sie daran gewöhnt, sich vor einer Menschenmenge nicht zu fürchten.

Außerdem erzog man sie dazu, angesichts der Schlange sich nicht zu erregen oder, wenn sie gezwungen wurden, eines ihrer Glieder zu beugen und es nach der Weise der Tänzer und Choristen zu heben, nicht darüber ungehalten zu werden, so gewaltig auch ihre Körperstärke war. Das aber gerade ist der große und edle Vorzug ihrer Natur, dass sie gehorsam sind und sich gegen menschliche Erziehung nicht auflehnen.

Nachdem nun der Tanzlehrer ihnen vollkommene Geschicklichkeit beigebracht hatte und sie seinen Unterricht genau begriffen hatten, enttäuschten sie ihn nicht, wenn Zeit und Umstände es ergaben, das Gelernte zu zeigen. Der Chor bestand aus zwölf Elefanten; deren eine Abteilung betrat von dieser, die andere von jener Seite den Schauplatz. Mit zierlichen Schritten gingen sie einher, üppig den ganzen Körper wiegend und wie Tänzer mit Gewändern angetan. Sobald nun der Ordner des Chors ihnen ein Zeichen zurief, marschierten sie in einer Reihe auf, wie der Lehrer es befahl. Sie bildeten dann einen Kreis, wenn das Zeichen dazu gegeben wurde, und sobald eine Schwenkung vollführt werden sollte, machten sie auch dies. Sie streuten außerdem Blumen und verzierten damit den Boden; dies taten sie mit Maß und Sparsamkeit. In harmonischem Zusammenspiel stampften sie dabei nach Tanzweise mit den Füßen.

Dass Damon und Spintharus und Aristoxenus und Xenophilus und Philoxenus und andere sich gut auf Musik verstehen und sich wie wenige in dieser Kunst auszeichnen, ist zwar bewunderungswürdig, aber keineswegs unglaublich oder unvorstellbar, denn der Mensch ist ein vernünftiger, mit Verstand und Überlegung begabtes Geschöpf.

Dass aber ein so schwerfälliges Tier Takt und Melodie versteht, Stellungen beobachtet, die Harmonie nicht stört und das Gelernte richtig ausführt, das sind Wunder der Natur und in jeder Weise eine erstaunliche Eigenschaft.

Was nun folgte, war vollends geeignet, die Zuschauer außer sich zu bringen. Auf den Sand des Schauplatzes hatte man niedrige Sofas gestellt, dann Kissen darauf gelegt und auf diese bunte Teppiche; alles, wie es für ein vornehmes und begütertes Haus kennzeichnend ist. Auch kostbare Becher standen da und goldene und silberne Mischkessel, die mit Wasser angefüllt waren, wertvolle Tische aus Zitrusholz und Elfenbein. Auf diesen standen Fleisch und Brot, hinreichend, den Bauch der gefräßigsten Tiere zu füllen.

Als nun alle Vorbereitungen aufs Beste fertig waren, traten die Gäste ein, sechs Elefantenmännchen und ebenso viele Weibchen. Jene trugen Männer-, diese Frauenkleidung, und auf ein gegebenes Zeichen streckten sie die Rüssel wie Hände sehr gesittet aus und aßen mit viel Anstand. Kein Fresser war darunter und auch kein Schlemmer; keiner nahm dem anderen die größere Portion weg, wie jener Perser bei dem herrlichen Xenophon. Als sie nun auch trinken sollten, setzte man jedem einen Mischkrug vor, und sie saugten das Getränk mit ihren Rüsseln und tranken auf vornehme Weise. Dann bespritzten sie sich, aber nur zum Scherz und ohne Bosheit.

So hat man noch vieles andere, kluge und erstaunliche Dinge, von den Eigenschaften dieser Tiere aufgeschrieben.

Ich selbst habe einen Elefanten gesehen, der mit dem Rüssel römische Buchstaben regelrecht auf eine Tafel schrieb. Nur dass der Lehrer die Hand auf den Rüssel legte und den Umriss der Buchstaben lenkte, bis das Tier fertig war.

Dies sah unverwandten Blicks darauf, sodass man hätte meinen können, die Augen des Tieres wären geübt und für die Schreibkunst gebildet.

Aristoteles

Geschichten vom Delphin

Was die Seetiere betrifft, erzählt man von den Delphinen die meisten Beweise von Güte und Sanftmut sowie auch von ihrer Liebe und Zuneigung zu Knaben bei Tarent, bei Karien und anderswo. Als bei Karien nämlich ein Delphin gefangen und verwundet wurde, soll eine Menge von Delphinen zusammen in den Hafen gekommen sein. Als der Fischer den gefangenen Delphin losließ, entfernten sich alle wieder. Auch folgt den kleinen Delphinen immer ein großer der Bewachung wegen. Man sah einmal eine Schar von großen und kleinen Delphinen beisammen, und nicht lange darauf erschienen zwei von ihnen zurückgelassene, die unter einem kleinen toten, dem Versinken nahen Delphinchen schwammen und dieses mit dem Rücken in die Höhe hielten, als täten sie dies aus Mitleid, damit es nicht von irgendeinem der anderen Seetiere aufgefressen werde.

Auch von der Schnelligkeit dieses Tieres wird Unglaubliches berichtet, denn es scheint das schnellste nicht nur unter den Wassertieren, sondern auch unter den Landtieren zu sein. Sie springen über die Maste großer Fahrzeuge. Und zwar tun sie dies hauptsächlich, wenn sie irgendeinem Fisch des Fraßes wegen nachsetzen. Dann nämlich folgen sie diesem, wenn er entwischt, aus Hunger in die Tiefe. Wird aber die Rückkehr für sie weit, so halten sie, gleichsam berechnend, den Atem an, schnellen, indem sie sich zusammenkrümmen, wie ein Pfeil daher und springen, da sie die Länge des Raumes bis zum Atemholen durchmessen wollen, über die Maste, wenn etwa ein Fahrzeug dazwischenkommt. Dies tun auch die Taucher, wenn sie sich in die Tiefe hinabgelassen haben, denn auch sie schnellen, indem sie sich zusammenkrümmen, mit ihrer eigenen Kraft herauf. Die Männchen leben mit den Weibchen zusammen in Paaren. Zweifelhaft ist aber, weshalb sie auf das Land herausspringen, denn sie sollen dieses zuweilen, wie es der Zufall will, ohne irgendeinen Grund tun.

Aelian

Von der Liebe der Delphine zu den Menschen

Die Musikliebe der Delphine und ihre Liebesneigungen werden von den Ägyptern gepriesen, und die Lesbier und Teiter stimmen diesen bei. Jene führen die Geschichte des Methymnäers Arion an, diese, was in Teos sich mit dem schönen Knaben beim Schwimmen ereignet hat. Ein Byzantiner namens Leonidas erzählt, bei einer Seefahrt nach Aeolos in der Stadt Proselene einen zahmen Delphin gesehen zu haben, der in ihrem Hafen wohnte und mit den Einwohnern wie mit Gastfreunden umging. Außerdem erzählt er, dass eine alte Frau und ein mit ihr lebender Greis diesen Zögling fütterten und ihm Köder und mancherlei Lockspeise vorhielten. Mit ihm wurde der Sohn dieser alten Leute erzogen, und da sie den Delphin und ihren Knaben miteinander versorgten, so erwuchs unvermerkt auch dieser gemeinsamen Erziehung eine

Liebe zwischen dem Tier und dem Knaben, und, wie man zu sagen pflegt, der Gott der Gegenliebe, Anteros, wurde auf eine überaus würdige Weise von ihnen geehrt. Der Delphin liebte nun den besagten Ort wie sein Vaterland, und der Hafen war ihm teuer wie ein eigenes Haus, und er entrichtete auch seinen Ernährern Kostgeld. Damit ging es so zu: Als das Seetier erwachsen war, bedurfte es der Fütterung aus der Hand nicht mehr, sondern schwamm jetzt weiter hinaus und sah sich bei seinem Umherschweifen nach Beute um, von der es einen Teil selbst verzehrte, den anderen seinen Freunden brachte. Diese wussten das und erwarteten mit Freuden seinen Tribut. Dies ist der eine Teil der Geschichte, der andere ist folgender: Die alten Leute hatten dem Delphin ebenso wie ihrem Sohn einen Namen gegeben. Nun stellte sich der Knabe, eingedenk der gemeinsamen Erziehung, auf einen Vorsprung des Ufers, rief ihn mit Namen und fügte dem Ruf schmeichelnde Worte bei. Da mochte nun der Delphin eben mit Rudernden wetteifern oder sich überpurzeln oder mit anderen des Schwarms, die sich dort umhertrieben, tummeln oder auf der Jagd sein. Wie sehr ihm auch immer der Hunger zusetzen mochte, er kehrte zurück, und zwar ganz schnell wie ein von kräftigem Rudern getriebenes Schiff; und wenn er sich dem Geliebten genähert hatte, spielte und sprang er mit ihm und schwamm bald neben dem Knaben her, bald bewog er den Knaben wie mit einer Herausforderung zum Wettstreit, und, was dabei bewunderungswürdig war, er verzichtete auf den Sieg und schwamm ihm nach, als ob er besiegt wäre, aber zu seinem Vergnügen. Hiervon verbreitete sich die Kunde, und es war für die Reisenden neben den anderen Sehenswürdigkeiten der Stadt ein bemerkenswertes Schauspiel, und die Alten und der Knabe hatten Vorteil davon.

Aelian

Dankbarkeit der Delphine

In Beweisen der Dankbarkeit sind auch die Delphine gerechter als die Menschen, ohne dem Gesetz der Perser, das Xenophon rühmt, unterworfen zu sein. Was ich meine, ist dies: Ein gewisser Koiranos, parischer Abkunft, sah, dass einige Delphine bei Byzanz in ein Netz geraten und gefangen worden waren, löste die Gefangenen von den Fischern mit Geld aus und ließ sie frei; dafür wurde ihm Dank zuteil. Er schiffte sich nämlich, wie die Sage berichtet, mit einem Fünfzigruderer ein, welcher milesische Männer trug. Das Schiff schlug in der Meerenge zwischen Naxos und Paros um. Die andern ertranken, Koiranos aber ward von den Delphinen gerettet, die für die früher erhaltene Wohltat ihm Gleiches erwiesen.

Das Vorgebirge und die Felshöhle, wo sie mit ihm ans Land schwammen, werden gezeigt, und der Platz heißt der Koiraneische. Einige Zeit nachher starb dieser Koiranos und wurde nahe dem Meer verbrannt. Dessen wurden die Delphine gewahr und versammelten sich wie zum Leichenbegräbnis; und solange der Holzstoß in Flammen stand, verweilten sie wie ein Freund bei dem andern, nach dem Verlöschen des Holzstoßes aber schwammen sie hinweg.

Die Menschen sind gegen lebende, reiche und im Wohlstand befindliche Leute sehr dienstfertig; von toten und unglücklichen aber wenden sie sich ab, um nicht für empfangene Wohltaten Dank entrichten zu müssen.

Plinius

Von der Freundschaft der Delphine

Der Delphin ist nicht nur ein Freund des Menschen, sondern auch der Musik, ergötzt sich an mehrstimmigem Gesang, besonders aber am Ton der Wasserflöte. Er scheut den Menschen nicht als etwas Fremdartiges, schwimmt vielmehr den Fahrzeugen entgegen, springt spielend in der Nähe auf, wetteifert sogar mit ihnen und überholt die Schiffe im vollen Segeln. Zur Zeit des vergötterten Fürsten Augustus liebte einer, der in den Lucrinischen See geschwommen war, den Sohn eines armen Mannes ganz außerordentlich, der aus dem Bajanischen nach Puteoli in die Schule ging und, wenn er mittags dort rastete, ihn mit dem Namen Simon heranrief und oft mit Brotstücken, die er in der Hand trug, zu sich lockte.

Ich würde mich scheuen, dies zu erzählen, wenn die Sache nicht in den Schriften eines Mäcenas, Fabianus und Flavius Alfius aufgezeichnet wäre: Sooft der Delphin von dem Knaben gerufen wurde, zu jeder Tageszeit, kam er, er mochte noch so weit weg und verborgen sein, aus der Tiefe heraus, bot, sobald er aus der Hand des Knaben gefüttert worden war, diesem den Rücken zum Aufsteigen, wobei er die Stacheln seiner Rückenflosse wie in einer Scheide verbarg, nahm ihn auf und trug ihn durch das weite Meer zu seiner Schule und brachte ihn tatsächlich mehrere Jahre hindurch auf die gleiche Weise auch wieder zurück.

Als eines Tages der Knabe an einer Krankheit gestorben war, kam er zwar oft noch an die gewohnte Stelle, aber traurig und einem Leidtragenden ähnlich, und starb, was niemand bezweifeln kann, aus Sehnsucht.

Ein anderer Delphin ließ an der afrikanischen Küste bei Hippo Diarrhytos sich noch in den letzten Jahren auf ähnliche Weise aus der Hand füttern und streicheln, spielte um die

Schwimmenden her und nahm sie auf seinen Rücken. Einmal von dem Prokonsul Flavius in Afrika mit einer Salbe bestrichen, wurde er, wie es schien, durch die Ungewohntheit des Geruchs betäubt, schwamm wie leblos umher und mied, wie durch Kränkung verscheucht, den Verkehr mit Menschen einige Monate lang, bis er endlich zu dem wunderbaren Schauspiel wiederkehrte. Kränkungen gegen ihre Gastfreunde vonseiten der römischen Machthaber, die, um dies zu sehen, herbeikamen, bewogen die Hipponeser endlich, ihn zu töten. Etwas Ähnliches aus früherer Zeit erzählt man von einem Knaben in der Stadt Jasos, von dessen zärtlichem Verhältnis mit einem Delphin man lange Zeuge gewesen war.

Als der Knabe sich einmal entfernte, folgte ihm der Delphin stürmisch ans Ufer, geriet auf Sand und starb. Alexander der Große machte den Knaben zu Babylon zum Priester des Neptun, indem er diese Liebe als ein Zeichen der Gottheit ansah. So schreibt auch Hegesidemos von einem anderen Knaben in derselben Stadt Jasos, mit Namen Hermias, der auf ähnliche Weise im Meer umherritt und, als er bei einem plötzlichen Sturm von den Wellen erstickt wurde, ans Ufer getragen worden sei. Der Delphin aber sei, um anzudeuten, dass er Veranlassung zu dessen Tod war, nicht wieder in die See zurückgekehrt, sondern an Land gestorben.

Nach Theophrastos soll dies auch in Naupaktos geschehen sein; und damit die Beispiele kein Ende haben, erzählen Ähnliches auch die Amphilocher und Tarentiner von Knaben und Delphinen.

Treue Gefährten des Menschen

Marie von Ebner-Eschenbach

Krambambuli

Vorliebe empfindet der Mensch für allerlei Gegenstände. Liebe, die echte, unvergängliche, die lernt er – wenn überhaupt – nur einmal kennen. So wenigstens meint der Herr Revierjäger Hopp. Wie viele Hunde hat er schon gehabt und auch gern gehabt, aber lieb, was man sagt, lieb und unvergesslich ist ihm nur einer gewesen – der Krambambuli. Er hatte ihn im Wirtshaus zum Löwen in Wischau von einem Forstgehilfen gekauft oder eigentlich eingetauscht. Gleich beim ersten Anblick des Hundes war er von der Zuneigung ergriffen worden, die dauern sollte bis zu seinem letzten Atemzug. Dem Herrn des schönen Tieres, der am Tisch vor einem Branntweingläschen saß und über den Wirt schimpfte, weil dieser kein zweites umsonst hergeben wollte, sah der Lump aus den Augen. Ein kleiner Kerl, noch jung und doch so fahl wie ein abgestorbener Baum, mit gelbem Haar und gelbem Bart. Der Jägerrock, vermutlich ein Überrest aus der vergangenen Herrlichkeit des letzten Dienstes, trug die Spuren einer im Straßengraben zugebrachten Nacht. Obwohl sich Hopp ungern in schlechte Gesellschaft begab, nahm er trotzdem Platz neben dem Burschen und begann sogleich ein Gespräch mit ihm. Da bekam er es denn heraus, dass der Nichtsnutz den Stutzen und die Jagdtasche dem Wirt bereits als Pfand ausgeliefert hatte und dass er jetzt auch den Hund als solches hergeben möchte. Der Wirt, der schmutzige Leuteschinder, wollte von einem Pfand, das gefüttert werden musste, nichts hören. Herr Hopp sagte vorerst kein Wort von dem Wohlgefallen, das er an dem Hund gefunden hatte, ließ aber eine Flasche von dem guten Danziger Kirschbranntwein bringen, den der Löwenwirt damals führte, und schenkte dem Gehilfen fleißig ein. – Nun, in einer Stunde war alles in Ordnung. Der Jäger gab zwölf Flaschen von dem Getränk, bei dem der Handel geschlossen worden – der Vagabund gab den Hund. Zu seiner Ehre muss man gestehen: nicht leicht. Die Hände zitterten ihm so sehr, als er dem Tier die Leine um den Hals legte, dass es schien, er komme mit dieser Manipulation nimmermehr zurecht. Hopp wartete geduldig und bewunderte im Stillen den trotz der schlechten Kondition, in welcher er sich befand, wundervollen Hund. Höchstens zwei Jahre mochte er alt sein, und in der Farbe glich er dem Lumpen, der ihn hergab, doch war die seine um ein paar Schattierungen dunkler. Auf der Stirn hatte er ein Abzeichen, einen weißen Strich, der rechts und links in kleine Linien auslief.

Die Augen waren groß, schwarz, leuchtend, von tauklaren, lichtgelben Reiflein umsäumt, die Ohren hoch angesetzt, lang, makellos. Und makellos war alles an dem ganzen Hund, von der Klaue bis zu der feinen Witternase; die kräftige, geschmeidige Gestalt, das über jedes Lob erhabene Piedestal. Vier lebende Säulen, die auch den Körper eines Hirsches getragen hätten und nicht viel dicker waren als die Läufe eines Hasen. Beim heiligen Hubertus! Dieses Geschöpf musste einen Stammbaum haben, so alt und reich wie der eines deutschen Ordensritters.

Dem Jäger lachte das Herz im Leib über den prächtigen Handel, den er gemacht. Er stand nun auf, ergriff die Leine, die zu verknoten dem Gehilfen endlich gelungen war, und fragte: »Wie heißt er denn?«

»Er heißt wie das, wofür Ihr ihn kriegt: Krambambuli«, lautete die Antwort.

»Gut, gut, Krambambuli! So komm! Wirst gehen? Vorwärts!« – Ja, er konnte lange rufen, pfeifen, zerren – der Hund gehorchte ihm nicht, wandte den Kopf demjenigen zu, den er noch für seinen Herrn hielt, heulte, als dieser ihm zuschrie: »Marsch!«, und den Befehl mit einem tüchtigen Fußtritt begleitete, suchte sich aber immer wieder an ihn heranzudrängen. Erst nach einem heißen Kampf gelang es Herrn Hopp, die Besitzergreifung des Hundes zu vollziehen. Gebunden und geknebelt musste er zuletzt in einem Sack auf die Schulter geladen und so bis in das mehrere Wegstunden entfernte Jägerhaus getragen werden.

Zwei volle Monate brauchte es, bevor der Krambambuli, halb totgeprügelt, nach jedem Fluchtversuch mit dem Stachelhalsband an die Kette gelegt, endlich begriff, wohin er jetzt gehöre. Dann aber, als seine Unterwerfung vollständig geworden war, was für ein Hund wurde er da! Keine Zunge schildert, kein Wort ermisst die Höhe der Vollendung, die er erreichte, nicht nur in der Ausübung seines Berufes, sondern auch im täglichen Leben als eifriger Diener, guter Kamerad und treuer Freund und Hüter. »Dem fehlt nur die Sprache«, heißt es von anderen intelligenten Hunden – dem Krambambuli fehlte sie nicht; sein Herr zum Mindesten pflog lange Unterredungen mit ihm.

Die Frau des Revierjägers wurde ordentlich eifersüchtig auf den »Buli«, wie sie ihn geringschätzig nannte. Manchmal machte sie ihrem Mann Vorwürfe. Sie hatte den ganzen Tag, in jeder Stunde, in der sie nicht aufräumte, wusch oder kochte, schweigend gestrickt. Am Abend nach dem Essen, wenn sie wieder zu stricken begann, hätte sie gern eines dazu geplaudert. »Weißt du denn immer nur dem Buli was zu erzählen, Hopp, und mir nie? Du verlernst vor lauter Sprechen mit dem Vieh das Sprechen mit den Menschen.«

Der Revierjäger gestand sich, dass etwas Wahres an der Sache sei, aber zu helfen wusste er nicht. Wovon hätte er mit seiner Alten reden sollen? Kinder hatten sie nie gehabt, eine Kuh durften sie nicht halten, und das zahme Geflügel interessiert einen Jäger im lebendigen Zustand gar nicht und im gebratenen nicht sehr. Für Kulturen aber und für Jagdgeschichten hatte seine Frau keinen Sinn. Hopp fand zuletzt einen Ausweg aus diesem Dilemma; statt mit dem Krambambuli sprach er von dem Krambambuli, von den Triumphen, die er allenthalben mit ihm feierte, von dem Neid, den sein Besitz erregte, von den lächerlich hohen Summen, die ihm für den Hund geboten wurden und die er verächtlich von der Hand wies.

Zwei Jahre waren so vergangen, da erschien eines Tages die Gräfin, die Frau seines Brotherrn, im Haus des Jägers. Er wusste gleich, was der Besuch bedeutete, und als die gute schöne Dame begann:»Morgen, Hopp, ist der Geburtstag des Grafen …«, setzte er schmunzelnd fort:»Und da möchten Hochgräfliche Gnaden dem Herrn Grafen ein Geschenk machen und sind überzeugt, mit nichts anderem so viel Ehre einlegen zu können als mit dem Krambambuli.«

»Jaja, lieber Hopp …« Die Gräfin errötete vor Vergnügen über dieses freundliche Entgegenkommen und sprach gleich von Dankbarkeit und bat, den Preis nur zu nennen, der für den Hund zu entrichten wäre. Der alte Fuchs von Revierjäger kicherte, tat sehr demütig und rückte auf einmal mit der Erklärung heraus:»Hochgräfliche Gnaden! Wenn der Hund im Schloss bleibt, nicht jede Leine zerbeißt, nicht jede Kette zerreißt oder, wenn er sie nicht zerreißen kann, sich bei den Versuchen, es zu tun, erwürgt, dann behalten ihn Hochgräfliche Gnaden umsonst – dann ist er mir nichts mehr wert.«

Die Probe wurde gemacht, aber zum Erwürgen kam es nicht, denn der Graf verlor früher die Freude an dem eigensinnigen Tier. Vergeblich hatte man es durch Liebe zu gewinnen, mit Strenge zu bändigen gesucht. Es biss jeden, der sich ihm näherte, versagte das Futter und – viel hat der Hund eines Jägers ohnehin nicht zuzusetzen – kam ganz herunter. Nach einigen Wochen erhielt Hopp die Botschaft, er könne sich seinen Köter abholen.

Als er eilends von der Erlaubnis Gebrauch machte und den

Hund in seinem Zwinger aufsuchte, da gabs ein Wiedersehen unermesslichen Jubels voll. Krambambuli erhob ein wahnsinniges Geheul, sprang an seinem Herrn empor, stemmte die Vorderpfoten auf dessen Brust und leckte die Freudentränen ab, die dem Alten über die Wangen liefen.

Am Abend dieses glücklichen Tages wanderten sie zusammen ins Wirtshaus. Der Jäger spielte Tarock mit dem Doktor und dem Verwalter. Krambambuli lag in der Ecke hinter seinem Herrn. Manchmal sah dieser sich nach ihm um, und der Hund, so tief er auch zu schlafen schien, begann augenblicklich mit dem Schwanz auf den Boden zu klopfen, als wollte er melden: »Präsent!« Und wenn Hopp, sich vergessend, recht wie einen Triumphgesang das Liedchen anstimmte: »Was macht denn mein Krambambuli?«, richtete der Hund sich würde- und respektvoll auf, und seine hellen Augen antworteten: »Es geht ihm gut.«

Um dieselbe Zeit trieb, nicht nur in den Forsten, sondern in der ganzen Umgebung, eine Bande Wildschützen auf wahrhaft tolldreiste Art ihr Wesen. Der Anführer sollte ein verlottertes Subjekt sein. Den »Gelben« nannten ihn die Holzknechte, die ihn in irgendeiner übel berüchtigten Spelunke beim Branntwein trafen, die Heger, die ihm hie und da schon auf der Spur gewesen, ihm aber nie hatten beikommen können, und endlich die Kundschafter, deren er unter dem schlechten Gesindel in jedem Dorf mehrere besaß.

Er war wohl der frechste Gesell, der jemals ehrlichen Jägersmännern etwas aufzulösen gab, musste auch selbst vom Handwerk gewesen sein, sonst hätte er das Wild nicht mit solcher Sicherheit aufspüren und nicht so geschickt jeder Falle, die ihm gestellt wurde, ausweichen können.

Die Wild- und Waldschäden erreichten eine unerhörte Höhe, das Forstpersonal befand sich in grimmigster Aufregung. Da begab es sich nur zu oft, dass die kleinen Leute, die bei irgendeinem unbedeutenden Waldfrevel ertappt wurden, eine

härtere Behandlung erlitten, als zu anderer Zeit geschehen wäre und als gerade zu rechtfertigen war. Große Erbitterung herrschte darüber in allen Ortschaften. Dem Oberförster, gegen den der Hass sich zunächst wandte, kamen gut gemeinte Warnungen in Mengen zu. Die Raubschützen, hieß es, hätten einen Eid darauf geschworen, bei der ersten Gelegenheit exemplarische Rache an ihm zu nehmen. Er, ein rascher, kühner Mann, schlug das Gerede in den Wind und sorgte mehr denn je dafür, dass weit und breit kund wurde, wie er seinen Untergebenen die rücksichtsloseste Strenge anbefohlen und für etwaige schlimme Folgen die Verantwortung selbst übernommen habe. Am häufigsten rief der Oberförster dem Revierjäger Hopp die scharfe Handhabung seiner Amtspflicht ins Gedächtnis und warf ihm zuweilen Mangel an »Schneid« vor, wozu freilich der Alte nur lächelte. Der Krambambuli aber, den er bei solcher Gelegenheit von oben herunter anblinzelte, gähnte laut und wegwerfend. Übel nahmen er und sein Herr dem Oberförster nichts. Der Oberförster war ja der Sohn des Unvergesslichen, bei dem Hopp das edle Waidwerk erlernt, und Hopp hatte wieder ihn als kleinen Jungen in die Rudimente des Berufs eingeweiht. Die Plage, die er einst mit ihm gehabt, hielt er heute noch für eine Freude, war stolz auf den ehemaligen Zögling und liebte ihn trotz der rauen Behandlung, die er so gut wie jeder andere von ihm erfuhr.
Eines Junimorgens traf er ihn eben wieder bei einer Exekution. Es war im Lindenrondell, am Ende des herrschaftlichen Parks, der an den »Grafenwald« grenzte, und in der Nähe der Kulturen, die der Oberförster am liebsten mit Pulverminen umgeben hätte. Die Linden standen just in schönster Blüte und über diese hatte ein Dutzend kleiner Jungen sich hergemacht. Wie Eichkätzchen krochen sie auf den Ästen der herrlichen Bäume herum, brachen alle Zweige, die sie erwischen konnten, ab und warfen sie zur Erde. Zwei Weiber lasen die Zweige hastig auf und stopften sie in Körbe, die bereits mehr

als zur Hälfte mit dem duftenden Raub gefüllt waren. Der Oberförster raste in unermesslicher Wut. Er ließ durch seine Heger die Buben nur so von den Bäumen schütteln, unbekümmert um die Höhe, aus der sie fielen. Während sie wimmernd und schreiend um seine Füße krochen, der eine mit zerschlagenem Gesicht, der andere mit ausgerenktem Arm, ein dritter mit gebrochenem Bein, zerbläute er eigenhändig die beiden Weiber. In dem einen derselben erkannte Hopp die leichtfertige Dirne, die das Gerücht als die Geliebte des »Gelben« bezeichnete. Und als die Körbe und Tücher der Weiber und die Hüte der Buben in Pfand genommen wurden und Hopp den Auftrag bekam, sie aufs Gericht zu bringen, konnte er sich eines schlimmen Vorgefühls nicht erwehren.

Der Befehl, den ihm damals der Oberförster zurief, wild wie ein Teufel in der Hölle und wie ein solcher umringt von jammernden und gepeinigten Sündern, ist der letzte gewesen, den der Revierjäger im Leben von ihm erhalten hat.

Eine Woche später traf er ihn wieder im Lindenrondell – tot.

Aus dem Zustand, in dem die Leiche sich befand, war zu ersehen, dass sie hierher, und zwar durch Sumpf und Geröll geschleppt worden war, um an dieser Stelle aufgebahrt zu werden. Der Oberförster lag auf abgehauenen Zweigen, die Stirn mit einem dichten Kranz von Lindenblüten umflochten, einen ebensolchen als Bandelier um die Brust gewunden. Sein Hut stand neben ihm, mit Lindenblüten gefüllt. Auch die Jagdtasche hat der Mörder ihm gelassen, nur die Patronen herausgenommen und statt ihrer Lindenblüten hineingetan. Der schöne Hinterlader des Oberförsters fehlte und war durch einen elenden Schießprügel ersetzt.

Als man später die Kugel, die seinen Tod verursacht hatte, in der Brust des Ermordeten fand, zeigte es sich, dass sie genau in den Lauf des Schießprügels passte, der dem Förster gleichsam zum Hohn über die Schulter gelegt worden war.

Hopp stand beim Anblick der entstellten Leiche regungslos

vor Entsetzen. Er hätte keinen Finger heben können, und auch das Gehirn war ihm wie gelähmt; er starrte nur und starrte und dachte anfangs gar nichts, und erst nach einer Weile brachte er es zu einer Beobachtung, einer stummen Frage: »Was hat denn der Hund?«

Der Krambambuli beschnüffelt den toten Mann, läuft wie nicht gescheit um ihn herum, die Nase immer am Boden. Einmal winselt er, einmal stößt er einen schrillen Freudenschrei aus, macht ein paar Sätze, bellt, und es ist gerade so, als erwache in ihm eine längst erstorbene Erinnerung.

»Herein«, ruft Hopp, »da herein!« Und Krambambuli gehorcht, sieht aber seinen Herrn in allerhöchster Aufregung an und – wie der Jäger sich auszudrücken pflegte – sagt ihm: »Ich bitte dich um alles in der Welt, siehst du denn nichts? Riechst du denn nichts? … Oh lieber Herr, schau doch! Riech doch! Oh Herr, komm! Daher komm! …« Und tupft mit der Schnauze an des Jägers Knie und schleicht, sich umsehend, als frage er: »Folgst du mir?«, zu der Leiche zurück und fängt an, das Gewehr zu heben und zu schieben und ins Maul zu fassen, in der Absicht, es zu apportieren.

Dem Jäger läuft ein Schauer über den Rücken, und allerlei Vermutungen dämmern in ihm auf. Weil das Spintisieren aber nicht seine Sache ist, es ihm auch nicht zukommt, der Obrigkeit Lichter aufzustecken, sondern vielmehr den grässlichen Fund, den er getan hat, unberührt liegen zu lassen und seiner Wege – das heißt in dem Fall recte zu Gericht – zu gehen, so tut er denn einfach, was ihm zukommt.

Nachdem es geschehen und alle Förmlichkeiten, die das Gesetz bei solchen Katastrophen vorschreibt, erfüllt, der ganze Tag auch und noch ein Stück der Nacht darüber hingegangen sind, nimmt Hopp, eh er schlafen geht, noch seinen Hund vor.

»Mein Hund«, spricht er, »jetzt ist die Gendarmerie auf den Beinen, jetzt gibts Streifereien ohne Ende. Wollen wir es anderen überlassen, den Schuft, der unseren Oberförster

erschossen hat, wegzuputzen aus der Welt? – Mein Hund kennt den niederträchtigen Strolch, kennt ihn, jaja. Aber das braucht niemand zu wissen, das habe ich nicht ausgesagt … ich, hoho! … Ich werd meinen Hund hineinbringen in die Geschichte … Das könnt mir einfallen!« Er beugte sich über Krambambuli, der zwischen seinen ausgespreizten Knien saß, drückte die Wange an den Kopf des Tieres und nahm seine dankbaren Liebkosungen in Empfang. Dabei summte er: »Was macht denn mein Krambambuli?«, bis der Schlaf ihn übermannte.

Seelenkundige haben den geheimnisvollen Drang zu erklären gesucht, der manchen Verbrecher stets wieder an den Schauplatz seiner Untat zurückjagt. Hopp wusste von diesen Ausführungen nichts, strich aber dennoch ruh- und rastlos mit seinem Hund in der Nähe des Lindenrondells herum.

Am zehnten Tag nach dem Tod des Oberförsters hatte er zum ersten Mal ein paar Stunden lang an etwas anderes gedacht als an seine Rache und sich im »Grafenwald« mit dem Bezeichnen der Bäume beschäftigt, die beim nächsten Schlag aufgenommen werden sollten.

Wie er nun mit seiner Arbeit fertig ist, hängt er die Flinte wieder um und schlägt den kürzesten Weg ein quer durch den Wald gegen die Kulturen in der Nähe des Lindenrondells. Im Augenblick, in dem er auf den Fußsteig treten will, der längs des Buchenzaunes läuft, ist ihm, als höre er etwas im Laub rascheln. Gleich darauf herrscht jedoch tiefe Stille, tiefe, anhaltende Stille. Fast hätte er gemeint, es sei nichts Bemerkenswertes gewesen, wenn nicht der Hund so merkwürdig dreingeschaut hätte. Der stand mit gesträubtem Haar, den Hals vorgestreckt, den Schwanz aufrecht und glotzte eine Stelle des Zaunes an. Oho!, dachte Hopp, wart Kerl, wenn dus bist; trat hinter einen Baum und spannte den Hahn seiner Flinte. Wie rasend pochte ihm das Herz, und der ohnehin kurze Atem wollte völlig versagen, als jetzt plötzlich – Gottes

Wunder, durch den Zaun – »der Gelbe« auf den Fußsteig trat. Zwei junge Hasen hängen an seiner Weidtasche und auf seiner Schulter, am wohl bekannten Juchtenriemen, der Hinterlader des Oberförsters. Nun wärs eine Passion, den Racker niederzubrennen aus sicherem Hinterhalt.

Aber nicht einmal auf den schlechtesten Kerl schießt der Jäger Hopp, ohne ihn angerufen zu haben. Mit einem Satz springt er hinter dem Baum hervor und auf den Fußsteig und schreit: »Gib dich, Vermaledeiter!« Als der Wildschütz zur Antwort den Hinterlader von der Schulter reißt, gibt der Jäger Feuer. All ihr Heiligen! – ein sauberes Feuer. Die Flinte knackst, statt zu knallen. Sie hat zu lange mit aufgesetzter Kapsel im feuchten Wald am Baum gelehnt – sie versagt.

Gute Nacht, so sieht das Sterben aus, denkt der Alte … doch nein – er ist heil, sein Hut nur fliegt, von Schroten durchlöchert, ins Gras … Der andere hat auch kein Glück; das war der letzte Schuss aus seinem Gewehr, und zum nächsten zieht er eben erst die Patrone aus der Tasche …

»Pack an!«, ruft Hopp seinem Hund heiser zu. »Pack an!« Und: »Herein zu mir! Herein, Krambambuli!«, lockt es drüben mit zärtlicher, liebevoller – ach, mit altbekannter Stimme. Der Hund aber … Was sich nun begab, begab sich viel rascher, als man es erzählen kann.

Krambambuli hatte seinen ersten Herrn erkannt und rannte auf ihn zu, bis – in die Mitte des Weges. Da pfeift Hopp und der Hund macht kehrt. »Der Gelbe« pfeift, und der Hund macht wieder kehrt und windet sich in Verzweiflung auf einem Fleck, in gleicher Distanz von dem Jäger wie von dem Wildschützen, zugleich hingerissen und gebannt …

Zuletzt hat das arme Tier den trostlos unnötigen Kampf aufgegeben und seinen Zweifeln ein Ende gemacht, aber nicht seiner Qual. Bellend, heulend, den Bauch am Boden, den Körper gespannt wie eine Sehne, den Kopf emporgehoben, als riefe es den Himmel zum Zeugen seines Seelenschmerzes an, kriecht es – seinem ersten Herrn zu. Bei dem Anblick wird Hopp von Blutdurst gepackt. Mit zitternden Fingern hat er die neue Kugel aufgesetzt – mit ruhiger Sicherheit legt er an. Auch »der Gelbe« hat seinen Lauf wieder auf ihn gerichtet. Diesmal gilts! Das wissen die beiden, die einander auf dem Korn haben, und was auch in ihnen vorgehen möge, sie zielen so ruhig wie gemalte Schützen.

Zwei Schüsse fallen. Der Jäger trifft, der Wildschütz fehlt. Warum? Weil er – vom Hund mit stürmischer Liebkosung angesprungen – gezuckt hat im Augenblick des Losdrückens. »Bestie!«, zischt er noch, stürzt rücklings hin und rührt sich nicht mehr.

Der ihn gerichtet, kommt langsam herangeschritten. Du hast genug, denkt er, um jedes Schrotkorn wärs schad bei dir. Trotzdem stellt er die Flinte auf den Boden und lädt von neuem. Der Hund sitzt aufrecht vor ihm, lässt die Zunge heraushängen, keucht kurz und sieht ihm zu. Und als der Jäger fertig ist und die Flinte wieder zur Hand nimmt, halten sie ein Gespräch, von dem kein Zeuge ein Wort vernommen hätte, wenn es auch statt eines toten ein lebendiger gewesen wäre.

»Weißt du, für wen das Blei gehört?«

»Ich kann es mir denken.«

»Deserteur, Kalfakter, pflicht- und treuvergessene Kanaille!«

»Ja, Herr, jawohl.«

»Du warst meine Freude. Jetzt ists vorbei. Ich habe keine Freude mehr an dir.«

»Begreiflich, Herr«, und Krambambuli legte sich hin, drückte den Kopf auf die ausgestreckten Vorderpfoten und blickte den Jäger an.

Ja, hätte das verdammte Vieh ihn nur nicht angesehen! Da würde er ein rasches Ende gemacht und sich und dem Hund viel Pein erspart haben. Aber so gehts nicht! Wer könnte ein Geschöpf niederknallen, das einen so ansieht? Herr Hopp murmelt ein halbes Dutzend gotteslästerlicher Flüche zwischen den Zähnen, hängt die Flinte wieder um, nimmt dem Raubschützen noch die jungen Hasen ab und geht.

Der Hund folgte ihm mit den Augen, bis er zwischen den Bäumen verschwunden war, stand dann auf, und sein Mark und Bein erschütterndes Wehgeheul durchdrang den Wald. Ein paarmal drehte er sich im Kreis und setzte sich wieder aufrecht neben den Toten hin. So fand ihn die gerichtliche Kommission, die, von Hopp geleitet, bei sinkender Nacht erschien, um die Leiche des Raubschützen in Augenschein zu nehmen und fortschaffen zu lassen. Krambambuli wich einige Schritte zurück, als die Herren herantraten. Einer von ihnen sagte zu dem Jäger: »Das ist ja Ihr Hund.«

»Ich habe ihn hier als Schildwache zurückgelassen«, antwortete Hopp, der sich schämte, die Wahrheit zu gestehen. Was halfs? Sie kam doch heraus, denn als die Leiche auf den Wagen geladen war und fortgeführt wurde, trottete Krambambuli gesenkten Kopfes und mit eingezogenem Schwanze hinterher. Unweit der Totenkammer, in der »der Gelbe« lag, sah ihn der Gerichtsdiener noch am folgenden Tag herumstreichen. Er gab ihm einen Tritt und rief ihm zu: »Geh nach Hause!« – Krambambuli fletschte die Zähne gegen ihn und lief davon, wie der Mann meinte, in der Richtung des Jägerhauses. Aber dorthin kam er nicht, sondern führte ein elendes Vagabundenleben.

Verwildert, zum Skelett abgemagert, umschlich er einmal die armen Wohnungen der Häusler am Ende des Dorfes. Plötzlich stürzte er auf ein Kind los, das vor der letzten Hütte stand, und entriss ihm gierig das Stück Brot, von dem es aß. Das Kind blieb starr vor Schrecken, aber ein kleiner Spitz sprang aus dem Haus und bellte den Räuber an. Dieser ließ sogleich seine Beute fahren und entfloh.

Am selben Abend stand Hopp vor dem Schlafengehen am Fenster und blickte in die schimmernde Sommernacht hinaus. Da war ihm, als sähe er jenseits der Wiese am Waldessaum den Hund sitzen, die Stätte seines ehemaligen Glückes unverwandt und sehnsüchtig betrachtend – der Treueste der Treuen, herrenlos!

Der Jäger schlug den Laden zu und ging zu Bett. Aber nach einer Weile stand er auf, trat wieder ans Fenster – der Hund war nicht mehr da. Und wieder wollte er sich zur Ruhe begeben und wieder fand er sie nicht.

Er hielt es nicht mehr aus. Sei es, wie es sei! … Er hielt es nicht mehr aus ohne den Hund. Ich hol ihn heim, dachte er und fühlte sich wie neugeboren nach diesem Entschluss.

Beim ersten Morgengrauen war er angekleidet, befahl seiner Alten, mit dem Mittagessen nicht auf ihn zu warten, und sputete hinweg. Wie er aber aus dem Haus trat, stieß sein Fuß an denjenigen, den er in der Ferne zu suchen ausging. Krambambuli lag verendet vor ihm, den Kopf auf die Schwelle gepresst, die zu überschreiten er nicht mehr gewagt hatte.

Der Jäger verschmerzte ihn nie. Die Augenblicke waren seine besten, in denen er vergaß, dass er ihn verloren hatte. In freundliche Gedanken versunken, intonierte er dann sein berühmtes: »Was macht denn mein Krambam…« Aber mitten in dem Wort hielt er bestürzt inne, schüttelte das Haupt und sprach mit einem tiefen Seufzer: »Schad um den Hund!«

Plinius

Von berühmten Hunden

Wir wissen aus Erzählungen, dass ein Hund seinen Herrn gegen Räuber verteidigte und, obwohl durch Wunden geschwächt, von dessen Leichnam nicht wich und Vögel und wilde Tiere von ihm wegscheuchte. Von einem anderen Hund in Epirus ist bekannt, dass er in einer Versammlung den Mörder seines Herrn erkannte und durch Beißen und Bellen ihn zwang, sein Verbrechen einzugestehen. Den König der Garamanten führten zweihundert Hunde aus der Verbannung zurück, wobei sie gegen die Widersacher kämpften. Die Kolophonier, desgleichen die Kastabalenser hielten Scharen von Hunden im Krieg, und diese kämpften voran in der Schlacht, ohne sich zu weigern, und waren die treuesten Kampfgenossen, ohne Sold zu bedürfen. Hunde verteidigten, nachdem die Zimbern geschlagen waren, deren auf Wagen befindliche Häuser. Ein Hund nahm nach dem Tod des Lykiers Jason kein Futter an und starb an Hunger. Der aber, den dieser Geschichtsschreiber Duris Hyrkanos nennt, stürzte sich in den flammenden Scheiterhaufen des Königs Lysimachos und auf ähnliche Weise einer in den des Königs Hieron. Philistos nennt auch den Hund des Tyrannen Gelon, Pyrrhos. So wird auch der Hund des Königs Nikomedes von Bithynia erwähnt, der dessen Gemahlin zerriss wegen eines zu mutwilligen Scherzes mit ihrem Gatten.

Dies alles übertrifft jedoch ein Fall aus unserer Zeit, der durch die Tagebücher des römischen Volkes bestätigt wird, unter den Konsuln Appius Junius und Publius Silius. Als man nämlich wegen der Ermordung Neros, des Sohnes Germanicus', gegen Titus Sabinus und dessen Sklaven einschritt, konnte der Hund des einen weder aus dem Kerker noch von dem Leichnam, der von der Seufzertreppe herabgestürzt worden war, weggebracht werden. Er stieß ein klägliches Geheul aus, trotz der Menge Volkes, die ihn umstand, und als ihm einer etwas zum Fressen zuwarf, trug er es zum Mund des Entseelten. Er schwamm der in den Tiber geworfenen Leiche nach und suchte sie über Wasser zu halten, dies alles vor den Augen einer großen Menge von Zeugen.

Die Hunde kennen ihre Herren und unterscheiden es auch gleich, wenn ein Unbekannter unerwartet kommt. Sie allein kennen ihren eigenen Namen, sie allein die Stimmen der Hausgenossen. Sie merken sich Wege, wie lang sie auch sein mögen, und kein Tier hat nächst dem Menschen ein besseres Gedächtnis. Ihr Ungestüm und ihre Wut auf einen Menschen mildern sich, wenn dieser sich auf die Erde setzt. Das Leben lehrt täglich noch sehr viel anderes an ihnen kennen, auf der Jagd jedoch zeigt sich ihre Klugheit und ihr Spürsinn ganz besonders. Der Hund sucht die Fährte auf und verfolgt sie, den ihm zum Wild folgenden Jäger an einem Riemen nach-ziehend. Hat er das Wild entdeckt, wie still und leise und doch wie bezeichnend sind seine Andeutungen, zuerst mit dem Schwanz und dann mit der Schnauze! Daher trägt man auch die vom Alter Entkräfteten, die Blinden und Schwachen auf dem Arm, weil sie wenigstens noch die Luft und die Witte-rung auffangen und mit vorgestreckter Schnauze die Wildla-ger andeuten. Die Inder, die Bastarde von Tigern zu erhalten wünschen, binden läufige Hündinnen im Wald an. Die Jungen vom ersten und zweiten Wurf halten sie noch für zu wild, erst die vom dritten ziehen sie auf.

Als Alexander der Große im Begriff war, nach Indien zu ziehen, hatte ihm der König von Albanien einen Hund von ungewöhnlicher Größe zum Geschenk gemacht. Voll Freude über dessen Gestalt ließ er Bären, dann Eber und endlich Damhirsche vorführen, wobei der Hund verächtlich liegen blieb. Unwillig über diese Trägheit in einem so großen Kör-per, befahl der Feldherr, ihn zu töten.

Das Gerücht meldete dies dem König, und dieser schickte ihm sogleich einen anderen mit der Bemerkung, er möge den Versuch mit dem Hund nicht an kleinen Tieren machen, son-dern an einem Löwen oder Elefanten. Er habe nur zwei solche Hunde gehabt, und wenn auch dieser getötet werde, habe er keinen mehr. Alexander schob den Versuch keinen Augen-blick hinaus und sah den Löwen sogleich getötet. Hierauf ließ er einen Elefanten vorführen und sah ein Schauspiel, wie er es noch nie mit gleichem Ergötzen erlebt hatte.

Der Hund nämlich bellte den Elefanten, als dieser sich ihm

näherte, mit am ganzen Körper hochgesträubtem Haar mächtig an. Er wurde immer struppiger, während er auf ihn zusprang, bald hier, bald dort sich gegen das große Tier hob und es in kunstvollem Kampf, der hier durchaus notwendig war, bald angriff, bald vermied, bis er es endlich durch das ständige Herumdrehen schwindlig gemacht hatte und die Erde von seinem Falle erbebte.

Iwan Turgenjew

Mumu

In einer der entlegeneren Gassen Moskaus, in einem grauen Haus mit weißen Säulen, einem Zwischengeschoss und einem baufälligen Balkon, lebte vorzeiten eine verwitwete Edelfrau, umgeben von zahlreicher Dienerschaft. Ihre Söhne dienten in Petersburg, ihre Töchter waren verheiratet. Sie machte selten Besuche und verlebte zurückgezogen die letzten Jahre ihres geizigen, lästigen Alters. Der freudenlose und trübe Morgen ihres Lebens war längst vergangen; aber auch der Abend desselben war düsterer als die Nacht.

Unter ihrem Hofgesinde zeichnete sich vor allem der Hausknecht Garassim aus, ein Mensch von riesiger Statur und taubstumm von Geburt an. Die Edelfrau hatte ihn von ihrem Gut mitgebracht, wo er, getrennt von seinen Brüdern, für sich allein ein kleines Bauernhaus bewohnte und fast als der pflichttreueste Fronbauer galt. Mit ungewöhnlicher Kraft begabt, arbeitete er für vier – es ging ihm alles leicht von der Hand, und eine Lust war es, ihm zuzuschauen, wenn er zum Beispiel pflügte und, die breiten Hände gegen den Pflug gestemmt, gleichsam allein, ohne Hilfe des Zugpferdes, den Schoß der harten Erde aufriss oder wenn er um Petri Pauli so verheerend mit der Sense hantierte, dass er leicht ein junges

Birkenwäldchen von der Wurzel weggeschoren hätte, oder auch wenn er rüstig und ohne auszusetzen mit einem drei Arschin langen Dreschflegel drosch, dass die gestreckten drallen Muskeln seiner Arme sich gleich Hebeln hoben und senkten. Die ewige Sprachlosigkeit verlieh seinem rastlosen Schaffen etwas feierlich Ernstes.

Er war ein stattlicher Kerl, und hätte er den Naturfehler nicht gehabt, es würde ihn gern jedes Mädchen zum Mann genommen haben … Eines Tages aber ward Garassim auf Befehl seiner Herrin nach Moskau geschafft, dort kaufte man ihm Stiefel, nähte ihm einen Kaftan für die Sommerzeit, einen Schafspelz für den Winter, steckte ihm Besen und Schaufel in die Hand und ernannte ihn zum Hausknecht.

Das neue Leben sagte ihm anfangs durchaus nicht zu. Er war von Kindheit auf an Feldarbeit, an das Landleben gewöhnt. Durch das Unglück, welches ihn getroffen hatte, der Gemeinschaft der Menschen entfremdet, war er stumm und kraftvoll aufgewachsen, einem Baum auf fruchtbarem Boden gleich. Als er in die Stadt verpflanzt ward, fasste er nicht, was mit ihm vorgehe – er war traurig und verblüfft, wie ein junger, kraftvoller Stier, der eben erst von der Weide, wo üppiges Gras ihm bis an die Knie ging, genommen, geradewegs in einen Viehbehälter der Eisenbahn geschafft und durch Rauch und Dampf und Funkenregen, mit Geklapper und Pfeifen entführt wird, immer weiter, wohin, das weiß der Himmel! Garassims Beschäftigungen in seiner neuen Bestallung deuchten ihn ein bloßes Spiel nach den harten Feldarbeiten. In einer halben Stunde hatte er alles fertig gemacht, und er blieb dann entweder mitten im Hof stehen und blickte mit offenem Mund die Vorübergehenden an, als erwarte er von ihnen eine Erklärung seiner rätselhaften Lage, oder er zog sich plötzlich in irgendeinen Winkel zurück, schleuderte Besen und Schaufel weit von sich, warf sich mit dem Gesicht auf die Erde und blieb so stundenlang regungslos auf der Brust liegen, einem eingefangenen wilden Tiere gleich. Doch der Mensch gewöhnt sich an alles, auch Garassim gewöhnte sich zuletzt an das Leben in der Stadt. Er hatte nicht viel zu tun; seine ganze Arbeit war: den Hof rein zu erhalten, zweimal des Tages in einer Tonne Wasser zu holen, Holz für Küche und Haus herbeizuschaffen und zu spalten, keine Landstreicher ins Haus zu lassen und nachts Wache zu halten. Und man muss gestehen, er erfüllte seine Pflicht mit Eifer. Er duldete auf dem Hof keinen Strohhalm, keinen Schmutz. Wenn während der schlechten Jahreszeit irgendwo der seiner Obhut anvertraute elende Wassergaul mit der Tonne im Straßenkot stecken blieb, so stemmte er bloß die Schulter an – und schob nicht allein den Karren, sondern auch den Gaul zugleich weiter. War er mit Holzspalten beschäftigt, dann tönte das Beil hell wie Glas, und nach allen Seiten hin stoben Späne und Holzstücke. Was aber sein Wächteramt betraf, so hatte er sich in dem Viertel sehr in Respekt gesetzt, nachdem er einst bei Nacht zwei Diebe erfasst und sie mit den Köpfen so stark gegeneinander geschlagen hatte, dass es keines ferneren Einschreitens seitens der Polizeibehörde bedurfte. Und nicht allein die Landstreicher – selbst bei Tage vorübergehende Unbekannte pflegten beim Anblick des riesenhaften Hausknechts zu erschrecken und ihn anzuschreien, als könnte er ihr Schreien hören. Mit dem ganzen Hofgesinde stand Garassim, wenn auch nicht in freundschaftlichem Einvernehmen – denn er wurde etwas gefürchtet –, jedoch auf vertraulichem Fuße; er betrachtete diese Leute als seine Familie. Sie suchten sich ihm durch Zeichen verständlich zu machen, und er verstand auch dieselben, führte alle Befehle pünktlich aus, hielt aber auch auf seine Rechte, sodass zum Beispiel bei Tisch sich niemand an seinen Platz setzen durfte. Überhaupt war Garassim strengen und ernsten Charakters und liebte Ordnung in allen Dingen. Ja, sogar die Hähne durften in seiner Gegenwart nicht miteinander streiten, sonst setzte es etwas!

Wenn er es bemerkte, packte er sie sogleich bei den Füßen, schwang sie ein Dutzend Mal in der Luft im Kreis herum und warf sie dann rechts und links auf die Seite. Die Edelfrau hielt auch Gänse auf dem Hof. Die Gans ist, wie bekannt, ein ernster, nachdenklicher Vogel. Garassim hatte eine gewisse Achtung vor derselben und pflegte und fütterte sie – hatte er doch selbst etwas von einer Steppengans. Man hatte ihm eine kleine Stube über der Küche angewiesen. Er richtete sie selbst nach eigenem Geschmack ein und zimmerte sich ein Bett aus eichenen Brettern auf vier Holzklötzen – eine wahre Riesenbettstelle. Hundert Pud hätte man darauf stellen können und sie würde nicht nachgegeben haben. Unter dem Bett stand ein massiver Kasten, in der Ecke ein kleiner Tisch von gleich starker Beschaffenheit und neben diesem ein Stuhl auf drei Füßen, aber so fest und gewichtig, dass zuweilen Garassim selbst, wenn er ihn in die Höhe hob, ihn wieder fallen ließ und dabei zufrieden lächelte. Die Stube war mit einem schwarzen Vorhängeschloss versehen. Den Schlüssel trug Garassim ständig in seinem Gürtel. Er liebte es nicht, wenn man in seine Stube kam. So verging ein Jahr, nach dessen Verlauf sich folgender Vorfall mit Garassim ereignete.

Die alte Dame, bei welcher er Hausknechtsdienste verrichtete, hielt, in allem alten Gebräuchen folgend, wie bereits erwähnt, zahlreiche Dienerschaft. Sie hatte in ihrem Haus nicht allein Wäscherinnen, Näherinnen, Tischler, Schneider und Schneiderinnen, es war außerdem ein Riemer da, der zugleich als Vieharzt und als Arzt für das Gesinde eingestellt war, ferner ein Hausarzt für die Herrschaft und endlich sogar ein Schuhflicker, Kapiton Klimow mit Namen, ein arger Säufer. Klimow betrachtete sich als ein zurückgesetztes und nicht nach seinen Verdiensten geschätztes Wesen, als einen gebildeten, für das Leben in der Hauptstadt geschaffenen Mann, der nicht in irgendeinem Winkel Moskaus unbeachtet hätte sitzen bleiben sollen, und wenn er trinke, so trinke er, wie er sich mit wichtiger Miene und sich an die Brust schlagend auszudrücken pflegte, nur aus Verzweiflung. So wurde er einmal der Gegenstand eines Gesprächs der Edelfrau mit ihrem Haushofmeister Gawrilo, einem Menschen, der, nach den kleinen gelben Augen und der Entennase zu urteilen, vom Schicksal selbst zu diesem Amt bestimmt zu sein schien.

Die Edelfrau äußerte ihr Bedauern über die sittliche Verkommenheit Kapitons, der erst tags zuvor betrunken irgendwo auf der Straße aufgehoben worden war.

»Was meinst du, Gawrilo«, sagte sie, »sollten wir ihn nicht verheiraten? Vielleicht würde er dann gesetzter werden.«

»Warum sollte man ihn nicht verheiraten? Das kann man«, erwiderte Gawrilo, »und das würde sehr gut sein.«

»Ja, aber wer wird ihn nehmen?«

»Freilich. Übrigens, darüber haben die gnädige Frau zu bestimmen. Er wird doch immer zu irgendetwas zu brauchen sein, das Dutzend macht er schon voll.«

»Ich glaube, Tatjana gefällt ihm.«

Gawrilo wollte etwas erwidern, kniff aber die Lippen zusammen und schwieg.

»Nun, er mag um Tatjana anhalten«, entschied die gnädige Frau, mit Behagen eine Prise nehmend. »Hast du gehört?«

»Zu Befehl«, sagte Gawrilo und entfernte sich.

Auf sein Zimmer gekommen – es befand sich in einem Nebenhaus und war fast ganz mit eisenbeschlagenen Koffern angefüllt –, schickte Gawrilo vorläufig seine Frau fort, setzte sich dann ans Fenster und versank in Nachdenken. Die unerwartete Verfügung der Herrin hatte ihn sichtlich verwirrt gemacht. Endlich erhob er sich und ließ Kapiton rufen. Kapiton trat herein … Doch bevor wir dem Leser die Unterhaltung beider mitteilen, halten wir es für nötig, in einigen Worten zu erzählen, wer jene Tatjana war, die der Kapiton heiraten sollte, und weshalb der betreffende Befehl den Haushofmeister beunruhigte.

Tatjana, eine der Wäscherinnen des Hauses, die, als die geschickteste und rascheste unter ihnen, nur die feine Wäsche zu besorgen hatte, war ungefähr achtundzwanzig Jahre alt, klein von Wuchs, mager und blondhaarig, mit Muttermalen auf der linken Wange. Ein Muttermal auf der linken Wange wird vom russischen Volk als übles Abzeichen – als Unheil verkündend fürs Leben – angesehen. Tatjana rechtfertigte diesen Aberglauben, denn sie hatte alle Ursache, mit ihrem Schicksal zu grollen. Von Kindheit an hatte man sie nicht aufkommen lassen. Sie arbeitete für zwei, hörte aber von niemandem ein freundliches Wort, wurde schlecht bekleidet, bekam nur geringen Lohn und hatte fast keine Verwandten: Ein alter Diener, der als unbrauchbar im Dorf zurückgelassen worden war, galt als ihr Oheim, und unter den Bauern hatte sie deren auch noch einige – das war aber alles. Sie sollte ehemals schön gewesen sein, doch war diese Schönheit sehr bald verblüht. Von Charakter war sie schüchtern oder, besser gesagt, eingeschüchtert. Gegen sich selbst gleichgültig, war sie andern gegenüber furchtsam und nur darauf bedacht, ihre Arbeit zur bestimmten Frist zu beenden. Sie ließ sich mit niemandem in Gespräche ein und zitterte bei dem bloßen Namen ihrer Herrin, obgleich sie diese fast nicht zu Gesicht bekommen hatte. Als Garassim aus dem Dorf in die Stadt geschafft wurde, fiel sie beim Anblick seiner riesigen Gestalt beinahe in Ohnmacht, sie vermied es, ihm zu begegnen, und drückte sogar die Augen zu, wenn sie auf dem Weg vom Herren- zum Waschhaus an ihm vorübermusste.

Anfangs beachtete Garassim sie nicht sehr, später aber lächelte er gutmütig, wenn er irgendwo auf sie stieß. Dann fing er an, sie häufiger anzublicken, und zuletzt wandte er kein Auge mehr von ihr. Sie hatte Eindruck auf ihn gemacht: ob durch den sanften Ausdruck ihres Gesichts oder durch die Schüchternheit ihres Benehmens – das weiß Gott! Einst, als sie, behutsam auf den ausgespreizten Fingern ein gestärktes Unterleibchen der Edelfrau tragend, über den Hof ging, fühlte sie sich plötzlich beim Ellbogen gefasst. Sie blickte sich um und tat einen Schrei: Garassim stand hinter ihr. Ihr alle Zähne zeigend und freundlich grunzend, reichte er ihr einen an Schweif und Flügeln vergoldeten Hahn aus Pfefferkuchen. Sie wollte ihn anfangs nicht annehmen, er drückte ihn aber mit Gewalt in ihre Hand, schüttelte den Kopf, ging fort und grunzte sie, sich umdrehend, noch einmal freundlich an.

Von dem Tag an ließ er sie nicht mehr in Ruhe: Wohin sie auch gehen mochte, er war immer da, kam ihr entgegen, lächelte, grunzte, fächelte mit den Händen, zog zuweilen ein Band aus seinem Kaftan, das er ihr zusteckte, ging mit dem Besen vor ihr her und reinigte den Weg, welchen sie betreten musste. Das arme Mädchen wusste nicht mehr, wo sie bleiben, was sie anfangen sollte. Bald wusste das ganze Haus um die Streiche des stummen Hausknechts. Es regnete Spottreden, Witzeleien, Sticheleien auf Tatjana. Über Garassim sich lustig zu machen wagten jedoch nicht viele. Er verstand keinen Scherz. Auch ließ man Tatjana, wenn er zugegen war, in Ruhe. Mochte es ihr nun recht sein oder nicht, genug, das Mädchen verfiel seiner Protektion. Wie alle Taubstummen merkte er alles sehr bald und wusste recht gut, wann über ihn oder sie gelacht wurde. Einmal, bei Tisch, fing die Haushälterin an, Tatjana aufzuziehen, und trieb es damit so weit, dass die Arme sich nicht mehr getraute aufzublicken und vor Ärger fast in Tränen ausbrach. Garassim erhob sich plötzlich von seinem Platz, streckte seine ungeheure Hand aus, ließ sie auf den Kopf der Häushälterin nieder und blickte ihr dabei so unheimlich wild ins Gesicht, dass jene sich unwillkürlich auf den Tisch niederduckte. Alle verstummten. Garassim nahm seinen Löffel wieder zur Hand und fuhr fort, seine Kohlsuppe zu schlürfen. »Ach, das taube Ungetüm, der Bär!«, murmelten alle halblaut, die Haushälterin aber stand auf und begab sich ins Mägdezimmer. Ein anderes Mal, als er bemerkte, dass Kapiton, derselbe Kapiton, von welchem soeben die Rede war, etwas gar zu freundlich Tatjana grüßte, winkte er ihn mit dem Finger zu sich, führte ihn dann in den Wagenschuppen, und eine in der Ecke stehende Deichsel an einem Ende erfassend, bedrohte er ihn damit kurzweg, aber auf zweideutige Weise. Seit der Zeit richtete niemand mehr das Wort an Tatjana. Und das ging ihm alles hin. Freilich war die Häushälterin, nach dem erzählten Vorfall, vom Gesindetisch in das Mägdezimmer zurückkehrend, sogleich in Ohnmacht gefallen und hatte sich überhaupt so geschickt betragen, dass der grobe Ausfall Garassims noch am selben Tag zu Ohren der Edelfrau gelangte; die wunderliche Alte lachte aber bloß und ließ die Haushälterin, zur äußersten Entrüstung derselben, einige Male wiederholen, wie er sie mit seinem »plumpen Händchen« niedergedrückt habe, und am folgenden Tag schenkte sie Garassim einen Silberrubel. Sie liebte ihn als ihren treuen und starken Wächter. Garassim hatte nicht wenig Respekt vor ihr, setzte aber doch seine Hoffnung in ihre Güte und trug sich mit dem Gedanken herum, sie um die Erlaubnis zu bitten, Tatjana heiraten zu dürfen. Er wartete bloß auf den neuen Kaftan, den ihm der Haushofmeister versprochen hatte, um in anständiger Kleidung der gnädigen Frau zu nahen, als derselben plötzlich der Gedanke kam, Tatjana an Kapiton zu verheiraten.

Der Leser wird jetzt den Grund der Verwirrung, die sich des Haushofmeisters Gawrilo nach dem Gespräch mit der Edelfrau bemächtigt hatte, leicht begreifen. Die Herrschaft – dachte er, am Fenster sitzend – hat freilich den Garassim gern. Das wusste Gawrilo recht gut, und darum sah er ihm auch manches nach. Er ist aber doch ein sprachloses Wesen, und ich kann der Herrschaft doch nicht sagen, dass er Tatjana nachläuft. Und dann auch, was für einen Ehemann gäbe er wohl ab? Von der anderen Seite aber brauchte dieser Teufel, verzeihe mirs Gott, bloß zu erfahren, dass man die Tatjana an den Kapiton verheiratet, so wird er alles im Haus zertrümmern; wahrhaftig, das wird er tun. Wie setzt man ihm das auseinander? Einen solchen Teufel, verzeihe mirs Gott, bringt niemand zur Vernunft. So wahr ich lebe …

Die Erscheinung Kapitons unterbrach den Faden der Betrachtungen Gawrilos. Der leichtsinnige Schuhflicker trat herein, schlug die Hände zusammen, lehnte sich nachlässig an die vorspringende Ecke der Wand neben der Tür, legte das rechte Bein kreuzweise über das linke und schüttelte den Kopf. Nun, da bin ich ja. Was steht zu Befehl?, schien er sagen zu wollen. Gawrilo warf einen Blick auf Kapiton und trommelte mit den Fingern auf den Fensterstock. Kapiton kniff bloß seine bleifarbenen Äuglein zusammen, senkte den Blick jedoch nicht und lächelte sogar, sein verwühltes Flachshaar mit der Hand streichelnd. Nun, ich bin es ja. Was gaffst du denn?, schien er bei sich zu denken.

»Du bist ein schöner Kerl!«, sagte Gawrilo und schwieg.

Kapiton zuckte bloß leicht mit den Schultern. Na, bist du etwa besser?, dachte er bei sich.

»Nun, betrachte dich nur, betrachte dich!«, fuhr Gawrilo mit Vorwürfen fort. »Wie siehst du denn aus?«

Kapiton warf einen Blick auf seinen abgetragenen und zerrissenen Rock und seine geflickten Beinkleider, betrachtete mit besonderer Aufmerksamkeit seine durchlöcherten Stiefel, vorzüglich den, auf dessen Spitze sein rechter Fuß sich malerisch stemmte, und sah dann wieder den Haushofmeister an. »Was ists denn?«

»Was ists denn?«, wiederholte Gawrilo. »Was ists denn? Und du fragst noch: Was ists denn? Wie der Teufel siehst du aus, vergebe mirs Gott, das ist es.«

Kapiton blinzelte rasch mit den Augen. Schimpf nur drauflos, Gawrilo Andrejitsch, dachte er wieder bei sich.

»Da bist du schon wieder betrunken gewesen«, begann Gawrilo, »schon wieder! Was? Nun, antworte!«

»Schwacher Gesundheit halber bin ich in der Tat der Wirkung spirituöser Getränke ausgesetzt gewesen«, erwiderte Kapiton darauf.

»Schwacher Gesundheit halber! Du bekommst zu wenig Prügel – das ist es. Und bist noch dazu in Petersburg in der Lehre gewesen … Hast viel gelernt in der Lehre! Umsonst isst du dein Brot!«

»Was dies belangt, Gawrilo Andrejitsch, wird nur einer mein Richter sein. Der Herrgott selbst und weiter niemand nicht. Jenem allein ists bekannt, was für ein Mensch ich auf dieser Welt bin und ob ich mein Brot wohl umsonst essen tue. Was aber das Saufen anbelangt, so bin ich in diesem Fall nicht schuld, erlag mehr meinem Kameraden. Hat er mich selbst verlockt und sich dann verzogen, das heißt aus dem Staub gemacht, ich aber …«

»Du aber, Dummkopf, bist auf der Straße liegen geblieben. Ach, du Galgenstrick! Na, jetzt ist aber nicht davon die Rede«, fuhr der Haushofmeister fort, »gib Acht. Die gnädige Frau …«, er schwieg einen Augenblick, »die gnädige Frau hat es für gut befunden, dass du heiratest. Hast du es gehört? Sie denkt, du wirst gesetzter werden, wenn du heiratest. Verstanden?«

»Versteht sich.«

»Na. Nach meiner Meinung wäre es besser, man zöge dir das Halsband ein wenig zu. Nun, das ist aber ihre Sache. Was sagst du dazu? Willst du?«

Kapiton lächelte schmunzelnd. »Heiraten, Gawrilo Andrejitsch, ist eine angenehme Sache für den Menschen, und ich meinerseits bin mit größtem Vergnügen bereit.«

»Schon gut«, erwiderte Gawrilo und dachte bei sich: Man muss gestehen, der Kerl spricht sehr gut. »Dabei ist aber folgender Umstand«, fuhr er mit lauter Stimme wieder fort, »man hat dir eine ganz passende Braut ausgesucht.«

»Und welche denn, wenn ich mich danach erkundigen darf?«

»Tatjana.«

»Tatjana?« Kapiton riss die Augen erschrocken auf und trat von der Wand vor.

»Was bist du denn so bestürzt geworden? Ist die denn nicht nach deinem Sinn?«

»Das fehlte noch, Gawrilo Andrejitsch! Das Mädchen ist mir ganz recht, eine gute Arbeiterin, ein stilles Mädchen … Sie wissen ja aber selbst, Gawrilo Andrejitsch, jener Kobold, der Steppenteufel da, ist ja beständig um sie herum …«

»Ich weiß, mein Lieber, weiß das alles«, unterbrach ihn ärgerlich der Haushofmeister, »aber …«

»Bedenken Sie doch, Gawrilo Andrejitsch! Er schlägt mich gewiss tot, so wahr Gott lebt, er schlägt mich tot, wie eine Fliege schlägt er mich tot. Hat der eine Hand! Belieben Sie selbst zu betrachten, was für eine Hand er hat; wahrhaftig eine Riesenhand. Er ist ja taub, haut und hört es nicht, wie er haut! Ihm muss es vorkommen, als ob er im Traum mit den Fäusten um sich schlägt. Und ihn zur Vernunft zu bringen ist keine Möglichkeit. Warum? Darum, weil er, Sie wissen selbst, Gawrilo Andrejitsch, stumm ist und dazu dumm wie ein Klotz. Er ist ein wahres Tier, Gawrilo Andrejitsch – ärger als ein Tier. Warum soll ich jetzt durch ihn zu Schaden kommen? Freilich, mir ist jetzt alles ziemlich gleich: alles Mögliche habe ich ausgehalten, durchgemacht, bin wie ein Topf gescheuert worden – dennoch bin ich ja immer noch ein Mensch geblieben und betrachte mich nicht als einen bloßen Topf, den man scheuert!«

»Schon gut, brauchst nicht auszumalen …«

»Herr, du mein Gott!«, fuhr der Schuster mit Wärme fort. »Wann hört es denn auf? Wann? Du mein Schöpfer! Ist das ein Elend ohne Ende? Oh, du mein Schicksal, wenn ichs bedenke! In meiner Jugendblüte habe ich von meinem deutschen Lehrmeister Stockschläge bekommen; in meinen schönsten Lebensjahren bin ich von meinesgleichen verprügelt worden; endlich, im reifen Alter, muss ich noch dieses erleben …«

»Ach, du Butterseele«, sagte Gawrilo. »Wozu diese Weitläufigkeiten?«

»Wie, wozu, Gawrilo Andrejitsch! Nicht vor Prügeln habe ich Angst. Mag mich mein Herr unter vier Augen bestrafen, zeige mir aber vor den Leuten Wohlwollen, so bleibe ich ja immer noch ein Mensch. Von wem werde ich es aber jetzt erdulden müssen?«

»Nun, pack dich!«, unterbrach ihn Gawrilo jetzt ungeduldig.

Klimow wandte sich um und ging langsam davon.

»Gesetzt aber, er wäre nicht da«, rief ihm der Haushofmeister nach, »du selbst, willigst du ein?«

»Dann allerdings würde ich meine Einwilligung verabreichen«, erwiderte Kapiton und ging hinaus. Die Beredsamkeit verließ ihn selbst in verzweifelten Fällen nicht.

Der Haushofmeister schritt einige Male im Zimmer auf und ab, endlich ließ er Tatjana rufen.

Einige Augenblicke darauf trat diese kaum hörbar herein und blieb auf der Schwelle stehen. »Was befehlen Sie, Gawrilo Andrejitsch?«, fragte sie mit leiser Stimme.

Der Haushofmeister blickte sie starr an.

»Hör«, sagte er freundlich, »willst du heiraten? Die gnädige Frau hat für dich einen Bräutigam ausgesucht.«

»Zu Befehl, Gawrilo Andrejitsch. Wen hat mir die Gnädige zum Bräutigam bestimmt?«, setzte sie unschlüssig hinzu.

»Klimow, den Schuster.«

»Zu Befehl.«

»Er ist ein leichtsinniger Mensch – das ist wahr. Die gnädige Frau rechnet aber in diesem Fall auf dich.«

»Zu Befehl.«

»Das Schlimme dabei ist, dass dieser Taube, der Garassim, dir den Hof macht. Durch welchen Zauber hast dus nur diesem Bären angetan? Er schlägt dich am Ende noch tot.«

»Er schlägt mich tot, Gawrilo Andrejitsch, auf jeden Fall schlägt er mich tot.«

»Schlägt dich tot … Na, das wollen wir sehen. Wie kannst du so sprechen: Er schlägt mich tot? Hat er denn das Recht, dich totzuschlagen? Sag du selbst!«

»Ja, das weiß ich nicht, Gawrilo Andrejitsch, ob er das Recht hat oder nicht.«

»Ach du! Du hast ihm doch nicht etwa versprochen …«

»Was meinen Sie?«

Der Haushofmeister schwieg und verfiel in Gedanken.

»Du unschuldige Seele«, murmelte er. »Nun gut«, setzte er hinzu, »wir werden noch darüber sprechen. Jetzt aber geh, Tatjana, ich sehe, du bist wirklich ein gehorsames Mädchen.«

Tatjana wandte sich um, stützte sich einen Augenblick an den Türstock und ging hinaus.

Vielleicht wird die gnädige Frau bis morgen diese Heiratsgeschichte vergessen haben, dachte der Haushofmeister, wozu brauche ich mich so sehr zu beunruhigen? Mit diesem Raufbold wollen wir schon fertig werden. Fällt etwas vor – melden wirs der Polizei …

»Ustinja Feodorowna!«, rief er mit lauter Stimme seiner Frau zu. »Tragen Sie mir doch den Samowar auf, Verehrteste!«

Tatjana kam fast den ganzen Tag nicht aus dem Waschhaus heraus. Anfangs weinte sie etwas, trocknete aber dann ihre Tränen und ging wieder an ihre Arbeit. Kapiton saß bis in die Nacht hinein in der Schenke mit einem Gefährten von finsterem Aussehen und erzählte ihm ausführlich, wie er in Petersburg einem Herrn gedient habe, der in allen Stücken ein unvergleichlicher Mensch gewesen sei, aber sehr auf Ordnung gehalten und außerdem den kleinen Fehler an sich gehabt habe, dass er sich am Wein oft des Guten zu viel getan, und was nun das weibliche Geschlecht betreffe, so habe er alle »Qualitäten« durchgemacht. Der düstere Gefährte hörte seine Erzählung gleichgültig an, doch als Kapiton zuletzt erklärte, er wäre eines Umstandes wegen gezwungen, morgen Hand an sich zu legen, bemerkte jener, es sei Zeit, schlafen zu gehen, und beide schieden grob und schweigend voneinander.

Die Erwartungen des Haushofmeisters trafen indessen nicht zu. Die Idee von Kapitons Verheiratung beschäftigte dermaßen die Edelfrau, dass sie sogar die Nacht hindurch mit einer Gesellschafterin, die sie einzig und allein zu ihrer Zerstreuung in schlaflosen Nächten im Haus hielt und die, gleich einem Nachtfuhrmann, nur bei Tag schlief, sich nur darüber unterhalten hatte. Als Gawrilo nach dem Frühstück zur Berichterstattung bei ihr erschien, war ihre erste Frage: »Nun, wie geht es mit unserer Heirat?« Natürlich antwortete er ihr, dass es ganz nach Wunsch damit ginge und Kapiton heute noch bei ihr sein Gesuch anbringen werde. Die Edelfrau fühlte sich nicht ganz wohl und beschäftigte sich nicht lange mit ihren Wirtschaftsangelegenheiten. Der Haushofmeister kehrte auf sein Zimmer zurück und versammelte einen Rat. Der Fall verlangte allerdings eine eingehendere Prüfung. Tatjana widersetzte sich freilich nicht; Kapiton aber erklärte kategorisch, er habe nur einen und nicht etwa zwei oder drei Köpfe auf den Schultern. Garassim warf allen finstere, flüchtige Blicke zu, hielt sich beständig in der Nähe der Treppe zum Mägdezimmer und schien zu merken, dass man nichts Gutes gegen ihn im Schilde führte.

Die Versammlung, welcher der alte Tafeldecker, mit dem Spitznamen Onkel Strunk, beiwohnte, dem die Übrigen mit großer Achtung begegneten, obgleich niemand von ihm je etwas anderes als: »Also, so stehts, so: ja, ja, ja«, gehört hatte, begann damit, dass man Kapiton, vorsichtshalber, auf alle Fälle, in eine kleine Kammer, in welcher die Wasserreinigungsmaschine sich befand, einsperrte und sich sodann in Nachdenken vertiefte. Es wäre natürlich leicht gewesen, zu Gewalt seine Zuflucht zu nehmen. Aber behüte Gott! Da würde Lärm entstehen, die gnädige Frau beunruhigt werden –

wehe dann! Was aber tun? Nach langer Beratung kam man endlich zu folgendem Entschluss: Mehrfach schon hatte man die Bemerkung gemacht, dass Garassim vor Trunkenbolden geradezu Abscheu empfand. Jedes Mal, wenn er, am Tor sitzend, einen Betrunkenen unsicheren Schrittes, die Mütze auf einem Ohr, vorbeitaumeln sah, wendete er mit Entrüstung das Gesicht weg. Es wurde daher beschlossen, Tatjana zu veranlassen, dass sie sich betrunken stelle und taumelnd an Garassim vorbeigehe. Das arme Mädchen widerstrebte lange, man überredete sie aber doch; und dann sah sie auch selbst ein, dass sie auf andere Weise ihren Courmacher nicht loswerden könne. Sie machte sich auf. Kapiton wurde aus seinem Verschluss herausgelassen, die Sache betraf ja auch ihn. Garassim saß auf einem Pfosten am Tor und kratzte mit seiner Schaufel den Boden. Aus allen Ecken, hinter den Vorhängen an den Fenstern, waren Augen auf ihn gerichtet.

Die List gelang nach Wunsch. Als er Tatjana gewahr wurde, nickte er ihr nach seiner Gewohnheit mit freundlichem Grunzen zu, dann heftete er den Blick fest auf sie, ließ die Schaufel aus den Händen fallen, sprang auf, näherte sich ihr und streckte sein Gesicht dem ihrigen entgegen. Die Angst machte sie noch mehr wanken, sie schloss die Augen … Garassim fasste sie am Arm, schleppte sie über den ganzen Hof, trat mit ihr in das Zimmer, wo die Restversammlung ihren Sitz hielt, und stieß sie ohne weiteres dem Kapiton zu. Tatjana war mehr tot als lebendig. Garassim blieb einige Zeit stehen, blickte sie an, machte eine Bewegung mit der Hand, lächelte verächtlich und ging mit schweren Tritten auf seine Kammer. Bis zum anderen Tag kam er nicht zum Vorschein. Der Vorreiter Antipka erzählte später, er habe durch eine Spalte gesehen, wie Garassim, auf seinem Bett sitzend und die Hand an die Wange gedrückt, leise, gemessen und nur dann und wann grunzend, gesungen, das heißt sich hin und her gewiegt, die Augen zugedrückt und den Kopf geschüttelt habe, wie Fuhrleute und

Bootsleute zu tun pflegen, wenn sie ihre wehmütigen Gesänge anstimmen. Antipka überkam Angst und er verließ seinen Posten an der Spalte.

Als Garassim am folgenden Tag aus seiner Kammer hervorkam, war an ihm keine besondere Veränderung zu bemerken. Er war, dem Anschein nach, nur etwas finsterer geworden, auf Tatjana und Kapiton hingegen gab er nicht im Geringsten Acht. Am selben Abend stellten sich beide, mit Gänsen unter dem Arm, ihrer Gebieterin vor, und eine Woche darauf fand die Hochzeit statt. An diesem Tag blieb Garassims Benehmen in allen Stücken dasselbe, außer etwa, dass er von dem Fluss ohne Wasser zurückkehrte: Er hatte irgendwie unterwegs die Tonne zerschlagen. Und am Abend, im Stall beim Reinigen seines Gauls, striegelte er das Tier mit solcher Gewalt, dass es hin und her wankte wie ein Halm im Wind und unter seinen ehernen Fäusten sich kaum auf den Beinen zu halten vermochte.

Dies geschah im Frühling. Es verging darauf noch ein Jahr; im Laufe desselben hatte sich Kapiton völlig zuschanden getrunken und war als durchweg untaugliches Subjekt, samt seiner Frau, in ein entferntes Dorf geschafft worden. Am Tag seiner Abreise hatte er sich anfangs sehr großmaulig gezeigt und versichert, wohin man ihn auch schicken möge, und wäre es selbst ins Pfefferland, so werde er doch nicht umkommen. Nachher jedoch verging ihm der Mut, er fing an zu jammern, dass man ihn zu ungebildeten Menschen führe, und wurde zuletzt so schwach, dass er sich nicht einmal die eigene Mütze aufzusetzen imstande war. Eine mitleidige Seele schob sie ihm auf die Stirn, rückte den Schirm zurecht und klopfte sie auf dem Kopf glatt.

Als alles bereit war und die Fuhrbauern schon die Leine in Händen hatten, nur noch auf den Zuruf »Nun mit Gott!« wartend, um fortzufahren, trat Garassim aus seiner Kammer, näherte sich Tatjana und schenkte ihr zum Andenken ein rotes, baumwollenes Tuch, das er für sie schon vor einem Jahr gekauft hatte. Tatjana, die bis zu diesem Augenblick mit großem Gleichmut alle Widerwärtigkeiten ihres Lebens ertragen hatte, hielt es jetzt jedoch nicht aus, es traten ihr Tränen in die Augen, und als sie im Begriff war, das Fuhrwerk zu besteigen, küsste sie, nach christlicher Sitte, Garassim dreimal. Er hatte sie bis an den Schlagbaum begleiten wollen und war anfangs neben dem Fuhrwerk hergegangen, hielt aber plötzlich auf der Krimbrücke still, schwenkte die Hand zum Abschied und ging an dem Fluss entlang.

Der Tag neigte sich bereits zu Ende. Garassim schlenderte langsam dahin und blickte auf das Wasser hinab. Plötzlich deuchte es ihn, als wühlte etwas im Schlamm hart am Ufer. Er beugte sich nieder und wurde ein weiß und schwarz geflecktes Hündchen gewahr, das, ungeachtet aller Anstrengungen, auf keinerlei Weise aus dem Wasser herauszukriechen imstande war, sich heraufarbeitete, wieder hinabglitt und am ganzen durchnässten und abgemagerten Leib zitterte. Garassim sah das unglückliche Geschöpf an, ergriff es mit einer Hand, barg es an seiner Brust und ging raschen Schrittes nach Hause zurück. In seiner Kammer angekommen, legte er das gerettete Hündchen auf sein Bett, bedeckte es mit seinem schweren Überziehrock, lief in den Stall nach Stroh und dann in die Küche nach einem Tässchen Milch. Behutsam schlug er den Rock zurück, breitete das Stroh aus und stellte die Tasse mit Milch auf das Bett. Das arme Hündchen mochte höchstens drei Wochen alt sein, unlängst erst war es sehend geworden; ein Auge schien etwas größer zu sein als das andere. Noch verstand es nicht, aus einer Tasse zu trinken, und kniff zitternd die Augen zusammen. Garassim fasste es mit zwei Fingern vorsichtig beim Kopf, drückte sein Schnäuzchen gegen die Milch, und das Hündchen begann mit Gier zu trinken, schnaubte, schüttelte sich und erstickte fast dabei. Garassim sah ihm lange zu und brach dann plötzlich in

Lachen aus … Die ganze Nacht hindurch machte er sich mit dem Hündchen zu schaffen, legte es zurecht, trocknete es und versank darauf selbst an dessen Seite in friedlichen, ruhigen Schlaf.

Keine Mutter kann mit ihrem Kind zärtlicher umgehen als Garassim mit seinem Zögling. Das Hündchen erwies sich als eine Hündin. In der ersten Zeit war es sehr schwach, mager und hässlich, nach und nach bildeten und glichen seine Formen sich jedoch aus, und in acht Monaten, dank der unermüdlichen Pflege seines Retters, zeigte es sich als ein ganz leidliches Hündchen spanischer Rasse, mit langen Ohren, buschigem, ausgebogenem Schweif und großen, ausdrucksvollen Augen. Es war Garassim außerordentlich zugetan, verließ ihn keinen Augenblick und folgte ihm überall, mit dem Schweif wedelnd. Er hatte ihm auch einen Namen gegeben – die Stummen wissen, dass ihr Brummen bei anderen Aufmerksamkeit erregt –, er hatte es Mumu benannt. Alle Leute im Haus hatten es lieb gewonnen und riefen es gleichfalls Mumuchen. Es war sehr verständig, freundlich gegen jedermann, liebte jedoch Garassim allein. Dieser selbst hatte es außerordentlich lieb und sah es nicht gern, wenn andere es streichelten. Fürchtete er etwas für das Hündchen, oder war es Eifersucht bei ihm – wer kann das wissen! Es weckte ihn morgens durch Zupfen an den Rockschößen, führte ihm den alten Wassergaul, mit welchem es in großer Freundschaft lebte, beim Zügel zu, begleitete ihn mit wichtiger Miene an den Fluss, hielt bei seinem Besen und seiner Schaufel Wache und gestattete niemandem den Eintritt in seine Kammer. Er hatte eigens für dasselbe eine Öffnung in seiner Tür angebracht, und das Hündchen schien zu begreifen, dass es nur in Garassims Kammer sein eigener Herr war, und kaum in diese gekommen, sprang es daher auch sogleich mit zufriedener Miene aufs Bett. Bei Nacht schlief es nicht, bellte aber auch nicht ohne Unterschied gleich anderen dummen Hofkötern, die auf

ihren Hinterbeinen sitzend, mit emporgestreckter Schnauze und zugedrückten Augen aus Langeweile gegen die Sterne und gewöhnlich dreimal hintereinander bellen – nein! Die feine Stimme Mumus erschallte nie ohne Grund: Entweder war es ein Fremder, der am Zaun vorüberging, oder es hatte sich irgendwo ein verdächtiges Geräusch vernehmen lassen. Mit einem Wort: Es war ein vorzüglicher Wächter. Zwar lebte auf dem Hof außer ihm noch ein alter Köter von gelber Farbe, mit schmutzig braunen Flecken, mit Namen Woltschok, doch wurde er nie, selbst nicht bei Nacht, von der Kette gelassen, und seiner Altersschwäche sich bewusst, verlangte er auch nicht nach Freiheit – er lag in seinem Stall zusammengekauert und ließ nur selten ein heiseres, fast lautloses Bellen hören, das aber sogleich wieder verstummte, als sähe er selbst dessen Nutzlosigkeit ein. In das herrschaftliche Haus kam Mumu nicht, und wenn Garassim Holz hineintrug, blieb es stets zurück und wartete ungeduldig auf ihn an der Eingangstreppe, indem es die Ohren spitzte und beim geringsten Geräusch hinter der Tür den Kopf drehte.

Auf diese Weise verging noch ein Jahr. Garassim lag seinen Hausknechtsdiensten nach wie vor ob und war mit seinem Geschick ganz zufrieden, als plötzlich ein unerwarteter Vorfall eintrat. An einem schönen Sommertag nämlich spazierte die Edelfrau mit ihren Gesellschafterinnen im Gastzimmer auf und nieder. Sie war bei guter Laune, lachte und scherzte. Die Gesellschafterinnen lachten und scherzten gleichfalls, empfanden indessen innerlich keine besondere Freude. Man sah es im Haus nicht sehr gern, wenn gute Laune die Edelfrau überkam, denn nicht nur forderte sie in solchen Fällen von allen unverzüglich und unbedingt eine gleiche Empfindungsweise und ward ärgerlich, wenn nicht jedes Gesicht vor Vergnügen erglänzte, sondern es hielten diese Anfälle bei ihr auch nicht lange an, und finstere Laune war deren gewöhnliche Folge. An jenem Tag war ihr Aufstehen von Glück bezeichnet gewesen. Es waren ihr beim Kartenlegen alle vier Buben herausgekommen: Erfüllung des Gewünschten. (Sie pflegte immer am Morgen Karten auszulegen.) Auch der Tee war ihr besonders wohlschmeckend vorgekommen, wofür das Kammermädchen eine ausdrückliche Belobung und ein Zehnkopekenstück als Geschenk erhielt. Mit süßlichem Lächeln auf den runzeligen Lippen spazierte also die Edelfrau im Gastzimmer umher und war eben an das Fenster getreten. Davor befand sich ein Gärtchen, und genau in dessen Mitte, auf einem Beet, lag Mumu unter einem Rosenstrauch und nagte behaglich an einem Knochen. Die Edelfrau wurde den Hund gewahr.

»Mein Gott!«, rief sie. »Was für ein Hund ist das?«

Die Gesellschafterin, die Arme, an welche die Frage gerichtet war, geriet in äußerste Bestürzung. Es überkam sie jene beängstigende Unruhe, die gewöhnlich Untergebene befällt, solange sie noch nicht wissen, wie sie die Worte ihrer Vorgesetzten zu verstehen haben.

»I-i-ich weiß nicht«, stotterte sie hervor, »ich glaube, es gehört dem Stummen …«

»Mein Gott!«, unterbrach sie die Edelfrau. »Das ist ja ein allerliebstes Hündchen! Lassen Sie es hereinbringen. Hat er es schon lange? Warum habe ich es bis jetzt nicht gesehen? Lassen Sies hereinbringen.«

Die Gesellschafterin schoss ins Vorzimmer und gab dem dort postierten Diener die Order: »Bringt rasch Mumu herein! Sie ist in dem Gärtchen.«

»Ah, sein Name ist Mumu«, sagte die Edelfrau, »ein sehr netter Name.«

»Ja, sehr nett!«, erwiderte die Gesellschafterin. »Schnell, Stephan!«

Stephan, ein kräftiger Bursche, der das Amt eines Dieners verrichtete, stürzte Hals über Kopf in das Gärtchen und wollte Mumu ergreifen. Sie wand sich aber geschickt aus seinen

Fingern und lief gestreckten Laufes mit gehobenem Schweif zu Garassim, der in diesem Augenblick in der Küche ein Fass rein schüttelte und umdrehte, als wäre es eine Kindertrommel. Stephan war hinter dem Hund her und haschte nach ihm zwischen den Beinen seines Gebieters. Das gewandte Hündchen wollte sich aber einem Fremden nicht gefangen geben, sprang umher und entschlüpfte ihm immer. Garassim sah mit Lächeln diesem Treiben zu. Endlich richtete sich Stephan auf und bedeutete ihm eiligst durch Zeichen, dass die Edelfrau nach dem Hund begehre. Garassim war etwas überrascht, rief jedoch Mumu zu sich, hob sie vom Boden auf und übergab sie Stephan. Dieser trug das Hündchen ins Gastzimmer und stellte es auf den getäfelten Fußboden. Die Edelfrau rief mit liebkosender Stimme Mumu zu sich. Mumu, die noch niemals in so stattliche Räume gekommen war, war sehr erschrocken und lief auf die Tür zu. Vom dienstfertigen Stephan jedoch zurückgescheucht, drückte sie sich zitternd an die Wand.

»Mumu, Mumu, komm doch zu mir, komm zu deiner Herrschaft«, sagte die Edelfrau. »Komm her, dummes Tierchen, hab doch keine Furcht.«

»Komm doch, Mumu, komm zu der gnädigen Frau«, wiederholten die Gesellschafterinnen, »komm, Mumu.«

Mumu aber schaute betrübt um sich und rührte sich nicht von der Stelle.

»Bringt ihr etwas zu essen«, sagte die Edelfrau. »Was für ein dummes Tier! Will nicht zur Herrschaft. Warum fürchtet es sich?«

»Sie fühlt sich noch fremd«, sagte schüchtern und mit süßlicher Stimme eine der Gesellschafterinnen.

Stephan brachte in einer Untertasse Milch und stellte dieselbe vor Mumu hin. Diese jedoch roch nicht einmal daran, zitterte am ganzen Leib und blickte fortwährend ängstlich um sich.

»Ach, was hast du nur?«, sagte die Edelfrau, näherte sich dem Hund, beugte sich nieder und wollte ihn streicheln.

Mumu aber wandte den Kopf und zeigte die Zähne. Die Edelfrau zog rasch die Hand zurück.

Alle wurden auf einmal still. Mumu winselte schwach, als habe sie klagen und sich entschuldigen wollen. Die Edelfrau trat auf die Seite und zog die Brauen zusammen. Die plötzliche Bewegung des Hundes hatte sie erschreckt.

»Ach!«, schrien alle Gesellschafterinnen zugleich. »Er hat Sie doch nicht gebissen? Behüte der Himmel!« Mumu hatte in ihrem Leben noch niemanden gebissen.

»Tragt ihn hinaus«, sagte mit veränderter Stimme die alte Dame. »Das garstige Tier! Wie boshaft es ist!«

Und sich langsam umwendend, entfernte sie sich in ihr Kabinett. Die Gesellschafterinnen blickten einander scheu an und wollten ihr folgen. Sie blieb jedoch stehen, schaute sie kalt an, sagte: »Wozu das? Ich habe euch ja nicht gerufen«, und ging davon.

Die Gesellschafterinnen gaben Stephan in ihrer Verzweiflung ein Zeichen, er raffte Mumu auf und warf sie rasch zur Tür hinaus, gerade vor Garassims Füße.

Eine halbe Stunde darauf herrschte im Haus tiefe Stille, und die alte Edelfrau thronte wieder, düster wie eine Gewitterwolke, auf ihrem Diwan.

Welche geringfügigen Dinge, wenn mans bedenkt, sind zuweilen imstande, den Menschen aus der Fassung zu bringen! Bis zum Abend war die Edelfrau über Laune, ließ sich mit niemandem in Gespräche ein, rührte keine Karten an und brachte die Nacht schlecht zu. Sie behauptete, man habe ihr nicht von demselben Kölnischen Wasser gegeben, das sie gewöhnlich zu bekommen pflegte, das Kissen rieche nach Seife, weshalb sie die Haushälterin zwang, die ganze Wäsche zu beschnüffeln. Mit einem Wort: Sie war sehr reizbar und aufgeregt. Am anderen Morgen ließ sie Gawrilo eine Stunde früher als gewöhnlich rufen.

»Sag, ich bitte dich«, begann sie, als jener nicht ohne innere

Unruhe die Schwelle ihres Kabinetts überschritten hatte, »was für ein Hund hat die ganze Nacht auf unserem Hof gebellt? Ich habe nicht schlafen können!«

»Ein Hund … was für ein Hund … vielleicht der Hund des Stummen«, brachte er mit etwas unsicherer Stimme hervor.

»Was weiß ich, ob es des Stummen oder eines anderen Hund gewesen, genug, er hat mich nicht schlafen lassen. Dann wundert es mich auch, wozu die Masse von Hunden nötig ist! Das möchte ich wissen. Wir haben ja einen Hofhund.«

»Gewiss, wir haben einen, den Woltschok.«

»Nun, was brauchen wir mehr, wozu denn noch einen Hund? Nur Unordnung kommt dabei heraus. Es ist kein männlicher Vorgesetzter im Haus – daran liegt es. Und warum hält der Stumme einen Hund? Wer hat ihm erlaubt, auf meinem Hof Hunde zu halten? Gestern bin ich ans Fenster getreten, und da lag das Tier in dem Gärtchen, hatte etwas hingeschleppt und nagte daran – und ich habe dort Rosenstöcke pflanzen lassen.« Die Edelfrau hielt inne. »Heute noch muss der Hund fort von hier, hörst du?«

»Wie Sie befehlen.«

»Heute noch. Jetzt aber geh! Wegen der Wirtschaftsangelegenheiten werde ich dich später rufen lassen.«

Gawrilo ging hinaus.

Durch das Gastzimmer gehend, stellte der Haushofmeister ordnungshalber die Zimmerschelle von dem Tisch, wo sie gestanden hatte, auf einen anderen im Saal, schnäuzte sich geräuschlos die Entennase und trat darauf in das Vorzimmer. Dort schlief auf einer Bank Stephan, in der Stellung eines gefallenen Kriegers auf dem Schlachtfeld, und hatte die nackten Füße unter dem Rock, der ihm als Decke diente, steif hervorgestreckt. Der Haushofmeister rüttelte ihn wach und teilte ihm halblaut einen Befehl mit, den Stephan mit einem halben Gähnen und halben Lachen entgegennahm. Der Haushofmeister entfernte sich, Stephan sprang auf, zog seinen Kaftan und die Stiefel an, ging hinaus und blieb beim Eingang stehen. Nicht fünf Minuten waren vergangen, da zeigte sich Garassim mit einem großen Bündel Holz auf dem Rücken, in Begleitung seiner unzertrennlichen Mumu. Die Edelfrau ließ ihr Schlafgemach und Kabinett sogar im Sommer heizen. Garassim stemmte sich mit der Seite gegen die Tür, stieß sie mit der Schulter auf und drang mit seiner Bürde ins Haus, während Mumu, ihrer Gewohnheit gemäß, draußen auf ihn wartete. Die Gelegenheit benutzend, warf sich Stephan plötzlich auf den Hund wie ein Habicht auf ein Küken, drückte ihn mit der Brust an die Erde, nahm ihn dann unter den Arm und lief, ohne die Mütze aufzusetzen, über den Hof, sprang in die nächste Droschke und fuhr eiligst auf den Trödelmarkt. Dort fand er bald einen Käufer, dem er den Hund für einen halben Rubel überließ, jedoch unter der Bedingung, dass er ihn wenigstens eine Woche angebunden halten sollte. Darauf kehrte er sofort zurück, verließ indessen, noch bevor er das Haus erreicht hatte, die Droschke, ging um den Hof herum und sprang aus einer Hintergasse über den Zaun. Durch das vordere Tor fürchtete er zu gehen, er hätte Garassim begegnen können.

Seine Furcht war jedoch unnütz, Garassim hatte sich schon vom Hof entfernt. Aus dem Haus kommend, vermisste er Mumu sogleich. Er erinnerte sich nicht, dass sie jemals vergessen habe, auf seine Rückkehr zu warten. Er lief überall umher, suchte sie überall, rief sie in seiner Weise … stürzte auf seine Kammer, auf den Heuboden, auf die Gasse hinaus – hierhin und dorthin … Verschwunden! Er wandte sich an das Hofgesinde, fragte mit verzweifelten Gebärden nach dem Hund, indem er die Hände in einiger Entfernung von dem Erdboden ausstreckte und mit Hilfe derselben den Hund zu beschreiben versuchte. Einige wussten in der Tat nicht, was aus Mumu geworden war, und schüttelten einfach den Kopf. Andere wussten es und lachten ihm zur Antwort ins Gesicht.

Der Haushofmeister aber nahm eine wichtige Miene an und schalt auf die Kutscher. Darauf lief Garassim aus dem Hof davon …

Es fing bereits an, dunkel zu werden, als er zurückkehrte. Nach seinem ermüdeten Aussehen, seinem unsicheren Gang, seinem von Staub bedeckten Anzug hätte man glauben können, dass er das halbe Moskau durchlaufen habe. Er blieb vor den Fenstern des herrschaftlichen Hauses stehen, warf einen Blick auf die Ausgangstreppe, auf welcher einige vom Hofgesinde sich versammelt hatten, wandte sich um und grunzte noch einmal: »Mumu!« – Mumu antwortete nicht auf den Ruf. Er ging fort. Alle folgten ihm mit dem Blick, aber niemand lächelte, niemand sagte ein Wort. Der neugierige Vorreiter Antipka erzählte am nächsten Morgen in der Küche, der Stumme habe die ganze Nacht hindurch gestöhnt.

Den ganzen folgenden Tag zeigte sich Garassim nicht, sodass statt seiner der Kutscher Potap nach Wasser fahren musste, womit der Kutscher Potap durchaus nicht zufrieden war. Die Edelfrau fragte Gawrilo, ob ihr Befehl vollstreckt sei. Gawrilo berichtete, er sei vollstreckt. Den nächsten Morgen verließ Garassim seine Kammer und ging an seine Arbeit. Bei Tisch erschien er, aß und ging fort, ohne jemanden zu grüßen. Sein Gesicht, ohnehin leblos wie bei allen Taubstummen, schien jetzt gleichsam versteinert. Nach Tisch ging er wieder aus dem Hof, doch nicht für lange, kehrte wieder und begab sich sogleich auf den Heuboden. Die Nacht brach herein, eine helle Mondnacht. Schwer seufzend und sich fortwährend umherwälzend, lag Garassim da, als er plötzlich fühlte, wie ihn etwas am Rockschoß zupfte. Er zuckte am ganzen Leib zusammen, er hob den Kopf jedoch nicht, drückte vielmehr die Augen zu. Da zupfte es ihn wieder, heftiger als vorher. Er richtete sich auf … Vor ihm sprang, mit einem Stück Schnur um den Hals, Mumu herum. Ein lang gedehnter Freudenschrei entfuhr seiner lautlosen Brust. Er ergriff Mumu und drückte sie in die Arme. In einem Augenblick hatte sie ihm Nase, Augen und Bart beleckt. Er blieb einige Minuten sinnend stehen, stieg behutsam vom Heuboden hinunter, sah sich um, und sobald er sich sicher war, dass ihn niemand bemerken werde, schlich er auf seine Kammer.

Garassim hatte schon vorher Verdacht gehabt, dass der Hund sich nicht verlaufen, sondern dass man ihn auf Befehl der Edelfrau fortgeschafft habe. Die Leute hatten es ihm durch Zeichen begreiflich gemacht, wie seine Mumu auf dieselbe böse geworden war – und er beschloss seine Maßregeln danach zu ergreifen. Vor allem gab er Mumu Brot zu essen, liebkoste sie, legte sie zur Ruhe und begann bei Tagesanbruch darüber nachzusinnen, wie er sie wohl am besten verborgen halten könne. Endlich kam er auf den Gedanken, das Hündchen den Tag über in seiner Kammer zu lassen, nur von Zeit zu Zeit nach ihm zu sehen und es nachts herauszuführen. Die Öffnung an der Tür verstopfte er sorgfältig mit einem alten Rock, und kaum graute der Morgen, so war er bereits auf dem Hof, als sei nichts vorgefallen, ja heuchelte sogar – unschuldige List! – die bisherige Niedergeschlagenheit im Gesicht. Dem armen Stummen konnte es nicht in den Sinn kommen, dass Mumu sich durch ihr Winseln verraten könnte. In der Tat war es bald allen im Haus bekannt, dass der Hund des Stummen zurückgekehrt und in seiner Kammer eingesperrt war. Jedoch, teils aus Mitleid mit ihm und dem Hund, teils auch aus Furcht, ließ niemand sichs merken, dass sein Geheimnis entdeckt sei. Der Haushofmeister kratzte sich hinter den Ohren und tröstete sich. Nun, mag es dabei bleiben! Hoffentlich erfährt es die Gnädige nicht!

Dafür war aber auch an jenem Tag der Stumme so dienstfertig wie noch nie zuvor: Er putzte und fegte den Hof rein, rupfte, bis auf das Letzte, alle Gräser aus, zog eigenhändig aus dem Gartenzaun alle Stäbe heraus, um sich zu versichern, dass sie stark genug wären, und steckte sie dann selbst wieder ein –

mit einem Wort: Er rührte sich und war so geschäftig, dass sein Eifer sogar der Edelfrau auffiel. Im Laufe des Tages besuchte Garassim zweimal insgeheim seine Gefangene. Sobald die Nacht eingebrochen war, legte er sich zu ihr in die Kammer, nicht auf den Heuboden, und erst gegen zwei Uhr führte er sie hinaus an die frische Luft. Nachdem er ziemlich lange mit dem Hund auf dem Hof umhergegangen und bereits im Begriff war zurückzukehren, ließ sich plötzlich hinter dem Zaun, von der Nebengasse her, ein Geräusch hören.

Mumu spitzte die Ohren, näherte sich knurrend dem Zaun, schnupperte umher und fing laut und durchdringend zu bellen an. Es hatte einen Betrunkenen die Lust angewandelt, sein Nachtlager dort aufzuschlagen. Gerade in diesem Augenblick war die Edelfrau nach längerer »nervöser Aufregung« eingeschlummert. Diese Aufregungen stellten sich bei ihr regelmäßig nach gar zu reichlichem Abendessen ein. Das unerwartete Bellen hatte sie geweckt. Sie bekam Herzklopfen und rief stöhnend nach den Mägden. Die aufgeschreckten Dienstmädchen stürzten zu ihr ins Schlafzimmer. »Ach, ach, ich sterbe!«, ächzte sie, unruhig mit den Armen um sich werfend. »Wieder, wieder dieser Hund! Ach, lasst den Doktor kommen. Sie wollen mich umbringen. Der Hund, wieder der Hund! Ach!« Und sie ließ den Kopf zurückfallen, was eine Ohnmacht bedeuten sollte. Man lief zu dem Doktor, das heißt zum Hausarzt Chariton. Dieser Arzt, dessen ganzes Verdienst darin bestand, dass er Stiefel mit dünnen Sohlen trug, auf zarte Weise den Puls zu fühlen verstand, vierzehn Stunden des Tages schlafend verbrachte, die übrige Zeit hindurch beständig Seufzer ausstieß und unaufhörlich die Edelfrau mit Kirschlorbeertropfen traktierte – dieser Arzt eilte sogleich herbei, räucherte mit gebrannten Federn und reichte der Edelfrau, sobald sie die Augen wieder aufschlug, auf silbernem Präsentierteller in einem Weinglas die Wunder wirkenden Tropfen. Sie nahm dieselben ein, brach aber sogleich mit weinerlichem Ton in Klagen aus über den Hund, über Gawrilo, über ihr Geschick, dass alle sie, die arme alte Frau, vergäßen, niemand Mitleid mit ihr fühle und alle ihren Tod herbeiwünschten. Unterdessen fuhr Mumu zu bellen fort, und Garassim mühte sich fruchtlos ab, den Hund von dem Zaun fortzulocken. »Da fängt es … wieder … wieder an«, lallte die Edelfrau und verdrehte die Augen. Der Arzt flüsterte einem Mädchen etwas zu. Das Mädchen lief in das Vorzimmer und weckte Stephan, der eiligst fortrannte, um Gawrilo zu wecken, und Gawrilo brachte in der ersten Aufregung das ganze Haus auf die Beine.

Garassim wandte sich um, wurde Lichter und Schatten in den Fenstern gewahr, ahnte nichts Gutes, nahm Mumu unter den Arm, lief auf seine Kammer und verschloss sich in derselben. Einige Zeit darauf versuchten fünf Kerle bei ihm einzubrechen, fühlten jedoch den Widerstand des Riegels und hielten inne. Gawrilo kam außer Atem angelaufen, befahl den Leuten, dort zu bleiben und bis zum Morgen Wache zu halten, rannte darauf aber selbst in das Mägdezimmer und trug der ältesten Gesellschafterin, Ljübow Ljübimowna, mit welcher er zusammen Tee, Zucker und andere Produkte zu stehlen und zu verhehlen pflegte, auf, der Edelfrau gehorsamst zu melden, der Hund wäre unglücklicherweise wiedergekommen, doch werde er morgen nicht mehr am Leben sein, die gnädige Frau wolle gnädigst nicht in Zorn geraten und sich nunmehr beruhigen. Die Edelfrau würde sich aber wahrscheinlich nicht so bald beruhigt haben, wenn ihr der Arzt nicht in der Eile statt zwölf Tropfen deren volle vierzig eingegossen hätte. Die Kraft des Kirschlorbeers äußerte ihre Wirkung – in einer Viertelstunde schlief sie bereits fest und ruhig. Garassim aber lag bleich auf seinem Lager und drückte Mumu fest die Schnauze zu.

Am folgenden Morgen erwachte die gnädige Frau ziemlich spät. Gawrilo harrte ihres Erwachens, um sich formelle Order einzuholen, den Schlupfwinkel Garassims zu stürmen, bereitete sich selbst jedoch auf ein schweres Gewitter vor. Es kam aber kein Gewitter. Im Bette liegend, ließ die Edelfrau die älteste ihrer Gesellschafterinnen zu sich rufen.

»Ljübow Ljübimowna«, begann sie mit leiser und sachter Stimme – sie spielte zuzeiten gern die in den Staub getretene, verwaiste Märtyrerin, wobei, wie sich von selbst versteht, allen im Haus sehr schlecht zumute wurde –, »Ljübow Ljübimowna, Sie sehen, in welchem Zustand ich mich befinde; gehen Sie, meine Liebe, zu Gawrilo Andrejitsch, sprechen Sie mit ihm. Sollte wirklich ein elender Hund für ihn mehr Wert haben als die Ruhe, ja das Leben seiner Gebieterin? Ich mag es nicht glauben«, setzte sie mit dem Ausdruck tiefen Gefühles hinzu. »Gehen Sie, meine Liebe, haben Sie die Güte, gehen Sie zu Gawrilo Andrejitsch.«

Ljübow Ljübimowna begab sich auf Gawrilos Zimmer. Was der Gegenstand ihrer Unterhaltung gewesen, ist unbekannt. Kurze Zeit darauf jedoch bewegte sich ein Haufen Leute über den Hof zu Garassims Kammer, voran schritt Gawrilo, die Mütze mit der Hand festhaltend, obgleich es nicht windig war; neben ihm gingen Diener und Köche, aus einem Fenster schaute Onkel Strunk zu und leitete das Ganze, das heißt, er griff bloß mit den Händen in die Luft; den Schluss des Zuges bildeten verschiedene Stellungen annehmende, lärmende Jungen, von denen die Hälfte von der Straße zusammengelaufen war. Auf der schmalen Treppe, die zu der Kammer führte, saß ein Aufpasser, an der Tür standen zwei andere mit Stöcken. Die Treppe wurde erstiegen und ihrer ganzen Länge nach besetzt.

Gawrilo trat an die Tür, schlug mit der Faust an dieselbe und rief: »Aufgemacht!«

Ein gedämpftes Bellen ließ sich hören, es erfolgte aber keine Antwort.

»Aufmachen sollst du!«, wiederholte er.

»Aber, Gawrilo Andrejitsch«, bemerkte von unten hinauf Stephan, »er ist ja taub – hört nichts.«

Alle lachten auf.

»Was fangen wir aber an?«, erwiderte Gawrilo.

»Er hat dort ein Loch in der Tür«, antwortete Stephan, »rühren Sie doch mit dem Stock darin.«

Gawrilo beugte sich nieder.

»Er hat es mit einem Rock verstopft, das Loch.«

»Stoßen Sie doch den Rock hinein.«

Wieder ließ sich ein dumpfes Bellen hören.

»Hört ihr, hört ihr, er verrät sich selbst«, bemerkte jemand im Haufen und es wurde wieder gelacht.

Gawrilo kratzte sich hinter den Ohren.

»Nein, Bruder«, fuhr er weiter fort, »den Rock magst du selbst hineinstoßen, wenn du Lust hast.«

»Warum nicht? Ich tue es.«

Und damit kletterte Stephan hinauf, ergriff den Stock, stieß den Rock hindurch und begann mit dem Stock in der Öffnung herumzufahren, indem er dazu rief: »Komm heraus, komm heraus!« Noch war er damit beschäftigt, als plötzlich die Tür der Kammer rasch aufgerissen wurde – das ganze Gesinde stürzte kopfüber die Treppe hinab, Gawrilo zuerst. Onkel Strunk verschloss das Fenster.

»Nanu, nanu!«, rief Gawrilo vom Hof hinauf. »Nimm dich in Acht, ich werde dich!«

Regungslos stand Garassim an der Schwelle. Unten an der Treppe hatte sich eine Volksmenge gesammelt. Garassim blickte auf alle diese Leutchen in »deutscher« Kleidung von oben herab. Er hatte die Hände nachlässig in die Seite gestemmt, in seinem roten Bauernhemd erschien er wie ein Riese im Vergleich zu den anderen. Gawrilo trat einen Schritt vorwärts.

»Hör du«, sagte er, »mach mir keine Geschichten!«

Und er begann ihm durch Zeichen begreiflich zu machen,

dass die Gnädige durchaus seinen Hund fordere: »Gib ihn sogleich heraus, sonst geht es dir schlimm!«

Garassim wies auf den Hund, machte mit der Hand eine Gebärde an seinem Hals, als ob er eine Schlinge zusammenzöge und sah den Haushofmeister dabei fragend an.

»Jaja«, erwiderte er nickend, »ja, durchaus.«

Garassim senkte den Blick, schüttelte sich dann plötzlich, wies abermals auf Mumu, die während dieser Zeit neben ihm, unschuldig wedelnd und neugierig die Ohren bewegend, dastand, wiederholte die Gebärde des Erdrosselns an seinem Hals und schlug bedeutungsvoll an seine Brust, als wolle er bedeuten, dass er die Vernichtung Mumus selbst übernehme.

»Du wirst mich betrügen«, gab Gawrilo durch Zeichen zur Antwort.

Garassim blickte ihn verachtungsvoll lächelnd an, schlug sich nochmals vor die Brust und warf die Tür zu.

Alle blickten einander schweigend an.

»Was soll das heißen?«, begann Gawrilo. »Er hat sich eingeschlossen?«

»Lassen Sie ihn, Gawrilo Andrejitsch«, sagte Stephan, »er wird halten, was er versprochen hat. So ist er. Wenn er etwas verspricht, ist es gewiss. Darin ist er nicht wie unsereiner. Was wahr ist, bleibt wahr. Jaja.«

»Jawohl«, wiederholten alle und nickten dazu mit den Köpfen. »Das ist wahr. Jaja.«

Onkel Strunk öffnete sein Fenster wieder und sagte gleichfalls: »Jaja.«

»Nun, meinethalben, wir wollen sehen«, erwiderte Gawrilo, »die Wache soll aber dennoch bleiben. He, du, Jeroschka!«, setzte er hinzu, indem er sich an einen bleichen Kerl in kurzem gelben Nankingrock, den so genannten Gärtner, wandte, »du hast ja nichts zu tun! Nimm den Stock und setz dich dorthin. Sobald du nur das Geringste bemerkst, läufst du gleich zu mir!«

Jeroschka nahm den Stock und setzte sich auf die unterste Stufe der Treppe. Die Menge zerstreute sich, einige wenige Neugierige und die Jungen ausgenommen, Gawrilo jedoch kehrte nach Hause zurück und ließ durch Ljübow Ljübimowna der Edelfrau melden, dass alles ausgerichtet sei, schickte aber selbst, auf alle Fälle, den Vorreiter nach einem Polizeidiener. Die Edelfrau band einen Knoten in ihr Taschentuch, goss Kölnisch Wasser darauf, roch daran, rieb sich die Schläfe, trank ein paar Tassen Tee und schlief, immer noch unter Wirkung der Kirschlorbeertropfen, wieder ein.

Eine Stunde nach diesem Tumult tat sich die Tür von Garassims Kammer auf und er trat heraus. Er hatte seinen Sonntagskaftan an und führte Mumu an einer Schnur. Jeroschka rückte auf die Seite und ließ ihn vorbei. Garassim ging auf das Tor zu. Die Jungen, welche sich auf dem Hof befanden, folgten ihm alle schweigend mit den Blicken. Er wandte sich nicht einmal um und setzte die Mütze erst auf der Gasse auf. Gawrilo schickte ihm Jeroschka als Späher nach. Dieser sah aus der Ferne, dass er mit dem Hund in ein Wirtshaus ging, und wartete, bis er wieder herauskäme.

Im Wirtshaus kannte man Garassim und verstand seine Gebärde. Er forderte Kohlsuppe mit Fleisch und setzte sich, die Arme auf den Tisch gestützt. Mumu stand neben seinem Stuhl und blickte ihn mit ihren klugen Augen an. Ihr Fell war sehr glänzend: ein Zeichen, dass sie vor kurzem gekämmt worden war. Man brachte Garassim die Suppe. Er brockte Brot hinein, zerschnitt das Fleisch in kleine Stückchen und setzte den Teller an den Boden. Mumu machte sich an das Essen, mit der ihr eigenen Zierlichkeit, dasselbe kaum mit dem Schnäuzchen berührend. Garassim sah ihr lange zu. Zwei schwere Tränen rollten plötzlich aus seinen Augen. Die eine auf die Stirn des Hündchens, die andere in die Kohlsuppe. Er hatte sein Gesicht mit der Hand bedeckt. Mumu verzehrte die Hälfte der Speise und trat, sich beleckend, auf die

Seite. Garassim stand auf, bezahlte und ging hinaus, gefolgt von den Blicken des etwas befremdeten Dieners.

Als Jeroschka Garassim herauskommen sah, sprang er hinter eine Ecke, ließ ihn vorbei und folgte ihm dann wieder. Garassim ging, ohne sich zu beeilen, weiter und hielt Mumu immer an der Leine. An die Ecke der Gasse gekommen, blieb er wie unschlüssig stehen und ging dann raschen Schrittes gerade auf die Krimbrücke zu. Unterwegs ging er in den Hof eines im Bau begriffenen Hauses und holte sich zwei Ziegelsteine, die er unter den Arm steckte. Von der Krimbrücke lenkte er längs dem Ufer ab, bis zu einer Stelle, wo zwei Boote mit Rudern an Pfähle gebunden standen (er hatte sie schon früher bemerkt) und sprang mit Mumu in das eine derselben. Ein alter, lahmer Kerl kam aus einer Bretterhütte hervor, die an einer Ecke eines Gemüsegartens aufgerichtet war, und schrie ihn an. Garassim nickte ihm aber bloß mit dem Kopf zu und schlug so kräftig mit den Rudern ins Wasser, dass er in einem Augenblick, obgleich er stromaufwärts fuhr, wohl an hundert Klafter weit dahinglitt.

Der Alte stand und schaute ihm nach, rieb sich den Rücken zuerst mit der linken, dann mit der rechten Hand und kehrte hinkend in seine Hütte zurück.

Garassim aber ruderte immer drauflos. Schon war er außerhalb Moskaus, und schon zeigten sich längs der Ufer Wiesen, Gemüsegärten, Felder, Waldungen und Bauernhäuser. Landluft wehte ihn an. Er zog die Ruder ein, neigte den Kopf zu Mumu, die vor ihm auf einem trockenen Quersitz saß – der Boden des Bootes war unter Wasser –, und blieb regungslos, die mächtigen Arme über den Rücken des Hundes gekreuzt, während die Strömung das Boot langsam gegen die Stadt zurücktrug. Endlich richtete sich Garassim auf, band eiligst und mit dem Ausdruck tiefer Erbitterung im Gesicht die mitgenommenen Steine an die Schnur, machte eine Schlinge, legte sie Mumu um den Hals, hielt den Hund über den Fluss empor und blickte ihm zum letzten Mal in die Augen. Mumu sah ihn zutraulich und furchtlos an und wedelte leicht mit dem Schwänzchen. Er wandte sich ab, drückte die Augen zu, breitete die Hände auseinander … Garassim hatte nichts gehört, weder das kurz ausgestoßene Geheul der fallenden Mumu noch das schwere Plätschern des Wassers. Für ihn war der geräuschvollste Tag stumm und lautlos, wie es für uns die stillste Nacht nicht ist, und als er die Augen wieder aufschlug, zogen auf dem Fluss wie zuvor kleine Wellen dahin, eine der anderen gleichsam nachjagend. Wie zuvor schlugen sie an die Seiten des Bootes und nur in der Ferne hinter ihm verliefen sich dem Ufer zu eigentümliche weite Wasserringe.

Sobald Jeroschka Garassim aus dem Gesicht verloren hatte, war er nach Hause zurückgekehrt und hatte von allem, was er gesehen, Bericht erstattet.

»Nun ja«, bemerkte Stephan, »er wird ihn ersäuft haben. Wenn er etwas verspricht …«

Im Lauf des Tages sah niemand Garassim. Er hatte nicht zu Hause gespeist. Der Abend brach herein. Zum Abendessen stellten sich alle ein, er allein fehlte.

»Ein sonderbarer Mensch, der Garassim«, sagte mit kreischender Stimme ein dickes Waschweib. »Kann man um eines Hundes willen so viel Umstände machen!«

»Garassim ist ja hier gewesen!«, rief plötzlich Stephan, indem er mit dem Löffel seine Grütze im Teller zusammenkratzte.

»Wie? Wann?«

»Nun, vor zwei Stunden ungefähr. Jawohl. Er ist mir am Tor begegnet, er kam gerade aus dem Hof heraus. Ich wollte ihn über den Hund befragen, er schien aber nicht bei guter Laune. Nun, und da hat er mich gestoßen. Vermutlich wollte er mich bloß ein wenig auf die Seite schieben, das sollte heißen: Lass mich in Ruhe! Der Puff aber, den er mir gerade in die Wirbelknochen versetzte, war ein ganz gehöriger, au, au!« Und mit unwillkürlicher Grimasse krümmte sich Stephan und rieb sich den Nacken. »Ja«, setzte er hinzu, »er hat eine gottgesegnete Hand, das muss man sagen.«

Alle lachten über ihn und begaben sich nach dem Abendessen zur Ruhe.

Unterdessen schritt zu eben dieser Stunde, mit einem Bündel auf dem Rücken und einem langen Stock in der Hand, auf der Heerstraße ein hoch gewachsener Bauer rüstig und unaufhaltsam dahin. Es war Garassim. Er eilte, ohne sich umzuschauen, nach Hause, in sein Dorf, in seine Heimat. Nachdem er Mumu ertränkt hatte, war er für einen Augenblick auf seine Kammer gegangen, hatte rasch einige Habseligkeiten in eine alte Pferdedecke gewickelt, das so entstandene Bündel über die Schulter geworfen und war dann verschwunden. Den Weg hatte er sich schon damals, als er nach Moskau gebracht wurde, genau gemerkt; das Dorf, aus welchem die Edelfrau ihn hatte kommen lassen, lag nicht über fünfundzwanzig Werst von der Heerstraße ab. Er wanderte auf dieser mit einer gewissen unverwüstlichen Kühnheit, mit einer verzweifelten und zugleich freudigen Entschlossenheit fort. Er schritt dahin mit weit geöffneter Brust, sein Blick war erwartungsvoll und starr in die Ferne gerichtet.

Er eilte, als harre seiner daheim die alte Mutter, als rufe sie ihn, den lange in fremden Ländern, unter fremden Leuten Verschollenen, zu sich.

Die eben hereinbrechende Nacht war still und warm. Auf der einen Seite, dort, wo die Sonne untergegangen war, war der Himmelsrand noch licht und bedeckte sich mit leichtem Rot im letzten Schein des scheidenden Tages, auf der anderen stieg bereits ein unbestimmtes blaues Halbdunkel auf. Von daher brach die Nacht herein. Hunderte von Wachteln schnarrten ringsumher um die Wette.

Garassim konnte sie nicht hören, auch nicht das leise nächtliche Flüstern der Bäume, an welchen seine mächtigen Beine ihn vorbeitrugen, doch empfand er den bekannten Duft des reifenden Roggens, der von den dunklen Feldern zu ihm herüberdrang. Er fühlte den Wind, der heimatlich schmeichelnd sein Gesicht anfächelte und in seinem Haar und Bart spielte. Er sah, wie der Weg – der Weg zur Heimat – schnurgerade wie ein Pfeil als weißlicher Streif sich vor ihm hinzog, sah die unzählbaren Sterne, die auf seinen Pfad herniederschienen, und schritt kräftig und mutig wie ein Löwe fort, sodass bei den ersten frischen Strahlen der aufgehenden Sonne Moskau bereits fünfunddreißig Werst hinter dem rüstigen Wanderer geblieben war.

Zwei Tage darauf war er schon zu Hause, in seiner Hütte, zum großen Befremden eines Soldatenweibs, welchem diese zur Wohnung angewiesen worden war. Nachdem er vor den Heiligen sein Gebet verrichtet hatte, begab er sich zu dem Dorfschulzen. Dieser war anfangs etwas erstaunt, die Heuernte hatte aber eben begonnen. Man gab Garassim, als einem tüchtigen Arbeiter, sofort eine Sense in die Hand – und nun ging das Mähen an nach alter Art, ein Mähen, dass es die Bauern erschreckte, den Schwung seiner Sense anzusehen.

Inzwischen hatte man in Moskau, am Tag nach Garassims Flucht, diesen vermisst. Man war in seine Kammer gegangen, hatte darin umhergewühlt und Gawrilo Bericht erstattet. Dieser war hingekommen, hatte sich alles angesehen, die Schultern gezuckt und den Ausspruch getan, der Stumme sei entweder davongelaufen oder habe sich zugleich mit seinem dummen Hund ertränkt. Es wurde der Polizei gemeldet und der Edelfrau hinterbracht. Diese wurde böse, lamentierte, befahl ihn um jeden Preis wieder herbeizuschaffen, beteuerte, niemals den Befehl zur Tötung des Hundes erteilt zu haben, und gab schließlich Gawrilo einen so strengen Verweis, dass ihm den ganzen Tag der Kopf wackelte und er bloß: »Hm! Hm!«, hervorstieß, bis ihn Onkel Strunk durch ein bedeutungsvolles »Nu-uh« wieder zu Sinnen brachte. Endlich kam die Nachricht von Garassims Eintreffen im Dorf an, wodurch die Edelfrau einigermaßen beruhigt war. Anfänglich wollte sie den Befehl erteilen, ihn unverzüglich nach Moskau zurückzuschaffen, erklärte jedoch nachher, einen so undankbaren Menschen könne sie nicht mehr brauchen. Übrigens starb sie selbst bald nachher; und den Erben war es nicht nur um Garassim nicht zu tun, sondern sie entließen auch das übrige Hofgesinde ihrer ehrenwerten Mutter auf Zins.

Noch heute lebt Garassim allein in seiner einsamen Hütte. Er ist gesund und kräftig wie zuvor, arbeitet wie zuvor für vier und ist wie zuvor ernsthaft und gesetzt. Die Nachbarn aber haben die Bemerkung gemacht, dass er nach seiner Rückkehr aus Moskau allen Umgang mit dem weiblichen Geschlecht aufgegeben habe, ja, er blicke kein Frauenzimmer mehr an und halte keinen Hund. Es sei übrigens ein Glück für ihn, erklärten die Bauern, dass er keine Frau nötig habe und einen Hund – wozu brauchte der einen Hund! Einen Dieb würde man selbst an den Haaren nicht in seine Wohnung schleppen. So groß ist die Furcht vor der Riesenstärke des Stummen!

Marie von Ebner-Eschenbach

Die Spitzin

Zigeuner waren gekommen und hatten ihr Lager beim Kirchhof außerhalb des Dorfes aufgeschlagen. Die Weiber und Kinder trieben sich bettelnd in der Umgebung herum, die Männer verrichteten allerlei Flickarbeit an Ketten und Kesseln und bekamen die Erlaubnis, so lange dazubleiben, als sie Beschäftigung finden konnten und einen kleinen Verdienst.

Diese Frist war noch nicht um. Eines Sommermorgens aber fand man die Stätte, an der die Zigeuner gehaust hatten, leer. Sie waren fortgezogen in ihren mit zerfetzten Planen überdeckten, von jämmerlichen Mähren geschleppten Leiterwagen. Von dem Aufbruch der Leute hatte niemand etwas gehört noch gesehen, er musste des Nachts in aller Stille stattgefunden haben.

Die Bäuerinnen zählten ihr Geflügel, die Bauern hielten Umschau in den Scheunen und Ställen. Jeder meinte, die Landstreicher hätten sich etwas von seinem Gut angeeignet und dann die Flucht ergriffen. Bald aber zeigte sich, dass die Verdächtigen nicht nur nichts entwendet, sondern sogar etwas dagelassen hatten. Im hohen Gras neben der Kirchhofmauer lag ein splitternacktes Knäblein und schlief. Es konnte kaum zwei Jahre alt sein und hatte eine sehr weiße Haut und spärliche hellblonde Haare. Die Witwe Wagner, die es entdeckte, als sie auf ihren Rübenacker ging, sagte gleich, das sei ein Kind, das die Zigeuner, Gott weiß wann, Gott weiß wo, gestohlen und jetzt weggelassen hätten, weil es elend und erbärmlich war und ihnen niemals nützlich werden konnte.

Sie hob das Bübchen vom Boden auf, drehte und wendete es und erklärte, es müsse gewiss irgendwo ein Merkmal haben, an dem seine Eltern, die ohne Zweifel in Qual und Herzensangst nach ihm suchten, es erkennen würden, »wenn man das Merkmal in die Zeitung setze«. Doch ließ sich kein besonderes Merkmal entdecken und auch später war, trotz aller Nachforschungen, Anzeigen und Kundmachungen, weder von den Zigeunern noch von der Herkunft des Kindes eine Spur zu finden.

Die alte Wagnerin hatte es zu sich genommen und ihre Armut mit ihm geteilt, nicht nur aus Gutmütigkeit, sondern auch in der stillen Hoffnung, dass seine Eltern einmal kommen würden in Glanz und Herrlichkeit, es abzuholen und ihr hundertfach zu ersetzen, was sie für das Kind getan hatte. Aber sie starb nach mehreren Jahren, ohne den erwarteten Lohn eingeheimst zu haben, und jetzt wusste niemand, wohin mit ihrer Hinterlassenschaft – dem Findling. Ein Armenhaus gab es im

Dorf nicht und die Barmherzigkeit war dort auch nicht zu Hause. Wen um Gottes willen ging das halb verhungerte Geschöpf etwas an, von dem man nicht einmal wusste, ob es getauft war? »Einen christlichen Namen darf man ihm durchaus nicht geben«, hatte der Küster von Anfang an, unter allgemeiner Zustimmung, erklärt, aber auf die Frage der Wagnerin: »Was denn für einen?«, keine Antwort gewusst. »Gebens ihm halt einen provisorischen«, war die Entscheidung gewesen, die endlich der Herr Lehrer getroffen, und die halb taube Alte hatte nur die zwei ersten Silben verstanden und den Jungen Provi und nach seinem Fundort Kirchhof genannt. Nach ihrem Tod waren alle darüber einig, dass dem Provi Kirchhof nichts Besseres zu wünschen sei als eine recht baldige Erlösung von seinem jämmerlichen Dasein. Der Armselige lebte vom Abhub, kleidete sich in Fetzen – abgelegtes Zeug, ob von kleinen Jungen, ob von kleinen Mädchen, galt gleich –, ging barhäuptig und barfüßig, wurde geprügelt, beschimpft, verachtet und gehasst und prügelte, beschimpfte, verachtete und hasste wieder. Als für ihn die Zeit kam, die Schule zu besuchen, erhielt er dort zu den zwei schönen Namen, die er schon hatte, einen dritten, »der Abschaum«, und tat, was in seinen Kräften lag, um ihn zu rechtfertigen.

Da war im Ort die brave Schoberwirtin. Im vergangenen Herbst hatte Provi in einem Winkel ihrer Scheune eine Todeskrankheit durchgemacht, ohne Arzt und ohne Pflege. Nur die Schoberin war täglich nachsehen gekommen, ob es nicht schon vorbei sei mit ihm, und hatte ihm jeden Morgen ein Krüglein voll Milch hingestellt. Die Gewohnheit, ihm ein Frühstück zu spenden, behielt sie bei, auch nachdem er gesund geworden war. Pünktlich um fünf fand er sich ein, blieb auf der Schwelle der Wirtsstube stehen und rief: »Mei Müalch!« Er bekam das Verlangte und ging seiner Wege.

Einmal aber ereignete sich etwas ganz Ungewöhnliches. Der Wirt, der sonst seinen Abendrausch regelmäßig im Bett ausschlief, hatte ihn diese Nacht auf der Bank in der Weinstube ausgeschlafen und erwachte im Augenblick, in dem Provi auf die Schwelle trat und rief: »Mei Müalch!«

Was sagte der Lackel? Was wollte er? Schober dehnte und reckte sich. Ein verflucht kantiges Lager hatte er gehabt, seine Glieder schmerzten ihn, und seine Laune war schlecht. Der grobe Klotz Provi fand heute an ihm einen harten Keil. »Nicht zu verlangen, zu bitten hast, du Lump! Kannst nicht bitten?«

Der Junge riss die farblosen Augen auf, sein schmales Gesicht wurde lang, der blasse Mund verzog sich. »Na!«

Die Früchte, die ihm dieses Wort eintragen sollte, reiften sogleich. Schober sprang auf ihn zu, verabreichte ihm sein Frühstück in Gestalt einer tüchtigen Tracht Prügel und warf ihn zur Tür hinaus. Solche kleinen Zwischenfälle machten aber keinen Eindruck auf den Jungen. Wie alltäglich fand er sich am nächsten Morgen wieder ein und forderte in gewohnter Weise »seine« Milch.

Die Wirtin gab sie ihm, aber eine gute Lehre dazu: »Du musst bitten lernen, Bub, weißt? Bitten. Bist schon alt genug, bist gwiss schon vierzehn. Also merk dir, von morgen an: Wenns keine Bitten gibt, gibts keine Milch.« Sie blieb dabei, ob es ihr auch schwer wurde. Wie schwer, sah Provi wohl, und es war ihm ein Genuss, eine Befriedigung seiner Lumpeneitelkeit. Oh, dem Ausgestoßenen, dem Namenlosen, war Macht gegeben, der reichsten Frau im ganzen Ort Stunden zu trüben und die Laune zu verderben. Sie blickte ihm mit Bekümmernis nach, wenn er ohne Gruß an ihrer Tür vorüberging, zur Arbeit in den Steinbruch.

Dort tagelöhnerte er jetzt beim Wegemacher, der ihn in Kost genommen hatte. Der Wegemacher brauchte nicht, wie die andern Leute, den Umgang mit Provi für seine Kinder zu fürchten. Die fünf Wegemacherbuben konnte der Auswürfling nichts Böses lehren, sie wussten ohnehin schon alles und waren besonders Meister in der Tierquälerei. Die Ziegen, Kaninchen, die Hühner, die ihnen untertan waren, und der Haushund, die unglückliche Spitzin, gaben Zeugnis genug davon, ihre Narben erzählten davon und ihre beschädigten Beine und ihre gebrochenen Flügel. Provi fand sein Ergötzen an dem Anblick der Rohheit, den er jetzt stündlich genießen konnte.

Er fing für die kleineren der Buben Vögel ein und gab sie ihnen »zum Spielen«, und dann konnten sie von Glück sagen, wenn sie kein allzu zähes Leben hatten.

Das ärmste von den armen Tieren der Wegemacherfamilie aber war die alte Spitzin.

Sie lief nur noch auf drei Beinen und hatte nur noch ein Auge. Ein Fußtritt des Erstgeborenen unter ihren Peinigern hatte sie krumm, ein Steinwurf sie halb blind gemacht. Trotz dieser Defekte trug sie ihr impertinentes Näschen hoch und ihr Schwänzchen aufrecht, bellte jeden fremden Hund, der sich blicken ließ, wütend an, und ihre Beschimpfungen gellten ihm auf seinem Rückzug nach.

Die Söhne des Wegemachers fürchtete, ihn selbst hasste sie, weil er ihre kaum geborenen Jungen immer wegnahm und, bis auf ein einziges, in den See warf.

Zur Zeit, in der Provi beim Wegemacher Steine klopfte und Sand siebte, bekam die Spitzin noch im Greisenalter abermals Junge, ihrer vier, von denen drei ins Wasser mussten. Sie konnte kaum eines mehr ernähren, sie war zu alt und zu schwach, und es sah ganz danach aus, als ob sie nicht mehr lange leben konnte. Das Geschäft des Ersäufens übertrug der Vater an jenem Tag seinem Ältesten, dem Anton, und dem machte etwas, das einem anderen Geschöpf wehtat, dieses Mal kein Vergnügen. Die Spitzin war bissig wie ein Wolf, wenn sie Junge hatte.

»Der Vater fürcht si vor ihr«, sagte Anton zu Provi, »drum schickt er mi. Komm mit, halt sie, wenn ich ihr die Jungen nimm, halt ihrs Maul zu, dass mi nit beißen kann.«

280

Im Holzverschlag neben dem Ziegenstall auf einer Hand voll Stroh lag zusammengeringelt die schwarze Spitzin, und unter ihr und um sie krabbelten ihre Kleinen und winselten und suchten mit blinden Augen und tasteten mit weichen, hilflosen Pfötchen.

Die Spitzin hob den Kopf, als die Knaben sich ihr näherten, ließ ein feindlichen Knurren vernehmen, fletschte die Zähne. »Dummes Viech, grausliches!«, schrie Anton und streckte halb zornig, halb ängstlich die Hand nach einem der Hündchen aus. »Halt sie, dass sie mi nit beißt!«

Schon recht, wenns di beißt, dachte Provi. Es fiel ihm nicht ein, sich um Antons willen in einen gefährlichen Kampf mit der Hündin einzulassen, nur um die eigene Sicherheit war ihm zu tun, und so nahm er seine Zuflucht zu einer Kriegslist, kauerte auf den Boden nieder und hob mit kläglicher Stimme an: »Oh die orme Spitzin, so, so …, ma tut ihr jo nixs, ma nimmt ihr jo nur ihre Jungen, no jo, no jo!«

Die Spitzin zauderte, knurrte noch ein wenig, doch mehr behaglich jetzt als bösartig.

Die Worte, die Provi zu ihr sprach, verstand sie nicht, aber seinen sanften, beschwichtigenden Ton verstand sie und dem glaubte sie.

Was wusste die Spitzin von Arglist und Heuchelei? Ein Mensch sprach einmal gütig zu ihr, so war auch seine Meinung gütig.

Sie legte sich wieder hin, ließ sich streicheln, schloss bei der ungewohnt wohltuenden Berührung wie zu wonnigem Schlaf ihre Augen. Die Schnauze streckte sie in Provis hohle Hand und leckte sie ihm dankbar und zärtlich.

»No – also no!«, rief der den Kameraden an. »Packs z'samm. Mach gschwind!« Anton griff zu, und im nächsten Augenblick sprang er auch schon mit drei Hündchen in den Armen aus dem Verschlag, in großen, fröhlichen Sätzen über die Straße, die Uferböschung zum See hinab. Provi folgte ihm

282

eiligst nach. Den Hauptspaß mit anzusehen, wie die Hündchen ertränkt wurden, konnte er sich nicht entgehen lassen.

Es war merkwürdig, dass von nun an die Nachbarschaft der Spitzin dem Provi völlig widerwärtig zu werden begann. Nur schlecht gefügte Bretter trennten seine Schlafstätte von der ihren, und jede Nacht störte sie ihn mit ihrem Gewinsel. Im Kopf der Alten war »Radel laufet« worden, sonst hätte sie doch nach einiger Zeit begriffen: Die Jungen sind fort und nie, nie mehr zu finden, und man muss endlich aufhören nach ihnen zu suchen. Dieses Mal hörte sie nicht auf. Sie musste von einem Tag zum andern immer wieder vergessen, dass sie gestern schon alle Winkel umsonst durchsucht hatte. Sie schnüffelte, sie kratzte an der Tür, scharrte ihr bisschen Stroh auseinander und wieder zusammen, kroch hinter den Holzstoß, drängte sich in die Ecke, in der die Werkzeuge lehnten, warf einmal ein paar Schaufeln um und flüchtete voll Entsetzen. Eine Zeit lang war Ruhe, dann trippelte sie wieder herum und suchte und suchte! Und ihr Trippeln weckte ihn, an dem früher die brüllenden Rinderherden vorübergezogen, ohne ihn im Schlaf zu stören. Wenn er schlief, schlief er, verschlief Hunger und Müdigkeit. Dazu vor allem brauchte er den bombenfesten Schlaf, um den er plötzlich gekommen war, denn jetzt schrak er auf beim Herumgehen und Schnüffeln der Alten. Und kalte Schweißtropfen liefen ihm über die Stirn in der »Baracken«, der den ganzen Tag die Sonne aufs Dach schien und in der es so heiß war, dass es in der Hölle nicht heißer sein kann. Ob das auch mit rechten Dingen zuging, ob nicht etwas Übernatürliches dahinter steckte? Freilich, der Anton sagt, es gibt nichts Übernatürliches. Aber der Allergescheiteste ist der Anton am Ende doch nicht, und dem Provi ist manchmal sogar vorgekommen, dass er ein großer Esel ist; was man allerdings nicht sagen darf, ohne furchtbar gedroschen zu werden, von ihm und von seinem Vater, Provi weiß das aus Erfahrung.

An den Wegemacherleuten hatte er seine Meister gefunden, die bändigten ihn mit Schlägen und mit Hunger. »Sticht dich der Hafer?«, hieß es bei der geringsten Widersetzlichkeit, und von seiner elenden und ungenügenden Ration zog ihm sein Herr die Hälfte ab.

Jeder andere wär schon draufgegangen, sagte er sich selbst. Er jedoch wollte nicht draufgehen, er wollte noch viel Zeit haben, um den Menschen alles Böse, das sie ihm getan hatten, mit Bösem zu vergelten. Dass es auch einige gab, die ihm Gutes getan hatten, war längst vergessen. Und was die Schoberwirtin betraf, die alte Hex, gegen die hegte er einen unversöhnlichen Groll. Warum schenkte sie ihm nichts mehr, sie, die so viel Geld hatte und so viele Sachen? Sie wusste gewiss nicht, wohin mit ihrem Reichtum, und gab doch nichts umsonst, wollte gebeten werden, um ein paar armselige Tropfen Milch. Wie sie ihn ansah, wenn er vorüberging, förmlich herausfordernd: So bitt doch! – Die »Krot«, die! Die konnte warten. Einmal hatte sie ihn gar angesprochen: »Du schaust aus! Wie der leibhaftige Hunger schaust aus! Hast noch nicht bitten glernt?« Er rief ihr ein freches Schimpfwort zu und ging weiter.

Eine Woche verstrich. Immer noch hatte die Spitzin sich nicht ganz beruhigt, suchte und schnüffelte, besonders bei Nacht, in ihrem Verschlag herum. So geschah es, dass sie den Provi einst zu besonders unglücklicher Stunde weckte. Er hatte sich so spät erst auf seiner Lagerstätte aus Hobelspänen und schmutzigem Heu hinstrecken können, weil er noch, nach beendetem Arbeitstag, die Ziegen, die der Wegemacher ins nächste Dorf verkauft hatte, dahin hatte treiben müssen. Und auch jetzt noch kein Ende der verfluchten Plackerei, nicht wenigstens ein paar Stunden ungestörten Schlaf? Die Spitzin scharrte und suchte und suchte, und Provi drohte und polterte mit den Füßen gegen die Bretterwand.

Sie gab nach, ein Stück von ihr fiel krachend hinüber in den

Bereich der Spitzin. Sie stieß ein erschrockenes Gebell hervor, das Kleine winselte, dann war alles still. »Teixel überanander, wirst jetzt an Fried geben, Rabenviech?«, murmelte Provi, legte sich zurecht und zog die Knie bis zum Kinn herauf, denn so schlief es sich am besten. Aber just jetzt wollte es mit dem Einschlafen nicht gehen. Trotz der Stille und trotz seiner Erschöpfung und trotz seiner Schlaftrunkenheit! Allerlei Gedanken kamen einhergeschlichen, ganz neue Gedanken, nie von ihm gedachte. Ja, die Spitzin war ein Rabenvieh mit ihrer Sucherei, wenn aber seine Mutter auch so gewesen wäre wie sie und so rastlos nach ihm gesucht hätte, sie hätte ihn gewiss gefunden. Er hatte ja in der Zeitung gestanden, er war angeschlagen gewesen auf dem Bezirksamt. Am Ende hat sies gar nicht verlangt, ihn zu finden. Die Zigeuner haben ihn am Ende gar nicht gestohlen – seine Mutter, »die Miserabliche!«, hat ihn ihnen am Ende gar geschenkt, noch draufgezahlt vielleicht, dass sie ihn nehmen …

No jo! Vielleicht wird sie sich seiner geschämt haben, war vielleicht etwas Hohes, eine Bauerntochter oder eine Wirtstochter … Verfluchter Kuckuck! Wenn sie so eine Wirtstochter gewesen wäre und ihn behalten hätte … Alle Sonntag würd er sich seinen Rausch angetrunken haben, und am Montag hätt er immer blau gemacht und im Wirtshaus auf der Kegelbahn geraucht, getrunken, gerauft. Ein Götterleben, malte er sich aus, als – verfluchtes Rabenviech! – die Spitzin nebenan wieder anfing zu stöhnen und zu kratzen und ihn aus seinen Träumen riss, die so wonnig gewesen waren. Voll Zorn richtete er sich auf, nahm ein Scheit Holz, trat über die eingeworfenen Bretter in den Verschlag des Hundes und führte knirschend wuchtige Schläge gegen den Boden, auf dem die Spitzin im Dunkeln ängstlich herumschoss. Er sah nicht, wohin er traf, er drosch zu nach rechts und nach links, vorwärts und rückwärts, und endlich – da hatte er sie erwischt, da zuckte etwas Weiches, Lebendiges unter seinem wütend geführten

Hieb. Ein kurzes, klägliches – ein anklagendes Geheul ertönte, gellte grell und förmlich schmerzhaft an Provis Ohr. Es überrieselte ihn. Was für ein seltsames Geheul das gewesen war ... »No jo« – das »Rabenviech« hat jetzt genug, wird Ruhe geben, eine Weile wenigstens.

Er kehrte zu seiner Lagerstätte zurück, kauerte sich zusammen und schlief gleich ein.

Nach ein paar Stunden erwachte er plötzlich. Die aufgehende Sonne sandte einen feurigen Strahl aus, der ihm durch eine Lücke in der Tür des Verschlags und durch die Bresche in der Wand leuchtend rot ins Gesicht blitzte. Er öffnete die Augen und stand auf. Die Spitzin kam ihm plötzlich und recht unbehaglich ins Gedächtnis. Wenn er sie »so« totgeschlagen haben sollte heute Nacht, würde der Wegemacher, der keinen Eingriff in sein Eigentum duldete, schwerlich versäumen, ihn selbst halb tot zu schlagen. »No jo!«, dachte er und fuhr mit den zehn Fingern durch seine staubigen Haare, um die Heustängel zu entfernen, die sich in ihnen verfangen hatten.

Da rührte sich etwas zwischen den Brettern, da kroch es langsam heran. Die Spitzin kroch heran und schleppte ihr Junges im Maul herbei. Sie hatte es an der Nackenhaut gefasst und benetzte es mit ihrem Blut, denn es floss aus ihrem Maul, ein dünner Faden die Brust entlang. Zu Provi schleppte sie ihr Junges, legte es vor ihn nieder, drückte es mit ihrer Schnauze an seine nackten Füße und sah zu ihm hinauf.

Und ihre Augen hatten eine Sprache, beredter als jede Sprache, die die schönsten Worte bilden kann. Sie äußerten grenzenloses Vertrauen, eine flehentliche Bitte und man musste sie verstehen. Wie das Sonnenlicht durch die geschlossenen Lider Provis gedrungen war, so drang dieser Ausdruck durch den Panzer, der jede gute Regung von der Seele des Buben fern gehalten hatte.

»Jo, jo«, stahl es sich von seinen Lippen. Er antwortete ihr, die nun hinfiel, zuckte, sich streckte, die er erschlagen hatte und die gekommen war, ihm sterbend ihr Kleines anzuvertrauen.

Provi zitterte. Eine fremde, unwiderstehliche Macht ergriff ihn, umwirbelte ihn wie ein Sturm. Sie warf ihn nieder, sie zwang ihn, sein Gesicht auf das Gesicht des toten Hundes zu pressen und ihn zu küssen und zu liebkosen. Sie wars, die aus ihm schrie: »Jo du! Jo du! Du bist a Muatta gwest!« Sein Herz wollte ihm zerspringen, ein Strom von wildem Leid, von quälender Pein durchtobte es und erschütterte es bis auf den Grund. Ein vom himmlischen Schmerz des Mitleids erfülltes Kind wand sich schluchzend am Boden und weinte um die alte Spitzin und weinte über ihr Kleines, das sich an seine Mutter drängte und sie anwinselte und Nahrung suchte an dem früher schon so spärlich fließenden und jetzt gänzlich versiegten Quell.

»'s is aus, da kriegst nix mehr«, sagte Provi, nahm das Hündchen in seine Hände, legte es an seine Wange und hauchte es an; es zitterte und winselte kläglich. »Hunger hast, Hunger hast, no jo! No jo!« – Was anfangen mit dem anvertrauten Gut? »Verfluchter Kuckuck«, wenn doch noch die Ziegen da wären! Er würde eine melken, er täts, trotz der schrecklichen Strafe, die darauf steht. Aber die Ziegen sind fort, und bis ihm jemand im Wegemacherhaus einen Tropfen Milch für einen Hund schenkt, da kann er lange warten. »Ins Wasser dermit!«, wirds heißen, sobald sie hören, dass die Spitzin tot ist.

»Ins Wasser kummst«, sagte er zum Hündchen, das etwas von dem guten Glauben der Mutter an ihn geerbt haben musste, es schmiegte sich an seinen Hals, saugte an seinem Ohrläppchen und klagte ihm seinen Hunger mit Stöhnen und Wimmern.

»No jo!« – Er wusste schon, nur wie helfen wusste er nicht. Was sollte er ihm zu essen geben? Um zu vertragen, was er hinunterschlingt, dazu gehört ein anderer Magen, als so ein Kleines hat. Aber – verfluchter Krot! Dieses Mittel konnte er nicht ergreifen – lieber verhungern. Der Entschluss saß eisen-fest in seinem oberösterreichischen Dickschädel. Freilich dämmerte ihm eine Erkenntnis auf, von der er gestern keine Ahnung gehabt hatte – verhungern lassen ist noch etwas ganz anderes als verhungern. Das Kleine gab das Saugen am Ohr-läppchen auf, davon wurde es ja doch nicht satt. In stiller Ver-zweiflung schlossen sich seine kaum dem Licht geöffneten Augen, und Provi fühlte es nur noch ganz leise zittern.

Gequält und scheu blickte er zur toten Spitzin nieder. Ja, wenn das Junge leben soll, darf man ihm die Mutter nicht er-schlagen.

»No, so kumm!«, stieß er plötzlich hervor und sprang aus dem Stall in den Verschlag und schritt resolut vorwärts und dem Dorf zu, biss die Zähne zusammen, dass sie knirschten, sah nicht rechts noch links und ging unaufhaltsam weiter.

Noch rührte sich nichts auf den Feldern, erst in der Nähe der Häuser fing es an, ein wenig lebendig zu werden. Ein schlaf-trunkener Bäckerjunge schritt über die Straße zum Brunnen, der Knecht des Lohbauers spannte einen dicken Rotschimmel vor den Streifwagen. Aus dem Tor des Wirtshauses kam die alte Magd, von jeher Provis erklärte Feindin. Voll Misstrauen beobachtete sie sein Herannahen, erhob die Faust und befahl ihm, sich zu packen. Ihn störte das nicht, er ging an ihr vorbei wie einer, der mit dem Kopf durch die Wand will. Finster und entschlossen, das Kinn auf die Brust gepresst, trat er durch die offene Küchentür. Die Wirtin, die am Herd stand, wendete sich. »Grad zum Fürchten« sah der Bub aus, und seine Stim-me klang so rau und hatte etwas so Schmerzhaftes, als ob ihr Ton die Kehle zerrisse, durch die er gepresst wurde. »Scho-berwirtin, Frau Schoberwirtin, i bitt um a Müalch.«

Das war die Wendung in einem Menschenherzen und in ei-nem Menschenschicksal.

Anton Tschechow

Kaschtanka

Kaschtanka war eine junge, rothaarige Hündin, eine Mischung aus Dackel und Straßenköter, mit einer fuchsähnlichen Schnauze. Sie lief auf dem Bürgersteig hin und her und schaute sich nach allen Seiten um. Ab und zu machte sie Halt, hob bald die eine frierende Pfote hoch, bald die andere und bemühte sich, darüber nachzudenken, wie es möglich war, dass sie sich verirrt hatte. Sie besann sich ganz genau auf alle Einzelheiten dieses Tages und wie sie schließlich in diese fremde Gegend geraten war.

Der Tag begann damit, dass ihr Herr, der Tischler Luka Alexandrowitsch, seinen Hut aufsetzte, einen Gegenstand aus Holz, der in ein rotes Tuch gewickelt war, unter den Arm nahm und rief:»Kaschtanka, gehn wir!«

Sie hörte ihren Namen, kam unter der Hobelbank hervor, wo sie auf Holzspänen schlief, streckte sich behaglich und eilte hinter ihrem Herrn her. Die Kunden Luka Alexandrowitschs wohnten schrecklich weit weg, so weit, dass der Tischler, bevor er bei jedem gewesen war, etliche Male in eine Kneipe gehen musste, um sich zu stärken.

Kaschtanka erinnerte sich, dass sie sich unterwegs sehr ungezogen benommen hatte. Vor Freude, dass man sie zum Spaziergang mitgenommen hatte, sprang sie umher, stürzte sich mit Gebell auf die Wagen der Pferdebahn, lief auf die Höfe und jagte sich mit anderen Hunden. Der Tischler verlor sie hin und wieder aus den Augen, blieb dann stehen und schrie zornig hinter ihr her. Das eine Mal war er sogar außer sich geraten, hatte sie an den Ohren gezogen und mit abgerissener Stimme ausgerufen:»Dass … du … doch … verrecken … möchtest … du Aas!«

Nachdem Luka Alexandrowitsch seine Kunden besucht hatte,

ging er auf eine Minute zu seiner Schwester, bei der trank und aß er etwas. Von der Schwester ging er zu einem Buchbinder, vom Buchbinder in eine Kneipe, aus der Kneipe zu einem Vetter und so fort. Mit einem Wort, als Kaschtanka auf den ihr unbekannten Bürgersteig geraten war, da war es schon Abend geworden und der Tischler ziemlich betrunken. Er gestikulierte mit den Armen, seufzte tief auf und brummte vor sich hin: »In Sünden hat mich die Mutter geboren. Oh, die Sünden, die Sünden! Jetzt gehen wir hier auf der Straße und schauen auf die Lichtlein, aber wenn wir gestorben sind, dann werden wir in der Hölle im Feuer braten.« Oder aber er verfiel in eine gutmütige Stimmung, rief Kaschtanka zu sich heran und sagte zu ihr: »Du, Kaschtanka, hast nichts zu bedeuten. Im Vergleich zu einem Menschen bist du dasselbe, was ein Zimmermann gegenüber einem Tischler ist.«

Als er sich so mit ihr unterhielt, ertönte plötzlich Musik. Kaschtanka sah sich um und bemerkte, dass auf der Straße, direkt auf sie zu, ein Regiment Soldaten marschierte. Da sie keine Musik vertragen konnte, fuhr sie zusammen und begann zu heulen. Zu ihrer großen Verwunderung aber geriet der Tischler nicht in Zorn, sondern stand stramm und legte alle fünf Finger an die Mütze. Als Kaschtanka bemerkte, dass ihr Herr nicht protestierte, da heulte sie noch lauter und stürzte, außer sich, auf die andere Seite der Straße.

Als sie zur Besinnung kam, war die Musik verstummt, und das Regiment war fort. Sie überquerte die Straße und kam auf die gleiche Stelle, wo sie ihren Herrn verloren hatte, aber der Tischler war schon fort. Sie stürzte vorwärts, lief noch einmal über die Straße, aber der Tischler war gleichsam von der Erde verschwunden.

Kaschtanka begann auf dem Bürgersteig zu schnüffeln und hoffte, mit ihrer Nase die Spuren ihres Herrn zu finden, aber irgendein Schuft in neuen Galoschen aus Gummi war eben vorübergegangen, und jetzt vermischten sich alle feineren

Gerüche mit dem scharfen Kautschukgeruch, sodass man nichts unterscheiden konnte.

Kaschtanka fand ihren Herrn nicht, und inzwischen war es dunkel geworden. Auf beiden Seiten der Straße begannen die Lampen zu brennen und die Fenster der Häuser wurden hell. Große Schneeflocken fielen herab und färbten den Straßendamm, die Rücken der Pferde und die Mützen der Kutscher weiß und je dunkler die Luft wurde, umso heller leuchteten die Gegenstände. Unaufhörlich gingen an Kaschtanka unbekannte Kunden vorbei. Alle Menschen teilte sie in zwei Gruppen ein, in Herren und in Kunden. Zwischen diesen bestand ein wesentlicher Unterschied: Die Ersteren hatten das Recht, sie zu schlagen, die Letzteren durften damit rechnen, von Kaschtanka an den Waden gepackt zu werden. Die Leute eilten irgendwohin, verdeckten ihr die Aussicht, stießen sie und beachteten sie nicht.

Als es ganz dunkel geworden war, bemächtigten sich ihrer Verzweiflung und Schrecken. Sie schmiegte sich an irgendeinen Treppenflur und begann bitterlich zu weinen. Die Wanderung von morgens bis abends mit Luka Alexandrowitsch hatte sie müde gemacht, ihre Ohren und Pfoten waren erfroren und dazu war sie noch mächtig hungrig. Den ganzen Tag über konnte sie nur zweimal etwas zu sich nehmen. Beim Buchbinder fraß sie etwas Kleister und in einer der Kneipen fand sie neben dem Ladentisch eine Wurstpelle. Das war alles. Wenn sie ein Mensch gewesen wäre, dann hätte sie wahrscheinlich gedacht: Nein, so kann es nicht weitergehen! Man muss sich das Leben nehmen!

Aber sie dachte an nichts, und vor Erschöpfung fiel sie in einen tiefen Schlaf. Der weiche, flockige Schnee bedeckte ihren Kopf und Rücken. Plötzlich aber öffnete sich die Tür, knarrte und stieß sie in die Seite. Sie sprang auf. In der Tür erschien ein Mensch, der der Klasse der Kunden angehörte. Da aber Kaschtanka ihm winselnd direkt zwischen die Beine geriet, so musste er sie bemerken. Er beugte sich zu ihr hernieder und fragte sie: »Woher bist du, mein Hündchen? Habe ich dich verletzt? Oh du Ärmster, sei nicht böse, verzeih!« Kaschtanka betrachtete den Unbekannten. Durch die Schneeflocken hindurch, die auf ihren Augenbrauen hingen, erblickte sie ein kurz gewachsenes Menschlein mit einem rasierten, dicken Gesicht, mit einem Zylinder, in einem Pelz, der nicht zugeknöpft war.

»Was winselst du so?«, fuhr er fort und klopfte mit den Fingern den Schnee von ihrem Rücken. »Wo ist dein Herr? Du musst verloren gegangen sein. Ach, du armes Hündchen! Was werden wir jetzt wohl machen?«

Kaschtanka fing den warmen, herzlichen Ton in der Stimme des Unbekannten auf, beleckte seine Hand und winselte noch kläglicher.

»Ach, du gutes, drolliges Hündchen!«, sagte der Unbekannte. »Du bist so schlau wie ein Fuchs! Nun, da ist weiter nichts zu machen. Komm mit! Vielleicht wirst du dich doch mit irgendetwas einverstanden erklären. Also los!«

Er pfiff und machte mit der Hand ein Zeichen, das nur bedeuten konnte: »Marsch!«, und Kaschtanka ging mit.

Schon nach einer halben Stunde saß sie auf dem Fußboden eines großen, hellen Zimmers und schaute, gerührt und neugierig, den Kopf zur Seite gewandt, auf den Unbekannten, der am Tisch saß und aß. Dabei warf er ihr ab und zu ein Stückchen zu. Zunächst war es Brot, dann ein Stückchen Käse, ein Stückchen Fleisch, eine halbe Pastete, und sie verschlang alles vor Hunger so schnell, dass sie nicht einmal den Geschmack davon feststellen konnte. Und je mehr sie bekam, umso stärker machte sich ihr Hunger bemerkbar.

»Dein Herr füttert dich allerdings schlecht!«, sagte der Unbekannte und sah zu, mit welcher wilden Gier sie die unzerkauten Bissen hinunterschluckte. »Und wie mager du bist! Nur Haut und Knochen …«

Kaschtanka fraß viel, wurde aber nicht satt und berauschte sich nur am Verschlingen der Bissen. Nach dem Fressen legte sie sich mitten im Zimmer lang hin, streckte die Beine aus und begann mit dem Schwanz zu wedeln. In ihrem Körper machte sich eine allgemeine Mattigkeit bemerkbar.

Solange ihr neuer Herr, ausgestreckt im Sessel, seine Zigarre rauchte, wedelte sie mit dem Schwanz und dachte darüber nach, wo es besser sei, bei diesem Unbekannten oder beim Tischler. Beim Unbekannten war die Ausstattung ärmlich und hässlich. Außer den Sesseln, dem Diwan, den Lampen und Teppichen gab es bei ihm weiter nichts, das Zimmer schien leer zu sein. Beim Tischler aber war die ganze Wohnung brechend voll. Da war ein Tisch, eine Hobelbank, ein Haufen Späne, dann Hobel, Stemmeisen, Feilen, ein Käfig mit einem Zeisig, ein Kübel … Beim Unbekannten roch es nach gar nichts, die Wohnung des Tischlers aber war immer voll Dunst. Es roch herrlich nach Kleister, Lack und Spänen. Dafür hatte der Unbekannte einen besonders großen Vorzug: Es gab viel zu essen. Und man musste ihm gegenüber gerecht sein; als Kaschtanka vor dem Tisch saß und gerührt zu ihm hinüberschaute, da schlug er nicht einmal nach ihr, stieß sie nicht mit den Füßen und schrie nicht ein einziges Mal: »Los! Geh weg! Verfluchte!«

Als der neue Herr seine Zigarre zu Ende geraucht hatte, ging er hinaus, kam nach einer Minute wieder und hielt in der Hand eine kleine Matratze.

»Komm her!«, sagte er und legte die Matratze in den Winkel neben dem Diwan. »Leg dich hier hin und schlaf!«

Dann löschte er das Licht und ging hinaus. Kaschtanka legte sich auf die Matratze und schloss die Augen. Auf der Straße war Hundegebell zu hören, und sie wollte darauf antworten, aber sie wurde plötzlich traurig.

Sie erinnerte sich an Luka Alexandrowitsch, an seinen Sohn, den kleinen Fjodor, an das gemütliche Plätzchen unter der

Hobelbank. Sie dachte daran, wie an den langen Winteraben-
den, wenn der Tischler hobelte oder die Zeitung laut las, der
kleine Fjodor gewöhnlich mit ihr spielte. Er zog sie dann an
den Hinterbeinen unter der Hobelbank hervor und führte mit
ihr solche Kunststücke auf, dass es ihr grün und blau vor den
Augen wurde und in allen Gelenken schmerzte. Er zwang
sie auf den Hinterbeinen zu stehen, er zog sie kräftig am
Schwanz, wobei sie heulte und bellte, und er gab ihr Tabak zu
riechen. Besonders gequält wurde sie bei folgendem Spiel:
Der kleine Fjodor band ein Stückchen Fleisch an einen Faden
und gab es Kaschtanka zu fressen. Dann, wenn sie es hinun-
tergeschluckt hatte, zog er es unter lautem Lachen wieder
hervor. Und je klarer die Erinnerungen wurden, umso lauter
und sehnsuchtsvoller wurde ihr Winseln.
Aber Müdigkeit und Wärme nahmen bald die Oberhand über
den Kummer. Sie begann einzuschlafen. In ihrer Phantasie
liefen Hunde hin und her, unter anderem auch ein zottiger,
alter Pudel, den sie heute auf der Straße gesehen hatte, mit
Haarsträhnen um die Nase. Der kleine Fjodor lief mit einem
Meißel hinter dem Pudel her, dann war er selbst mit zottigen
Haaren bedeckt, begann fröhlich zu bellen und befand sich
plötzlich neben Kaschtanka. Sie beschnüffelten sich gegenseitig und liefen auf die Straße.
Als Kaschtanka erwachte, war es schon hell. Von der Straße
her drang Lärm herein, wie es nur am Tag zu sein pflegt. Im
Zimmer befand sich keine Seele. Kaschtanka streckte sich
und gähnte. Verdrießlich gestimmt ging sie dann durch das
Zimmer, beschnüffelte alle Winkel, ebenso die Möbel, schaute ins Vorzimmer hinein und fand nichts Interessantes. Außer
der Tür, die ins Vorzimmer führte, gab es noch eine zweite
Tür. Kaschtanka überlegte, kratzte mit beiden Pfoten daran,
öffnete sie und ging in das Zimmer. Hier schlief, mit einer
flauschigen Decke bedeckt, ein Mann, in dem sie den Unbekannten vom vergangenen Abend erkannte.

»Rrrr …«, knurrte sie, aber sie erinnerte sich an das gestrige Fressen und begann mit dem Schwanz zu wedeln. Sie beschnupperte die Kleidung des Unbekannten und seine Stiefel und fand, dass sie stark nach Pferden rochen. Aus dem Schlafzimmer führte irgendwohin noch eine Tür, die ebenfalls geschlossen war. Kaschtanka kratzte an dieser Tür, drückte mit der Brust dagegen, öffnete sie und bemerkte sofort einen seltsamen, sehr verdächtigen Geruch. Kaschtanka ahnte ein unangenehmes Zusammentreffen, knurrte und schaute umher. Dann ging sie in ein kleineres Zimmer mit schmutzigen Tapeten hinein, wich aber aus Angst zurück. Sie erblickte darin etwas Unerwartetes und Schreckliches. Hals und Kopf zur Erde gesenkt, mit gespreizten Flügeln, zischte eine graue Gans und kam direkt auf sie zu. Ein wenig seitwärts von ihr lag auf einer kleinen Matratze ein weißer Kater. Als er Kaschtanka erblickte, sprang er hoch, machte einen krummen Buckel und begann zu fauchen. Den Schwanz stellte er dabei in die Höhe und sein Haar sträubte sich. Der Hund bekam Angst, wollte sie aber nicht eingestehen und stürzte sich laut bellend auf den Kater. Der Kater krümmte seinen Rücken noch stärker, fauchte weiter und versetzte Kaschtanka einige Ohrfeigen. Kaschtanka sprang zurück, setzte sich, die Schnauze nach dem Kater vorgestreckt, und stimmte ein lautes, klägliches Geheul an. In diesem Augenblick näherte sich ihr von rückwärts die Gans und zupfte sie mit dem Schnabel schmerzhaft im Rücken. Kaschtanka sprang auf und stürzte sich auf die Gans.

»Was ist denn hier los?«, sagte eine laute, zornige Stimme, und ins Zimmer trat der Unbekannte, im Schlafrock und die Zigarre zwischen den Zähnen.

»Was heißt denn das? Pfui!« Er näherte sich dem Kater, versetzte ihm einen Klaps und sagte: »Fjodor Timofejewitsch, was heißt das? Eine Rauferei habt ihr angefangen? Ach, du alte Kanaille! Leg dich hin!«

Dann wandte er sich an die Gans und rief: »Iwan Iwanitsch, auf den Platz!«

Der Kater legte sich gehorsam auf die kleine Matratze und schloss die Augen. Nach dem Ausdruck seiner Schnauze und seines Schnurrbarts zu urteilen, war er selbst unzufrieden, dass er sich hatte hinreißen lassen und in eine Rauferei geraten war. Kaschtanka winselte gekränkt und die Gans streckte ihren Hals aus und begann über irgendetwas zu reden, schnell, lebhaft und bestimmt, aber sehr unverständlich.

»Gut, gut!«, sagte der Herr und gähnte. »Man muss friedlich und freundschaftlich leben.« Er streichelte Kaschtanka und fuhr fort: »Und du, Rothaarige, brauchst keine Angst zu haben. Das ist eine gute Gesellschaft, sie wird niemanden kränken. Aber wie werden wir dich nennen? Ohne Namen geht es nicht!«

Er überlegte und sagte schließlich: »Weißt du was? Du wirst Tantchen heißen. Verstehst du? Tjotka!«

Und er wiederholte: »Tjotka«, und ging hinaus.

Kaschtanka begann zu beobachten. Der Kater saß unbeweglich auf der Matratze und tat so, als ob er schliefe. Die Gans streckte ihren Hals aus, trat von einem Fuß auf den andern und fuhr fort, schnell und lebhaft von irgendetwas zu sprechen. Augenscheinlich war das eine sehr kluge Gans. Nach jeder langen Tirade ging sie rückwärts und tat so, als wenn sie über ihre Rede in Entzücken geriete. Kaschtanka hörte ihr zu und antwortete ihr: »Rrrr …« Dann begann sie alle Winkel zu beschnüffeln. In einem der Winkel stand ein kleiner Futtertrog, in dem sie gequollene Erbsen und aufgeweichte Krusten von Roggenbrot sah. Sie probierte die Erbsen – sie schmeckten nicht, dann versuchte sie die Krusten – und begann sie zu fressen. Die Gans war durchaus nicht darüber gekränkt, dass ein fremder Hund ihr Futter fraß, im Gegenteil, sie begann noch lebhafter zu reden und ging, um ihr Zutrauen zu zeigen, selbst zum Trog und fraß einige Erbsen.

Kurze Zeit danach trat der Unbekannte wieder ein und brachte etwas ganz Sonderbares mit, das einem Tor ähnlich war. An dem Querbalken dieses hölzernen, grob zusammengefügten Gestells hing eine Glocke, ferner war eine Pistole dort angebunden. Von der Zunge der Glocke und dem Hahn der Pistole hingen Schnüre hinab.

Der Unbekannte war dann einige Zeit damit beschäftigt, irgendetwas an dem Gestell zurechtzubinden, sah die Gans an und sagte: »Iwan Iwanitsch, bitte!«

Die Gans näherte sich ihm, blieb stehen und wartete.

»Nun«, sagte der Unbekannte, »beginnen wir mit der Vorstellung. Mach mal zunächst eine Verbeugung! Schnell!«

Iwan Iwanitsch streckte den Hals aus, verneigte sich mit dem Kopf nach allen Seiten und scharrte mit dem Fuß.

»So, bravo! Jetzt stirb!«

Die Gans legte sich auf den Rücken und streckte ihre Füße in die Höhe. Nachdem sie noch einige unbedeutende Kunststückchen ausgeführt hatte, fasste sich der Unbekannte plötzlich an den Kopf und begann zu schreien, wobei sein Gesicht einen Ausdruck des Schreckens annahm: »Feueralarm! Feueralarm!«

Iwan Iwanitsch lief zum Gestell, nahm die Schnur in den Schnabel und begann die Glocke zu läuten.

Der Unbekannte freute sich darüber, streichelte den Hals der Gans und sagte: »Bravo, Iwan Iwanitsch! Denk dir jetzt, dass du ein Juwelier bist und mit Gold und Brillanten handelst. Stell dir vor, dass du nach Hause in dein Geschäft kommst und dort Diebe vorfindest. Wie würdest du dich in einem solchen Fall verhalten?«

Die Gans nahm die andere Schnur in den Schnabel, zog daran und sofort fiel ein Schuss. Der ohrenbetäubende Knall gefiel Kaschtanka sehr, und sie geriet in eine solche Begeisterung, dass sie um das Gestell herumlief und zu bellen begann.

»Tjotka, setz dich!«, rief der Dresseur. »Ruhe!«

Die Tätigkeit Iwan Iwanitschs war mit dem Schießen nicht beendet. Eine ganze Stunde noch ließ der Unbekannte die Gans um sich herumlaufen und knallte mit der Peitsche. Dabei musste sie über eine Barriere und dann noch durch einen Reifen springen, ferner sich aufrichten, das heißt sich auf den Schwanz setzen und mit den Füßen winken. Kaschtanka konnte kein Auge von ihr abwenden, begann vor Begeisterung zu heulen und hinter ihr mit lautem Gebell herzulaufen. Nachdem der Unbekannte sich und die Gans zur Ermüdung gebracht hatte, wischte er sich den Schweiß von der Stirn und rief: »Maria, rufe Chawronja Iwanowna herein!«

Nach einer Minute war ein Grunzen zu hören. Kaschtanka begann zu knurren, nahm eine sehr tapfere Haltung an und trat für alle Fälle näher an den Unbekannten heran. Die Tür öffnete sich, eine alte Frau schaute ins Zimmer und ließ ein schwarzes, sehr hässliches Schwein herein. Das nahm überhaupt keine Notiz vom Knurren Kaschtankas, hob seinen Rüssel hoch und begann lustig zu grunzen. Augenscheinlich bereitete es ihm Vergnügen, seinen Herrn zu sehen, dann den Kater und Iwan Iwanitsch. Es näherte sich dem Kater und berührte ihn leicht am Bauch mit dem Rüssel, dann wechselte es einige Worte mit der Gans. Man konnte an den Bewegungen des Schweines, an seiner Stimme und der Haltung des Schwänzchens viel Gutmütigkeit ablesen. Kaschtanka begriff sofort, dass es zwecklos wäre, solche Subjekte anzuknurren oder anzubellen.

Der Herr entfernte des Gestell und rief: »Fjodor Timofejewitsch, bitte!«

Der Kater erhob sich, reckte sich faul und unlustig, als wenn das eine Gefälligkeit von ihm wäre, und näherte sich dem Schwein.

»Nun, fangen wir mit der ägyptischen Pyramide an!«, begann der Herr. Längere Zeit erklärte er etwas und kommandierte dann: »Eins, zwei, drei!«

Die Gans schlug bei »drei« mit den Flügeln und sprang auf den Rücken des Schweins. Sie balancierte dann mit Hals und Flügeln und fasste auf dem borstigen Rücken des Schweines festen Halt. Fjodor Timofejewitsch kletterte schlapp und faul, mit offenbarer Nachlässigkeit, auf den Rücken des Schweins und tat so, als wenn er seine Kunst gering schätzte und sie nach seiner Meinung nicht einen Groschen wert sei. Dann stieg er widerstrebend auf die Gans und stellte sich auf die Hinterbeine. Dadurch kam das zustande, was der Unbekannte eine ägyptische Pyramide nannte.

Kaschtanka jaulte vor Begeisterung. In diesem Augenblick aber gähnte der alte Kater, verlor sein Gleichgewicht und fiel von der Gans hinab. Iwan Iwanitsch kam auch ins Wanken und fiel ebenfalls hinab. Der Unbekannte fing an zu schreien, gestikulierte mit den Händen und begann wieder etwas zu erklären. Nachdem er sich eine ganze Stunde mit der Pyramide abgemüht hatte, begann er Iwan Iwanitsch das Reiten zu lehren, dann den Kater im Rauchen zu unterrichten und so weiter. Der Unterricht endete damit, dass der Unbekannte sich den Schweiß von der Stirn abtrocknete und hinausging. Fjodor Timofejewitsch fauchte voller Abscheu, legte sich auf die Matratze und schloss die Augen. Iwan Iwanitsch begab sich zum Futtertrog, und das Schwein wurde von der alten Frau fortgebracht.

Dank der Menge neuer Eindrücke verging für Kaschtanka der Tag wie im Fluge, und abends wurde sie mit ihrer kleinen Matratze schon im Zimmer mit den schmutzigen Tapeten untergebracht, zusammen mit Fjodor Timofejewitsch und der Gans.

So verging ein Monat. Kaschtanka hatte sich schon daran gewöhnt, dass man sie Tjotka nannte und jeden Abend gut fütterte. Sie gewöhnte sich auch an den Unbekannten und an ihre neuen Gefährten.

Das Leben verlief glatt. Jeder Tag begann auf gleiche Art.

Gewöhnlich erwachte als Erster Iwan Iwanitsch, ging sofort zu Tjotka oder zum Kater, senkte den langen Hals und begann etwas zu erzählen, lebhaft und überzeugend, aber unverständlich wie früher. Mitunter hob er den Kopf hoch und sprach lange Monologe. In den ersten Tagen glaubte Kaschtanka, dass er so viel rede, weil er sehr klug sei. Aber bald verlor sie jede Achtung vor der Gans. Wenn die Gans sich ihr näherte und ihre langen Reden hielt, dann wedelte Kaschtanka nicht mehr mit dem Schwanz, sondern behandelte sie wie einen Schwätzer, der einem über geworden ist, der einen nicht schlafen lässt, und antwortete ihr einfach: »Rrrr …«

Fjodor Timofejewitsch aber war ein Herr anderer Art. Wenn er erwachte, gab er keinen Laut von sich, rührte sich nicht und machte nicht einmal die Augen auf. Er würde am liebsten überhaupt nicht aufwachen, weil er, wie es schien, das Leben nicht mochte. Nichts interessierte ihn, allem gegenüber verhielt er sich träge und nachlässig, verachtete alles und sogar beim Verzehren seines schmackhaften Essens fauchte er abscheulich.

Wenn Kaschtanka aufwachte, begann sie in den Zimmern herumzugehen und in allen Winkeln zu schnüffeln. Nur sie und die Katze durften sich in der ganzen Wohnung bewegen. Die Gans hatte nicht das Recht, die Schwelle des Zimmers mit den schmutzigen Tapeten zu überschreiten, und Chawronja Iwanowna lebte irgendwo auf dem Hof in einem kleinen Stall und kam nur während des Unterrichts zum Vorschein. Der Herr pflegte spät aufzuwachen. Dann trank er Tee und beschäftigte sich mit seinen Kunststücken. Jeden Tag wurden das Gestell, die Peitsche und die Reifen ins Zimmer gebracht, und jeden Tag wurde fast dasselbe geübt. Der Unterricht dauerte drei bis vier Stunden, sodass Fjodor Timofejewitsch mitunter vor Ermüdung wie trunken wankte, Iwan Iwanitsch den Schnabel aufsperrte und schwer atmete und der Herr ein rotes Gesicht bekam und den Schweiß vom Gesicht kaum fortzuwischen vermochte. Der Unterricht und das Mittagessen machten die Tage sehr interessant, die Abende aber verliefen etwas langweilig. Gewöhnlich pflegte der Herr abends irgendwohin zu fahren und die Gans und den Kater mitzunehmen. Kaschtanka blieb allein, legte sich auf die Matratze und begann Trübsal zu blasen. Schwermut stahl sich unbemerkt an sie heran und bemächtigte sich ihrer wie die Dunkelheit des Zimmers. Das begann damit, dass sie jede Lust zum Bellen, Fressen und zum Herumlaufen in den Zimmern, ja sogar zum Zuschauen verlor.

Dann erschienen in ihrer Phantasie zwei undeutliche, aber sympathische, liebe Gestalten, die sie nicht unterbringen konnte. Bei ihrem Auftreten wedelte Kaschtanka mit dem Schwanz, und es schien ihr, dass sie sie irgendwo und irgendwann gesehen und gern gehabt hatte. Und beim Einschlafen empfand sie jedes Mal, dass diese Gestalten nach Kleister, Hobelspänen und Lack rochen.

Als sie sich an ihr neues Leben vollkommen gewöhnt hatte und aus einem mageren, abgezehrten Straßenköter ein satter, gepflegter Hund geworden war, da streichelte sie ihr Herr eines Tages vor Beginn des Unterrichts und sagte: »Es ist Zeit, Tjotka, zur Tat zu schreiten. Du hast lange genug gefaulenzt. Ich will aus dir eine Künstlerin machen. Willst du eine Künstlerin werden?«

Und er begann sie verschiedene Künste zu lehren. In der ersten Stunde lernte sie das Stehen auf den Hinterbeinen. Das gefiel ihr. In der zweiten Stunde musste sie auf den Hinterbeinen hochspringen und Zuckerstückchen auffangen, die der Lehrer hoch über ihrem Kopf hielt. In den folgenden Stunden tanzte sie, lief am Seil, heulte zur Musik, läutete und schoss, und nach einem Monat schon konnte sie mit Erfolg anstelle Fjodor Timofejewitschs die ägyptische Pyramide mitmachen. Sie lernte sehr gern und war über ihre Erfolge zufrieden. Das Laufen am Seil, mit ausgestreckter Zunge, das Springen durch den Reifen und das Reiten auf der Gans Iwan Iwanitsch bereiteten ihr größtes Vergnügen. Jedes gelungene Kunststück begleitete sie mit lautem, begeistertem Gebell, der Lehrer aber wunderte sich, geriet ebenfalls in Begeisterung und rieb sich die Hände.

»Ein Talent! Ein Talent!«, rief er aus. »Unzweifelhaft ein Talent! Du wirst bestimmt Erfolg haben!«

Und Kaschtanka gewöhnte sich so an das Wort »Talent«, dass sie jedes Mal, sobald der Herr es aussprach, aufsprang und sich umschaute, als wenn das ihr Rufname wäre.

Kaschtanka schlief und träumte, dass ein Hausknecht mit einem Besen hinter ihr her sei, und sie erwachte vor Angst.

Im Zimmer war es still, dunkel und sehr schwül. Die Flöhe bissen sie. Kaschtanka hatte früher nie Angst vor der Dunkelheit gehabt. Jetzt aber wurde es ihr unheimlich und sie wollte bellen. Im Nachbarzimmer atmete laut der Herr, dann grunzte ein wenig später in seinem kleinen Stall das Schwein, worauf es wieder still wurde. Wenn man ans Essen denkt, so wird es einem in der Seele leichter, und Kaschtanka begann daran zu denken, wie sie heute bei Fjodor Timofejewitsch seinen Hühnerfuß gestohlen und ihn im Gastzimmer zwischen dem Schrank und der Wand, wo viel Spinngewebe und Staub zu finden waren, versteckt hatte. Es würde nichts im Wege stehen, dorthin zu gehen und nachzusehen, ob der Fuß noch ganz sei. Es konnte leicht möglich sein, dass der Herr ihn gefunden und aufgegessen hatte. Aber bevor es hell wird, darf man nicht aus dem Zimmer gehen, das war Vorschrift. Kaschtanka schloss die Augen, um schneller einzuschlafen, weil sie aus Erfahrung wusste, dass es umso früher hell wird, je schneller man einschläft. Plötzlich aber ertönte nicht weit von ihr ein sonderbarer Schrei, der sie zusammenfahren ließ und veranlasste aufzuspringen. Das war Iwan Iwanitsch, der geschrien hatte, und sein Schrei war nicht geschwätzig und überzeugend, wie gewöhnlich, sondern wild, durchdringend, unnatürlich, wie das Knarren eines sich öffnenden Tores. Kaschtanka konnte in der Dunkelheit nichts erkennen, empfand daher eine noch größere Angst und knurrte.

Es verging so viel Zeit, wie man zum Benagen eines guten Knochens braucht. Der Schrei wiederholte sich nicht. Kaschtanka beruhigte sich allmählich und schlummerte wieder ein. Sie träumte von zwei großen schwarzen Hunden mit Büscheln von vorjährigem Haar an den Schenkeln und Seiten. Sie schlangen begierig Spülwasser aus einem großen Kübel, von dem weißer Dampf und ein anziehender Geruch ausgingen. Ab und zu schauten sie sich nach Kaschtanka um, fletschten die Zähne und knurrten: »Dir werden wir nichts geben!« Aber aus dem Hause kam ein Bauer in einem Pelz herausgelaufen und vertrieb sie mit einer Peitschte. Da ging Kaschtanka an den Kübel und begann zu fressen, doch kaum war der Bauer hinter dem Tor, als sich die beiden schwarzen Hunde auf sie stürzten. Und plötzlich ertönte wieder der durchdringende Schrei.

»K-che! K-che!«, rief Iwan Iwanitsch.

Kaschtanka erwachte von neuem, sprang auf, ging aber nicht von der Matratze und begann zu bellen. Jetzt war es ihr so, als wenn nicht Iwan Iwanitsch schrie, sondern jemand anders, ein Fremder. Und wiederum grunzte in seinem Stall aus irgendeinem Grund das Schwein.

Und siehe da, man hörte auf einmal das Schlurfen der Pantoffeln und ins Zimmer trat der Herr im Schlafrock, mit einem Licht in der Hand. Es tanzte über der schmutzigen Tapete und über der Decke und verjagte die Dunkelheit. Kaschtanka sah, dass sich im Zimmer kein Fremder befand. Iwan Iwanitsch saß auf dem Fußboden und schlief nicht. Seine Flügel waren gespreizt und der Schnabel war aufgesperrt. Er sah so aus, als ob er sehr müde sei und trinken wolle. Der alte Fjodor Timofejewitsch schlief ebenfalls nicht. Auch er musste durch den Schrei geweckt worden sein.

»Iwan Iwanitsch, was ist los mit dir?«, fragte der Herr die Gans. »Was schreist du? Bist du krank?«

Die Gans schwieg.

Der Herr betastete sie am Hals, streichelte ihren Rücken und sagte: »Du Sonderling! Selbst schläfst du nicht und lässt andere auch nicht schlafen.«

Als der Herr hinausgegangen war und das Licht mitgenommen hatte, wurde es wieder dunkel. Die Gans schrie zwar nicht, aber Kaschtanka fürchtete sich, ihr schien es wieder, als ob sich ein Fremder im Zimmer aufhielte. Das Schrecklichste aber war, dass man diesen Fremden nicht beißen konnte, weil er unsichtbar war und keine Gestalt hatte. Und aus irgendeinem Grund dachte sie, dass in dieser Nacht unbedingt etwas Schlimmes passieren müsste. Fjodor Timofejewitsch war ebenfalls unruhig. Kaschtanka hörte, wie er sich auf seiner Matratze hin und her warf, gähnte und sich schüttelte.

Irgendwo auf der Straße wurde an ein Tor geklopft und im Stall grunzte das Schwein. Kaschtanka winselte, streckte die Vorderpfoten aus und legte den Kopf darauf. Das Klopfen an das Tor, das Grunzen des Schweins, welches aus irgendeinem Grund ebenfalls nicht schlafen konnte, die Dunkelheit und die Stille kamen ihr ebenso unheimlich vor wie der Schrei Iwan Iwanitschs.

Alles war in Aufregung und Unruhe, und weshalb? Wer war dieser Fremde, der nicht zu sehen war?

Und siehe da, neben Kaschtanka blitzten für einen Augenblick zwei grüne Fünkchen auf. Das war das erste Mal in der ganzen Zeit ihrer Bekanntschaft, das Fjodor Timofejewitsch zu ihr herankam. Was wollte er haben? Kaschtanka beleckte sich die Pfote, fragte nicht, wozu er gekommen war, und heulte leise in verschiedenen Tönen.

»K-che!«, rief Iwan Iwanitsch, »K-che! K-che-che!«

Wieder öffnete sich die Tür und der Herr kam mit einem Licht herein. Die Gans hatte ihre frühere Haltung, saß auf dem Boden mit aufgesperrtem Schnabel und ausgebreiteten Flügeln. Ihre Augen waren geschlossen.

»Iwan Iwanitsch!«, rief der Herr.

Die Gans rührte sich nicht. Der Herr saß vor ihr auf dem Boden, betrachtete sie eine Minute lang schweigend und sagte dann: »Iwan Iwanitsch! Was ist denn das? Stirbst du etwa, was? Ach, jetzt besinne ich mich!«, rief er und fasste sich an den Kopf. »Ich weiß, woher das kommt! Dich hat ja heute ein Pferd getreten! Mein Gott, mein Gott!«

Kaschtanka verstand nicht, was der Herr sagte, sah aber an seinem Gesicht, dass auch er etwas Schreckliches erwartete. Sie streckte die Schnauze zum dunklen Fenster vor, durch das, wie es ihr schien, ein Fremder schaute und heulte.

»Sie stirbt, Tjotka!«, sagte der Herr und schlug die Hände über dem Kopf zusammen.

»Jaja, sie stirbt. Der Tod ist zu euch ins Zimmer gekommen. Was sollen wir tun?«

Der Herr war blass und aufgeregt, seufzte, schüttelte den Kopf und kehrte in sein Schlafzimmer zurück.

Kaschtanka wurde es noch unheimlicher. Sie wollte in der Dunkelheit nicht zurückbleiben und ging ihm nach. Er setzte sich auf das Bett und wiederholte einige Male: »Mein Gott, was soll man machen?«

Kaschtanka bewegte sich neben seinen Füßen und konnte nicht begreifen, warum sie alle so traurig und unruhig waren, und um es zu ergründen, verfolgte sie jede Bewegung ihres Herrn.

Fjodor Timofejewitsch, der seine Matratze selten verließ, kam ebenfalls ins Schlafzimmer seines Herrn und begann sich an seinen Füßen zu reiben. Er schüttelte den Kopf, als wenn er sich von schweren Gedanken befreien wollte, und schaute argwöhnisch unter das Bett.

Der Herr nahm ein Tellerchen, goss aus der Waschschüssel etwas Wasser hinein und ging wieder zur Gans.

»Trink, Iwan Iwanitsch«, sagte er zärtlich und stellte das Tellerchen vor sie hin, »trink, Liebling!«

Aber Iwan Iwanitsch rührte sich nicht und tat auch die Augen nicht auf. Der Herr beugte seinen Kopf zum Tellerchen und tauchte den Schnabel ins Wasser, jedoch die Gans trank nicht, spreizte ihre Flügel noch weiter aus und ließ ihren Kopf auf dem Tellerchen liegen.

»Nein, es ist nichts mehr zu machen!«, seufzte der Herr. »Alles ist zu Ende. Iwan Iwanitsch ist umgekommen!«

Und glänzende Tränen flossen an seinen Wangen hinab. Kaschtanka und Fjodor Timofejewitsch verstanden nicht, um was es sich handelte, schmiegten sich an ihn und schauten mit Entsetzen auf die Gans.

»Armer Iwan Iwanitsch«, sagte der Herr und seufzte traurig. »Und ich träumte davon, dass ich dich im Frühling auf das Land hinausbringen und mit dir zusammen im grünen Gras spazieren gehen würde. Mein liebes Tierchen, mein guter Kamerad, du lebst nicht mehr! Wie werde ich jetzt ohne dich auskommen?«

Kaschtanka schien es, als wenn auch mit ihr das Gleiche geschehen werde, dass auch sie genauso, ohne dass man weiß, warum, die Augen zumachen, die Füße ausstrecken und die Zähne fletschten werde und dass alle mit Entsetzen auf sie schauen würden. Augenscheinlich hatte auch Fjodor Timofejewitsch solche Gedanken in seinem Kopf. Niemals war der alte Kater so verdrießlich und trübsinnig gewesen wie jetzt.

Die Morgendämmerung begann, und im Zimmer war der unsichtbare Fremde, der Kaschtanka so erschreckt hatte, nicht mehr anwesend. Als es ganz und gar hell wurde, kam der Hausknecht, nahm die Gans an den Füßen und trug sie fort. Erst später kam die Alte und holte den kleinen Trog.

Kaschtanka ging ins Gästezimmer und schaute hinter den Schrank: Der Herr hatte den Hühnerfuß nicht aufgegessen, er lag auf seinem Platz, im Staub und Spinngewebe. Kaschtanka war aber traurig und wollte weinen. Sie beschnüffelte nicht einmal den Hühnerfuß, sondern ging unter den Diwan, legte sich dort nieder und begann leise mit einem feinen Stimmchen zu winseln.

An einem wunderschönen Abend kam der Herr ins Zimmer, rieb sich die Hände und sagte: »Nun …«

Er wollte noch etwas sagen, tat es aber nicht und ging hinaus. Kaschtanka hatte in den Unterrichtsstunden das Gesicht und den Tonfall seiner Stimme sehr gut studiert und erriet, dass er erregt, besorgt, ja sogar zornig war. Nach kurzer Zeit kam er zurück und sagte zu Kaschtanka: »Heute wirst du anstelle der Gans in der ägyptischen Pyramide auftreten. Weiß der Teufel! Nichts ist fertig, nichts ist einstudiert, wir haben wenig geübt! Wir blamieren uns und fallen durch!«

Danach ging er nochmals hinaus und kam in Pelz und Zylinder wieder. Er näherte sich dem Kater, fasste ihn an den Vorderbeinen, hob ihn hoch und versteckte ihn auf der Brust unter dem Pelz. Fjodor Timofejewitsch verhielt sich dabei sehr gleichgültig und gab sich nicht einmal Mühe, die Augen aufzumachen. Ihm war augenscheinlich alles gleichgültig, ob er lag, auf die Füße gestellt wurde, sich auf der Matratze wälzte oder auf der Brust seines Herrn unter dem Pelz ruhte.

»Tjotka, gehen wir!«, sagte der Herr.

Kaschtanka begriff nichts, wedelte mit dem Schwanz und ging mit ihm. Nach einer Minute saß sie schon im Schlitten neben seinen Füßen und hörte, wie er murmelte: »Wir werden uns blamieren! Wir werden durchfallen!«, wobei er vor Kälte zusammenschauerte.

Der Schlitten hielt neben einem großen, sonderbaren Haus, das einer umgestülpten Suppenschüssel ähnlich war. Die lange Auffahrt zu diesem Haus mit drei Glastüren war von einem Dutzend greller Lampen erleuchtet. Die Türen mit den Glocken öffneten sich und verschlangen wie ein Maul die Menschen, die sich auf der Einfahrt bewegten. Menschen gab es dort viele, auch Pferde kamen häufig die Auffahrt herauf, Hunde aber waren nicht zu sehen.

Der Herr nahm Kaschtanka hoch und steckte sie an seine Brust unter den Pelz, wo sich Fjodor Timofejewitsch befand. Hier war es dunkel und warm. Für einen Augenblick blitzten zwei trübe, grüne Fünkchen auf. Der Kater hatte seine Augen geöffnet, weil er durch die kalten, rauen Pfoten der Nachbarin gestört worden war. Kaschtanka beleckte sein Ohr. Da sie sich bequem zurechtsetzen wollte, bewegte sie sich unruhig und streckte aus Versehen den Kopf unter dem Pelz hervor, begann aber sofort zornig zu knurren und sich unter den Pelz zurückzuziehen. Es schien ihr, dass sie ein riesiges, schlecht erleuchtetes Zimmer voller Ungeheuer gesehen hätte. Hinter Verschlägen und Drahtgittern, die sich auf beiden Seiten des Zimmers hinzogen, standen Pferde und schreckliche Geschöpfe, mit Hörnern, langen Ohren, und eines war dick und groß, hatte einen Schwanz anstelle der Nase und zwei lange benagte Knochen, die aus dem Mund herausragten.

Der Kater begann unter dem Gewicht des Hundes heiser zu miauen, aber in diesem Augenblick öffnete sich der Pelz, der Herr sagte: »Hopp!«, und Fjodor Timofejewitsch und Kaschtanka sprangen auf den Fußboden. Sie waren jetzt in einem kleinen Zimmer mit feuchten Bretterwänden. Hier befanden sich außer einem Tischchen mit einem Spiegel, einem Schemel und Lappen, die in den Winkeln aufgehängt waren, keine anderen Möbel, und anstelle einer Lampe oder eines Lichts brannte ein fächerartiges, kleines Feuer, das sich an einem Rohr, das aus der Wand herausragte, befand. Fjodor Timofejewitsch glättete sein Fell, das durch Kaschtanka in Unordnung gebracht war, ging unter den Schemel und legte sich dorthin. Der Herr war noch immer aufgeregt, rieb sich die Hände und begann sich zu entkleiden. Er zog sich aus, wie er es gewöhnlich zu Hause tat, wenn er sich unter die flauschige Decke legen wollte, setzte sich dann auf den Schemel, schaute in den Spiegel und begann erstaunliche Dinge an sich selbst auszuführen. Zunächst setzte er eine Perücke mit einem Scheitel und zwei Schöpfen auf den Kopf, die Hörnern ähnlich waren, dann schmierte er das Gesicht dick mit etwas Weißem ein, auf die weiße Farbe zeichnete er sich Augenbrauen und einen Schnurrbart auf, die Wangen schminkte er rot. Seine Streiche waren damit nicht zu Ende. Nachdem er sich Gesicht und Hals beschmiert hatte, begann er ein ungewöhnliches, mit nichts zu vergleichendes Kostüm anzuziehen, wie es Kaschtanka vorher weder auf der Straße noch in den Häusern gesehen hatte, breite Hosen aus Kattun mit großen Blumen, Hosen, die man direkt unter den Achseln befestigt. Die eine Hälfte war aus braunem, die andere aus hellgelbem Kattun genäht. Der Herr versank in ihnen und zog noch eine Jacke aus Kattun an mit einem großen, gezähnten Kragen und einem goldenen Stern auf dem Rücken, verschiedenfarbige Strümpfe und grüne Schuhe.

Kaschtanka flimmerte es vor den Augen und in der Seele. Die sackartige Gestalt mit dem weißen Gesicht hatte den Geruch des Herrn, ihre Stimme war ebenfalls vertraut, aber es gab Minuten, wo Kaschtanka von Zweifeln geplagt wurde, und dann wäre sie am liebsten von der bunten Gestalt fortgelaufen. Der neue Ort, das fächerartige Flämmchen, der Geruch, die Verwandlung, die mit ihrem Herrn vor sich gegangen war, das alles flößte ihr eine unbestimmte Angst ein, eine Vorahnung, dass ihr unbedingt etwas Schreckliches zustoßen werde. Und dazu spielte hier noch irgendwo hinter der Wand die unerträgliche Musik und erschallte von Zeit zu Zeit ein unbegreiflicher Lärm. Eines nur beruhigte sie, das war die Gelassenheit Fjodor Timofejewitschs. Er schlummerte äußerst ruhig unter dem Schemel und öffnete nicht einmal die Augen, wenn er sich bewegte. Ein Mensch in Frack und weißer Weste schaute ins Zimmer und sagte: »Jetzt tritt Miss Arabelli auf, nach ihr – Sie!«

Der Herr antwortete nichts. Er zog unter dem Tisch einen kleinen Koffer hervor, setzte sich und wartete. An seinen Lippen und Händen konnte man sehen, dass er aufgeregt war, und Kaschtanka bemerkte seinen unruhigen Atem.

»Mister George, bitte!«, schrie jemand hinter der Tür.

Der alte Herr stand auf, bekreuzigte sich dreimal, ergriff den Kater unter dem Schemel und steckte ihn in den Koffer.

»Komm her, Tjotka!«, sagte er leise.

Kaschtanka begriff nichts und näherte sich seiner Hand. Er küsste sie auf den Kopf und legte sie neben Fjodor Timofejewitsch. Darauf wurde es dunkel. Kaschtanka trampelte auf dem Kater herum, kratzte an den Wänden des Koffers und konnte vor Schreck keinen Laut hervorbringen, der Koffer aber schaukelte wie auf Wogen und zitterte.

»Da bin ich!«, rief der Herr laut aus. »Da bin ich!«

Kaschtanka fühlte, dass nach diesem Ausruf der Koffer auf etwas Hartes stieß und zu schaukeln aufhörte. Ein lautes Gebrüll war zu hören. Irgendjemand erhielt Beifall, es wurde geklatscht. Und dieser Jemand, wahrscheinlich die Gestalt mit dem Schwanz statt der Nase, brüllte und lachte so laut, dass die Schlösser des Koffers zu zittern anfingen.

Als Antwort auf dieses Gebrüll erscholl ein durchdringendes, kreischendes Lachen des Herrn, wie sie es nie bei ihm gehört hatte. »Ha!«, schrie er und bemühte sich, das Gebrüll zu übertönen. »Sehr geehrtes Publikum! Ich komme gerade vom Bahnhof! Meine Großmutter ist gestorben und hat mir eine Erbschaft hinterlassen! Im Koffer befindet sich etwas sehr Schweres, wahrscheinlich Gold! Ha-a-a! Und plötzlich ist es womöglich eine Million! Sofort werden wir den Koffer aufmachen und nachsehen.«

Das Schloss des Koffers sprang auf. Das grelle Licht traf die Augen Kaschtankas. Sie sprang aus dem Koffer heraus, lief irritiert durch den Lärm, in vollem Galopp um ihren Herrn herum und brach in lautes Gebell aus.

»Ha!«, rief der Herr aus. »Onkel Fjodor Timofejewitsch! Teuere Tjotka! Hol euch der Teufel!«

Er fiel mit dem Bauch auf den Sand, ergriff den Kater und den Hund und begann sie zu umarmen. Während der Umarmung besah sich Kaschtanka flüchtig die Welt, in die sie ihr Schicksal verschlagen hatte. Sie war von ihrer Großartigkeit überrascht und erstarrte einen Augenblick vor Verwunderung und Begeisterung. Dann riss sie sich von ihrem Herrn los und begann sich unter dem Einfluss der Stärke der neuen Eindrücke wie ein Kreisel auf der Stelle zu drehen. Die neue Welt war groß und voll grellen Lichts. Wohin man schaute, überall, vom Fußboden bis zur Decke, sah man nur Gesichter, Gesichter, Gesichter und weiter nichts.

»Tjotka, bitte, nehmen Sie Platz!«, rief der Herr.

Sie besann sich darauf, was das bedeutete, sprang auf den Stuhl und setzte sich. Dann schaute sie auf den Herrn. Seine Augen blickten wie immer ernst und freundlich, aber das Antlitz, besonders der Mund und die Zähne, waren durch ein unbewegliches Lächeln entstellt. Er selbst lachte, sprang, zog die Schultern hoch und tat so, als wenn er bei der Anwesenheit von tausenden von Menschen sehr froh wäre. Kaschtanka glaubte seiner Fröhlichkeit und empfand plötzlich mit ihrem ganzen Körper, dass tausende von Augen auf sie gerichtet waren, erhob ihre Fuchsschnauze und begann freudig zu bellen.

»Sie, Tjotka, bleiben ein Weilchen sitzen«, sagte der Herr zu ihr. »Fjodor Timofejewitsch und ich, wir werden inzwischen ein Tänzchen machen.«

Fjodor Timofejewitsch wartete, bis man ihn veranlasste seine Dummheiten auszuführen, stand da und schaute sich ab und zu um. Er tanzte faul, nachlässig und verdrießlich. Man konnte an seinen Bewegungen, der Haltung des Schwanzes, dem Schnurrbart sehen, dass er sowohl die Zuschauer als auch das grelle Licht, den Herrn und sich selbst verachtete.

Nachdem er seine Nummer zu Ende getanzt hatte, gähnte er und setzte sich.

»Nun, Tjotka«, sagte der Herr, »zunächst werden wir beide singen und dann tanzen. Gut?«

Er zog aus der Tasche eine Pfeife und begann zu spielen. Da Kaschtanka Musik nicht vertragen konnte, rutschte sie auf dem Stuhl unruhig hin und her und begann zu heulen. Von allen Seiten erschallte Gebrüll und Klatschen.

Der Herr verneigte sich und als alles still wurde, fuhr er fort zu spielen. Während des Spiels eines sehr hohen Tones rief plötzlich jemand aus dem Publikum hoch oben ganz laut: »Ach!«

»Väterchen!«, schrie eine Kinderstimme. »Das ist doch Kaschtanka!«

»Das ist Kaschtanka!«, bestätigte eine trunkene, dumpfe Stimme. »Kaschtanka! Liebster Fjodor, Gott strafe mich, das ist Kaschtanka!«

Auf der Galerie ertönte ein Pfiff und ein Kind und ein Mann riefen laut: »Kaschtanka, Kaschtanka!«

Kaschtanka fuhr zusammen und blickte dorthin, wo gerufen wurde. Zwei Gesichter, ein behaartes, schnapsseliges und grinsendes, und das andere, ein volles, rotbackiges und erschrecktes, erfassten ihre Augen.

Sie erinnerte sich, fiel vom Stuhl in den Sand, sprang dann auf und stürzte sich mit freudigem Geheul diesen Gesichtern entgegen. Ein ohrenbetäubendes Gebrüll erscholl, übertönt von Pfiffen und durchdringenden kindlichen Rufen: »Kaschtanka! Kaschtanka!«

Das Hündchen sprang über die Barriere, dann über irgendjemandes Schulter und befand sich in einer Loge. Um in den folgenden Rang zu gelangen, musste man über eine hohe Wand springen. Kaschtanka sprang, aber sie gelangte nicht hoch genug und glitt an der Wand wieder hinab. Dann ging sie von Hand zu Hand, beleckte irgendwelche Hände und Gesichter, gelangte immer höher und höher und war schließlich auf der Galerie.

Eine halbe Stunde später ging sie schon auf der Straße mit den Menschen, die nach Kleister und Lack rochen. Luka Alexandrowitsch torkelte und bemühte sich instinktiv, belehrt durch die Erfahrung, möglichst weit entfernt vom Straßengraben zu gehen.

»Und du, Kaschtanka«, sagte der Tischler, »bist überhaupt nicht zu begreifen. Und doch bist du im Vergleich zu einem Menschen dasselbe, was ein Zimmermann gegenüber einem Tischler ist.«

Neben ihm schritt der kleine Fjodor mit der väterlichen Mütze dahin. Kaschtanka schaute ihnen beiden auf den Rücken, und es war ihr, als ob sie schon lange so hinter ihnen einherging und sich freute, dass dieses Leben nicht für eine Minute unterbrochen war. Sie erinnerte sich an das Zimmer mit der schmutzigen Tapete, an die Gans, an Fjodor Timofejewitsch, an das schmackhafte Essen, den Unterricht, den Zirkus, aber das alles erschien ihr jetzt als ein weit zurückliegender, wirrer und schwerer Traum.

Autorenverzeichnis und Quellennachweis

AELIAN, Claudius, geboren zu Präneste bei Rom, lebte um 200 n. Chr. Von seinen in griechischer Sprache geschriebenen Werken sind uns siebzehn Bücher »Über die Natur der Tiere« erhalten. Darin erzählt er über das Verhalten und die Besonderheiten der Tiere, wobei er das menschliche Wesen dem tierischen gegenüberstellt.
Aelianus, Claudius: Werke. Tiergeschichten. Übersetzt von Friedrich Jacobs. Stuttgart 1839.

SCHOLEM ALEJCHEM (1859–1916) gehört zu den großen Vertretern der jiddischen Literatur. In seinen Romanen und Erzählungen behandelt er die Welt der osteuropäischen Juden, wobei humoristische Züge vorherrschen und die Schilderung sozialer Notstände abmildern. Sein Roman »Die Geschichte Tewjes des Milchhändlers« diente als Vorlage für ein sehr erfolgreiches Musical.

ARISTOTELES (384–322 v. Chr.), neben seinem Lehrer Plato größter griechischer Philosoph, Lehrer Alexanders des Großen, Begründer der Logik, Psychologie, Poetik, Naturgeschichte und Metaphysik. Seine mehrbändige »Tiergeschichte« enthält eine Fülle merkwürdiger Beobachtungen und Berichte von tatsächlichen Begebenheiten mit Tieren, darunter auch die »Geschichten vom Delphin«.
Aristoteles: Werke. Tiergeschichten in zehn Büchern. Übersetzt und erläutert von Ph. H. Külb. Stuttgart 1855.

CHARLES BAUDELAIRE (1821–1867), französischer Dichter und Lyriker von höchstem Formgefühl; seine »Blumen des Bösen« (Les fleurs du mal) leiteten den französischen Symbolismus ein. »Die Uhr« wurde übersetzt von Rémy Charbon.

MARIE VON EBNER-ESCHENBACH (1830–1916), österreichische Erzählerin, schrieb »Dorf- und Schlossgeschichten«, »Erzählungen«, »Das Gemeindekind« und geistreiche Aphorismen.

JOHANN WOLFGANG VON GOETHE (1749–1832), größter deutsche Dichter, schrieb Dramen, Romane, Gedichte, u. a. »Götz von Berlichingen«, »Die Leiden des jungen Werther«, »Egmont«, »Iphigenie auf Tauris«, »Torquato Tasso«, »Die Wahlverwandtschaften«, »Faust«, »Westöstlicher Diwan«; ferner die Selbstbiographie »Dichtung und Wahrheit«, die »Italienische Reise« sowie naturwissenschaftliche Abhandlungen.

FRIEDRICH HEBBEL (1813–1863), deutscher Dichter und Dramatiker, u. a. »Judith«, »Maria Magdalene«, »Herodes und Mariamne«, »Gyges und sein Ring«, »Agnes Bernauer«, »Die Nibelungen«. Aus seinen »Tagebüchern« stammt die Betrachtung »Mein zahmes Eichkätzchen«.

JOHANN PETER HEBEL (1760–1826), alemannischer Dichter, schrieb »Alemannische Gedichte« und »Schatzkästlein des rheinländischen Hausfreundes«, aus dem die beiden Texte, »Betrachtung über ein Vogelnest« und »Der Star von Segringen«, stammen.

HERMANN LÖNS (1866–1914), deutscher Tierschriftsteller, leidenschaftlicher Jäger und Naturfreund, schrieb u. a. »Mein braunes Buch«, »Mümmelmann«, »Das zweite Gesicht«, »Der Werwolf« und volksliednahe Lieder.

EDUARD MÖRIKE (1804–1875), schwäbischer Dichter, war evangelischer Pfarrer, später Literaturlehrer. Er gilt als einer der bedeutendsten deutschen Lyriker, verfasste viele meisterhafte Balladen wie »Der Feuerreiter«, »Die Geister am Mummelsee«, die Erzählung »Mozart auf der Reise nach Prag« und den Bildungsroman »Maler Nolten«. »Die Meisenfamilie namens Pfannenstiel« ist ein Auszug aus einem Brief Mörikes.

PLINIUS, Gaius Secundus, der Ältere (23–79 n. Chr.), römischer Schriftsteller, kam beim Vesuvausbruch in Pompeji ums Leben. Von seinem umfangreichen Werk ist uns nur seine »Naturgeschichte« in siebenunddreißig Büchern erhalten geblieben; übersetzt von Christian Friedrich Lebrecht Strack; Bremen 1853. Plinius berichtet in den Büchern 8–10 von den verschiedenen Tierarten und schildert die Verhaltensweisen nach überlieferten Geschichten.

ADALBERT STIFTER (1805–1868), österreichischer Dichter, bedeutender Naturschilderer und idealistischer Vertreter bürgerlicher Persönlichkeitsgestaltung. Hauptwerke: »Studien«, »Bunte Steine«, »Witiko« und der Roman »Nachsommer«, dem die Betrachtung »Von der Anmut und Nützlichkeit der Vögel« entnommen ist.

LEO N. TOLSTOI (1828–1910), russischer Dichter, predigte Abkehr von Besitz und Gewalt nach urchristlichem Vorbild. Bedeutende Romane: »Krieg und Frieden«, »Anna Karenina«, »Auferstehung«; Novellen, Erzählungen wie »Die Kreutzersonate«; Dramen: »Der lebende Leichnam«, »Die Macht der Finsternis«. Die Pferdegeschichte »Leinwandmesser«, nach einer älteren anonymen Übersetzung, ist der vom Verfasser genehmigten Ausgabe entnommen.

ANTON TSCHECHOW (1860–1904), russischer Dichter, schrieb Erzählungen und Dramen, die auch heute noch viel gespielt werden, so u. a. »Die Möwe«, »Drei Schwestern«,

»Der Kirschgarten«. Der Hundegeschichte »Kaschtanka« liegt die alte autorisierte Übersetzung von Johann Dembowski zugrunde.

IWAN TURGENJEW (1818–1883), russischer Romanschriftsteller, schilderte kritisch die zeitgenössische Gesellschaft seiner Heimat: »Aufzeichnungen eines Jägers«, »Am Vorabend«, »Väter und Söhne«, »Rauch«, »Neuland«. Hervorzuheben ist auch seine liebevolle und einfühlsame Natur- und Landschaftsschilderung. Seit 1855 lebte er meist im Ausland, vor allem in Deutschland und Frankreich. Übersetzungen nach der Mitauer Ausgabe 1875 und 1884.

ZWEI ECHTE KLASSIKER